秘密集会タントラ概論

平岡宏一

法藏館

ロサン・ガンワン先生（清風学園にて。2003年８月14日、平寿夫氏撮影）
1997年より開始していた『五次第を明らかにする灯明』の伝授を、2003年８月４日にすべて終えられ、８月17日に帰国された。

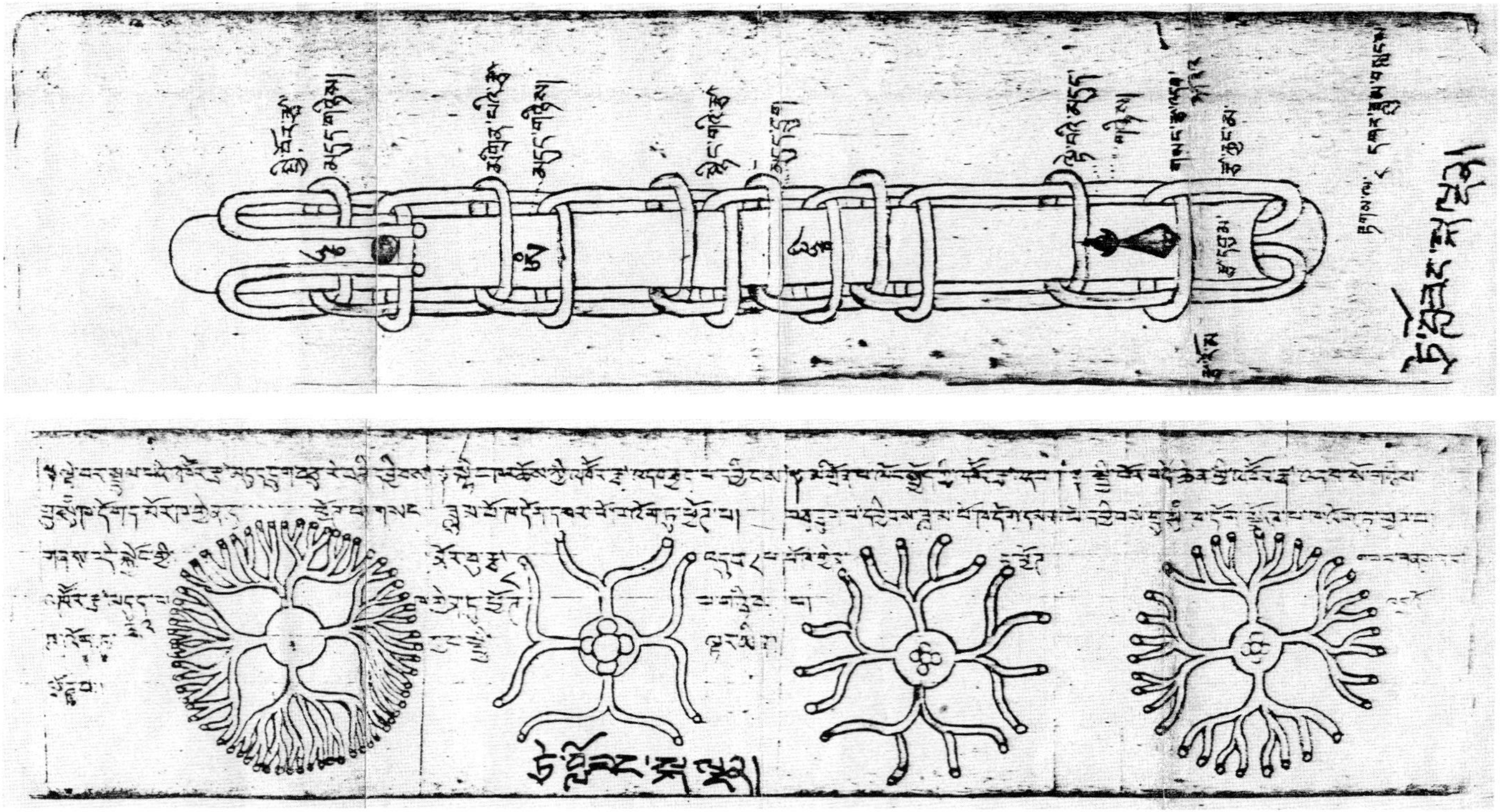

脈管図（平岡宏一所蔵）

ギュメ寺留学中の1988年９月、ガンワン先生からパンチェン・ロサン・チョゲンの『五次第の心髄』を伝授していただいた時に、ギュメ寺の僧のユンテン師から拝受したもの。もとは、ギュメ寺の阿闍梨ロサン・カンデン師が所有していたという。ガンワン先生にお見せしたところ、ご自身もこの図が必要なのでぜひ用意するように、と言われた。

ダライ・ラマ法王と筆者（清風学園にて。2016年11月10日撮影）
本書で使用したテキスト『吉祥秘密集会聖者流と随順する密教の地・道の構造の妙徳なる善説の桟橋』（『秘密集会タントラ概論』<サ・ラム>）の表紙に、サインを書いていただいているところ。

秘密集会タントラ概論＊目次

秘密集会タントラ概論

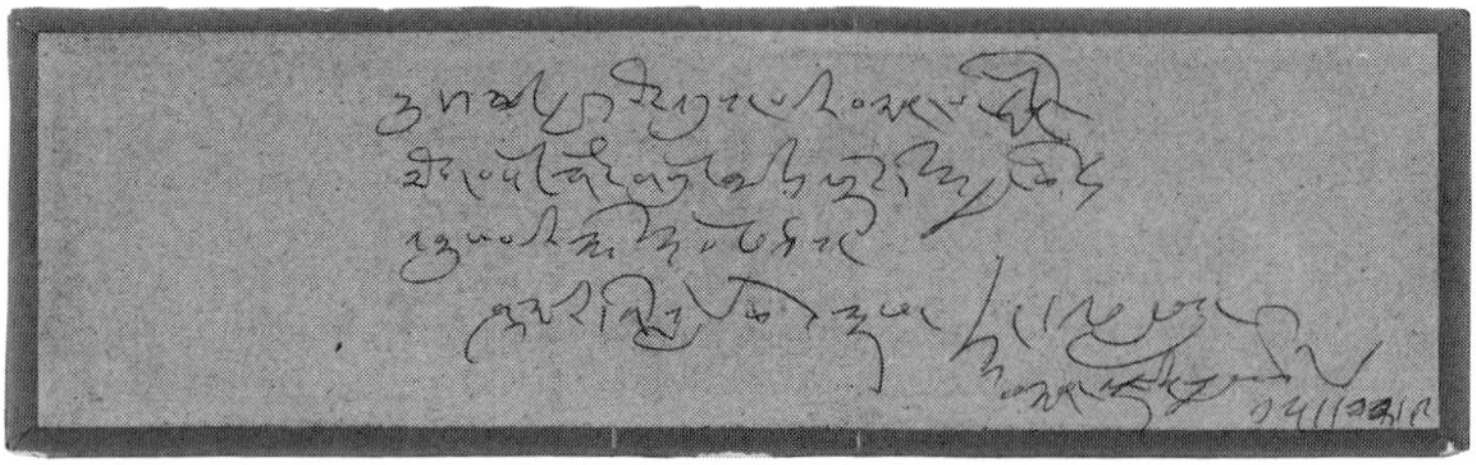

タントラの王　秘密集会の教えという宝珠
〔この秘密集会の教えの〕聞思修の三つで
広大な衆生利益が生じますように
祈願をこめて

釈尊の比丘　仏法を説く者　ダライ・ラマ　テンジン・ギャムツォ

ダライ・ラマ14世によるサイン（2015年12月9月、ギュメ寺にて）
ガンワン先生より拝受した『秘密集会成就法次第』の表紙裏に書いていただいた。

解説

『般若経』や『法華経』といった大乗経典は、オープンな場で多くの人々を対象に説かれたとするのに対し、クローズな場で特定の人々を対象に説かれたとするのが、密教経典である。

密教経典は、レベル順に所作《しょさ》・行《ぎょう》・瑜伽《ゆが》・無上瑜伽《むじょうゆが》の四グループに分けられ、最上位のグループが無上瑜伽タントラ群である。『秘密集会《ひみつしゅうえ》タントラ』は、この無上瑜伽タントラに属する。

Guhyasamājatantra として知られるこの経典が、秘密集会と訳される理由は、不空訳の『金剛頂経十八会指帰《しいき》』の第十五会として紹介されている秘密集会瑜伽の内容が *Guhyasamājatantra* 第五分の内容と酷似していることから、高野山大学の酒井真典博士や松長有慶博士が採用されたことで、定着するようになった。ちなみに漢訳に十一世紀初頭の施護訳『一切如来金剛三業最上秘密大教王経』があるが、不完全であり、漢訳経典は、少なくとも室町時代に日本にはもたらされていたと思われるが、今日まで正しく伝承されることはなかったのである。

ゲルク派の開祖ツォンカパは、カーラチャクラやサンヴァラ、ヤマーンタカをはじめとするヴァジュラバイラヴァ系タントラ等、数ある無上瑜伽タントラの中でも、『秘密集会タントラ』を〝一切のタントラの王〟として最高位に位置付けている。(1)

ゲルク派のタントラ区分

<table>
<tr><th>区分</th><th colspan="2">主要タントラ</th></tr>
<tr><td rowspan="2">無上瑜伽タントラ</td><td>父タントラ</td><td>『秘密集会タントラ』
『ヴァジュラバイラヴァ系タントラ』</td></tr>
<tr><td>母タントラ</td><td>『サンヴァラ系タントラ』
『カーラチャクラタントラ』
『ヘーヴァジュラタントラ』
＊『チッタマニターラ』（18世紀にチベットで感得）</td></tr>
<tr><td>瑜伽タントラ</td><td colspan="2">『初会金剛頂経』
『理趣経』
『悪趣清浄儀軌』</td></tr>
<tr><td>行タントラ</td><td colspan="2">『大日経』</td></tr>
<tr><td>所作タントラ</td><td colspan="2">『蘇悉地経』
『蘇婆呼童子経』</td></tr>
</table>

『秘密集会タントラ』の構成と学び方

さて、無上瑜伽タントラを中心とした密教経典は、通常、根本タントラとそれを解釈する釈タントラ[2]に分けられる。『秘密集会タントラ』も同様である。まず、その構成を見てみることにしよう。

ツォンカパは次のように説明している。専門的だが、原文通り訳すと以下のようである。

〔秘密〕集会の釈タントラであると聖者父子が直接お説きになったものは五つである。即ち、『五次第』には『四天女所問《してんにょしょもん》〔タントラ〕』と、『密意授記《みついじゅき》〔タントラ〕』『金剛鬘《こんごうまん》〔タントラ〕』を釈タントラと説かれたのに対し、『行合集灯《ぎょうごうしゅうとう》』では『智金剛集《ちこんごうしゅう》〔タントラ〕』も釈タントラと説かれている。『灯作明』では、〝序〟の最初の二文字（EとVaṃ : Evaṃ mayā śrutam 如是我聞の如是をさす）を説明する際に、『天王請問《てんのうしょうもん》〔タントラ〕』を典拠に直接挙げている。[3]そして、その〔〝序〟の〕残りの諸々の文字を説明する際に、「釈タントラには」と説かれているのは、先の〔『天王請問タントラ』〕自体を〔さすと〕思えるので、『天王請問〔タントラ〕』は、釈タントラと説かれるのであるが、この典籍は〔チベット語に〕翻訳されていないのである。父子方は〔十七章の根本タントラに続く〕第十八章〔のこと〕を続タントラと説かれた以外には〝釈タントラ〟と明快に説かれたことは見受けられないけれども、タガナとジナダーナは〔第十八章のことを〕根本タントラの釈と説明しているように〔続タントラも〕〝釈タントラ〟〔の一つ〕と主張すべきである。（『五次第を明らかにする灯明』Toh No. 5302 fols. 15A5~B2）

ツォンカパは別の箇所で、「〔秘密〕集会の他の釈タントラは、その釈タントラであるが、〔秘密〕集会タントラ〔自体〕ではないけれども、続タントラはその両方である。」（同書 fol. 15B6）とも述べている。

以上のことから、ツォンカパの想定した『秘密集会タントラ』群の構成は、以下のようである。

根本タントラ：『秘密集会タントラ』第一〜第十七章

釈タントラ　：『秘密集会タントラ』第十八章（続タントラ）『密意授記タントラ』『金剛鬘タントラ』『四天女所問タントラ』『智金剛集タントラ』『天王請問タントラ』

『秘密集会タントラ』は十八章から構成されており、第一章から第十七章の根本タントラと、根本タントラの内容についての五十三の質問とその答えから構成される第十八章の続タントラがある。続タントラについて、ツォンカパは、「一般的に続タントラの設定方法は数多くあるが、ここで〔秘密〕集会の続タントラを設定する仕方を説明しよう。つまり、この第十八章は〔秘密〕集会タントラでもあるが、〔秘密〕集会の根本タントラより後で説かれたもので、根本タントラ十七章すべての共通の意味と、章ごとの難解で隠された諸々の意味を明らかにするゆえに、続タントラというのである。」（同書 fol. 16B5〜6）としている。内容的には、根本タントラの内容を五十三の問いに集約し、それに答えるかたちで構成されている。瓶灌頂《びょうかんじょう》・秘密灌頂・般若智灌頂・言葉の灌頂を暗示する部分、六支《ろくし》瑜伽《ゆが》等、生起次第《しょうきしだい》や究竟次第《くきょうしだい》の具体的名称も述べられている。

この根本タントラと続タントラについては、高野山大学名誉教授松長有慶博士により和訳されて、日本でも容易に手に入れることができるようになった。

しかしこれ以外に、根本タントラの内容を解説する『密意授記タントラ』『金剛鬘タントラ』『四天女所問タントラ』『智金剛集タントラ』とチベット語に翻訳されなかった『天王請問タントラ』などの釈タントラが存在し、『秘密集会タントラ』とは、根本タントラを含むこれらのタントラ群から構成されているとする。

この『秘密集会タントラ』の学び方について、ツォンカパ最大の弟子にして、ガンデン寺第三代座主ケートゥプ・ジェは、『秘密集会タントラ』の生起次第の注釈『一切タントラ王吉祥秘密集会の生起次第の悉地《しっち》の海』(Toh No. 5481 以下『生起次第の悉地の海』とする)の中でこう述べている。

持金剛《じこんごう》は、根本タントラにおける生起次第の多くの部分を、阿闍梨《あじゃり》に依って〔学ばねば分からないように〕するために隠し、不明瞭にして説かれた。〔根本タントラにある生起次第の〕多くの部分は、タントラの同一箇所に示されず、前後すべてに散乱している。

それらのものを、釈〔タントラの〕続タントラや『金剛鬘タントラ』などに随順して、ラマの口訣《くけつ》で生起次第の〔内容説明の四つの区分である〕四親近成就《ししんごんじょうじゅ》の意味すべてを、〔本行前の観想など〕部分的な箇所も併せて知らねばならない。(『生起次第の悉地の海』fol. 11B4〜6)

このように根本タントラは、不明瞭で、前後も入れ替え、順番をばらばらにして書かれている。そのため、釈タントラを参照しながら、ラマに就いて学ばなければ、独習では理解出来ない構造になっているとするのである。

日本の真言宗では『大日経疏《しょ》』の中で、記述内容の順番を入れ替えることで、弟子が阿闍梨に就かずに独習することを防ぐ〝乱脱〟という考え方がある。『大日経疏』の場合は、曼荼羅に関するほんの限定した記述に対してのものであるが、『秘密集会タントラ』は、独習では全く理解できないようにするため、全体が、この〝乱脱〟で構成されているとする解釈である。

このように根本タントラや釈タントラの中でバラバラになった内容を正しく理解するには、ラマに就くことが必要なのである。(4)

密教におけるラマとは何か

では次に〝ラマ〟とは何かを考えてみよう。

ラマとは、単純にいうと、師を示す言葉で、密教では阿闍梨をさす。

密教におけるラマとはそもそもいかなるものなのか。ケートゥプ・ジェは、問題のあるラマの要件を次のように述べている。

諸々のタントラは、表面上の理解だけであるとして、それらに書き惜しんだわずかな〝心髄〟を、口伝《くでん》か、あるいは小さな巻物に書き留めて、別に隠したものを口訣と理解する。そして、そんなものがある者を最高のラマと思って、努力して依止して、その口訣が、タントラや清らかな〔成就者の〕典籍に拠るならば〔それらと〕全く矛盾していたとしても、「これだけが口訣だからそれらに説かれたことよりもずっと優れている」と執持する〔。このような〕ことは、すべてのタントラ部〔という〕宝を、名前のみもなく沈み込ませる最悪の縁であるゆえに、毒のように捨てるべきである。(『生起次第の悉地の海』fols. 7B7~8A2)

これはゲルク派に限定してのことだが、タントラに書かれていることは表面的なこととして、自分のスピリチュアルな経験等を心髄として別途、口伝で伝えるというかたちの密教の伝承は認めていない。日本の茶道の中でも一般的なことは書物にしてよいが、最重要なことは書物にせずに口伝で伝えるという伝統があるようだが、ゲルク派の密教に関しては〝最重要事項は口伝のみ〟という伝承方法は「すべてのタントラ部〔という〕宝を、名前のみもなく沈み込ませる最悪の縁であるゆえに、毒のように捨てるべきである」とケートゥプ・ジェは一刀両断にしている。

ではいかなるラマが真正のラマ、阿闍梨といえるのだろうか。これについてケートゥプ・ジェはいう。

ラマが示した口訣に随順したならば、先に分からなかったタントラの甚深なる意味が、たやすく理解できる助けとなるならば、最高の口訣と知るべきである。タントラ部〔という〕宝に存在する最も深い諸々の修行の要旨を、正しいラマの口訣によって理解するために、すべての点から、タントラの意味に通じたラマに喜んでいただいて、聞思に精進せよ。（同書 fols. 8A2～4）

即ち、ラマとは、特殊な秘密の口伝を持っている人をさすのではない。あくまで自学自習で分からなかったタントラに書かれた意味が、そのラマに聞いたならば、合点が行き、容易に理解できるようになる口訣をあたえることができることが求められている。

諸々の根本タントラに二次第の要旨を封印したものを、釈タントラの観点から根本タントラの意味を明瞭に、

大成就者のお考えのように解くことのできるラマ（同書 fol. 7B6～7）
ケートゥプ・ジェが言うように、伝統に沿って高い説明能力を有する者を真正のラマとするのである。

聖者流の典拠

さて、この『秘密集会タントラ』の解釈の仕方について、パンチェン・ラマ一世パンチェン・ロサン・チューキ・ギャルツェン（以下パンチェン・ロサン・チョゲンとする）（一五七〇―一六六二）は「秘密集会の異なった解釈の仕方として、聖者流・ジュニャーナパーダ流・アーナンダガルバ流・シャーンティパ流の四つがあるが、なかでも最高のものは最初の二つである。」（『五次第の心髄』Ota No. 10370 fol. 7A6～B1）とあるように、聖者流・ジュニャーナパーダ流を最高のものとしているが、特にツォンカパ自身は聖者流を重視した。この聖者流の成就者で〝聖者父子〟と称されるのは、開祖のナーガールジュナとアーリヤデーヴァ、ナーガボーディ、シャーキャミトラ、チャンドラキールティの五人である。

ちなみに、ナーガールジュナ（二世紀半ば～三世紀半ば）の五人目の弟子にチャンドラキールティ（七世紀前半）を入れることに関して、ツォンカパは次のように述べている。

チベットの中観派のある者は、『〔根本中論註〕明句論《みょうくろん》』の末尾に、聖者が著された典籍も弟子達も長い時間の間に衰退したゆえに、最近、〔聖者の〕典籍の派ははっきりしないと説かれたことから、チャンドラキールティが、聖者にはお会いになっていないのであるという。〔しかし〕その理由は確かなものではない。なぜなら、チャンドラキールティが〝持明〟の悉地（長寿の悉地）を得て長生きされたとドルジェデンパ（金剛座座主）[5]の御言葉にあったとパツァップ翻訳官（入中論の翻訳者）の伝記に出ているごとくであるゆえに、その方（チャンドラキールティ）の人生後半において、聖者の素晴らしい弟子や典籍などが衰退したことと、彼がナーガールジュナにお会いしたことの二つは矛盾しないゆえである。それゆえ、チベットの智者方は、吉祥を備えたアティーシャが〝ナーガールジュナの弟子チャンドラキールティ〟と説いたように「聖者の弟子である」とおっしゃっているように〔私は〕承認する。（『五次第を明らかにする灯明』Toh No. 5302 fol. 27B3～6）

ツォンカパは、チャンドラキールティはナーガールジュナの直弟子であるとした上で、チャンドラキールティが長寿の悉地を得たため大変な長生きをして、「聖者（ナーガールジュナ）が著された典籍も弟子達も長い時間の間に衰退したゆえに、最近、聖者の典籍の派ははっきりしない」状況になったので、チャンドラキールティは『明句論』などを著したのだとする認識を取っている。
この五人の聖者流関係の著作に関して、先のパンチェン・ロサン・チョゲンは次のように述べている。

守護者ナーガールジュナは、生起次第を主に示すものとして、『経合集《きょうごうしゅう》』（Toh No. 1797）と『成就法略集』（Toh No. 1796）、究竟次第を主に示すものとして、第二次第の後半部がわずかに揃っていない『五次第』（Toh No. 1802）と『菩提心釈《ぼだいしんしゃく》』（Toh No. 1800・1801）の四つを著されている。アーリヤデーヴァは『自加持次第《じかじしだい》〔差別〕』（Toh No. 1805）と『五次第』の達意釈である『行合集灯』（Toh No. 1803）の二つを著された。ナーガボーディは、生起次第の『安立次第《あんりゅうしだい》』（Toh No. 1809）と『〔秘密集会〕曼荼羅儀軌二十』（Toh No. 1810）、『業辺分別《ごうへんふんべつ》』（Toh No. 1811）を著された。シャーキャミトラは〔『五次第』の中の〕第二次第の〔心清浄次第の〕後半部を著された。

吉祥なるチャンドラキールティは生起次第で『金剛薩埵成就法《こんごうさったじょうじゅほう》』（Toh No. 1814）、究竟次第で『六支瑜伽〔と名付ける注釈〕』（Toh No. 1786）、〔根本タントラに対する〕注釈『灯作明』（Toh No. 1785）の三つを著された。

（『五次第の心髄』Ota No. 10370 fol. 7B1～3）

以上は、ツォンカパ自身の見解を、パンチェン・ロサン・チョゲンがコンパクトに纏めたものだが、ここで、『五次第』の中の第二次第、心清浄次第《しんしょうじょうしだい》に関して、ナーガールジュナが「第二次第の後半部がわずかに揃っていない『五次第』」を著したとし、「シャーキャミトラは〔『五次第』の中の〕第二次第の〔心清浄次第の〕後半部を著された」としているのはどういうことだろうか。これについて考えてみよう。

・シャーキャミトラの位置づけ――『五次第』の第二次第はシャーキャミトラか？

『五次第を明らかにする灯明』（Toh No. 5302）の中で、ツォンカパは「阿闍梨の悉地のお名前がナーガールジュナで、出家のお名前がシャーキャミトラであるから、第二次第は阿闍梨自身が著された」というインドの唯識の密教僧ラクシュミーの説や、「阿闍梨自身が著されたものに、自分の弟子のシャーキャミトラの名前を〔筆者として入れたら、〕シャーキャミトラが大変喜ぶゆえに〔そうした〕とする」説、「〔ナーガボーディの〕注釈『〔五次第釈〕珠鬘』には前者でもよいし、また後者でもよく、各々の思いで随意に好きなほうでよいとした」こと等を紹介した後、自身の説を次のように述べている。

〔私の考えでは、第二次第の心清浄次第以外の〕他の三つの次第（第一次第の金剛念誦次第・第三次第の自加持次第・第四次第の楽現等覚次第）には、〝供養の叙述〟と〝著作の誓い〟はあるけれども、回向はなく、最後の〔第五次第の双入〕次第の後ろに〔五次第全体の〕〝共通の回向〟を著しており、（中略）金剛念誦次第における略説の場面で、五つの次第とも〔の内容を〕略説していることに照らすならば、究竟次第を示す典籍五部は〔いずれも〕聖者（ナーガールジュナ）が著したのではないだろうか。

では、第二次第をシャーキャミトラが著したと説明することはどう考えるかといえば、これ（第二次第・心清浄次第）には、後ろに回向が別に著されており、「聖者金剛（ナーガールジュナ）のおかげで多くのタントラを聴いた」と〔あり、ナーガールジュナが全部書いたという〕別の意味の説明等は不自然に思える。〔また〕第二次第をすべて聖者（ナーガールジュナ）が著したならば、光明《こうみょう》や双入《そうにゅう》の場面で述べるべきことが、ここ（心清浄次第）で説明として現れることも、理に叶わないと思われ、これ（心清浄次第）すべてを聖者が著された〔とする〕のは正しくない。

またこれをすべて聖者の弟子シャーキャミトラが著されたというのも、究竟次第を五次第に聖者が集約したこと等が理に叶わない〔ことになってしまうように〕思える。アーリヤデーヴァが『無上意趣』（心清浄次第の別名）として、〔第二次第の〕御言葉を二回引用しているのが見られることも、〔兄弟子のアーリヤデーヴァが弟弟子のシャーキャミトラの言葉を引用するのは〕不合理のように見えるゆえに、前半は聖者（ナーガールジュナ）が著されて、残りをシャーキャミトラに命じて書かせたのではないかと思うが、大いなる智慧者方が確かめてください。（『五次第を明らかにする灯明』Toh No. 5302 fol. 25A2〜B2）

このように、第二次第の心清浄次第は、ツォンカパとしては、「前半は聖者が著されて、残りをシャーキャミトラに命じて書かせたのではないか」とする見解である。

秘密集会タントラ系の聖者父子の著作をまとめると以下十二作である。(6)

ナーガールジュナ：『経合集』（Toh No. 1797）、『成就法略集』（Toh No. 1796）、『五次第』（Toh No. 1802）、『菩提心釈』（Toh No. 1800・1801）の四つ

アーリヤデーヴァ：『自加持次第〔差別〕』（Toh No. 1805）、『行合集灯』（Toh No. 1803）の二つ

ナーガボーディ：『安立次第』（Toh No. 1809）、『吉祥秘密集会曼荼羅儀軌二十』（Toh No. 1810）、『業辺分別』（Toh No. 1811）の三つ

シャーキャミトラ：『五次第』の中の第二次第の心清浄次第の後半部のみ

チャンドラキールティ：『金剛薩埵成就法』（Toh No. 1814）、『六支瑜伽と名付ける注釈』（Toh No. 1786）、『秘密集会タントラ』の根本タントラに対する注釈『灯作明』（Toh No. 1785）の三つ

・偽作としての認定

次に、これら以外の典籍で、チベット大蔵経に聖者父子の著作とされるものについては、ツォンカパはすべて偽作としている。それぞれについて、例をあげてみよう。

・ナーガールジュナとされているものについて

『曼荼羅儀軌・儀軌二十』を、チベットの初めの頃のラマ方が、聖者のものであると主張されているが、〔バーヴィヤキールティの〕『灯作明密意明』（Toh No. 1793）に「聖者が著された曼荼羅儀軌が一つある」との主張が〔ある〕ゆえで、〔チベットの前期のラマ方は〕たぶんこれを考慮したのではないだろうか。

チベットの後期の智者方は、「インドの智者方の多くが〝量〟（真正という意味）としたナーガボーディの『〔吉祥秘密集会〕曼荼羅儀軌二十』（Toh No. 1810）とは相応しない点が多く、阿闍梨（ナーガールジュナ）自身の典籍とも不相応のゆえに偽作」と御主張されるように、〔私も〕その通りであると見るのである。（『五次第を明らかにする灯明』Toh No. 5302 fol. 24A5～B1）

チベット仏教史では、仏教が一時衰えた九世紀中葉までを前期、再興運動が勃興した十世紀後半以降を後期という。ここでは、『曼荼羅儀軌・儀軌二十』はインドの典籍に〝ナーガールジュナ著の曼荼羅儀軌が一つある〟という記述を根拠に、前期のラマたちはナーガールジュナ作と考えたようだが、インドの智者方の多くが信頼を置けるとしたナーガボーディの『曼荼羅儀軌二十』と矛盾する点が多いため、後期の智者方は偽作と主張し、ツォンカパも同意している。

・アーリヤデーヴァとされているものについて

『現等覚次第』（Toh No. 1806）をこの〔アーリヤデーヴァ〕阿闍梨が著されたということに関して、チベットの智者方は「疑わしい対象と思える」とおっしゃっているように、『行合集灯』と大いに相応しない点が見られるゆえに、偽作である。（『五次第を明らかにする灯明』Toh No. 5302 fol. 26A2〜3）

『現等覚次第』はアーリヤデーヴァ作と書かれているが、ツォンカパも最も信頼を置く『行合集灯』と合致しないので、チベットの智者方の主張するように偽作としている。

・ナーガボーディとされているものについて

この阿闍梨には偽作が多いので、実際、彼が著したとされる『五次第』の釈には、『〔五次第釈〕珠鬘』（Toh No. 1840）と『〔五次第〕義作明』（Toh No. 1833）と『次第内集〔優波提舎〕』（Toh No. 1812）の三つが見られる。

その第一番目はチベットの多くのラマが本物であるというが、後期の智者達は、それ（『〔五次第釈〕珠鬘』）と『〔五次第〕義作明』を偽作とされたのである。

それについて〔私の意見では、〕第一番目（『五次第釈珠鬘』Toh No. 1840）は、〔秘密〕集会の意味説明が聖者父子と相応しないことが多い。チャンドラキールティの典籍を典拠に引用したハリバドラ阿闍梨の弟子ブッダジュニャーナパーダの典籍を、〝チャンドラキールティが典拠に引用したナーガボーディの典籍である〟としているのが見られるし、第二次第をナーガールジュナとその弟子シャーキャミトラの二人のいずれが著されたかを断定できないと思えるので、〔ナーガールジュナの直弟子なら分からないわけがないので〕ナーガボーディを〔語った〕偽作そのものである。彼（ナーガボーディ）が著されたとされる注釈『〔五次第〕義作明』も偽作そのものである。『次第内集〔優波提舎〕』はチベットの智者方がナーガボーディのものであると主張されるが、チャグ翻訳官はナーガボーディと同名の者が作ったと主張されている。（『五次第を明らかにする灯明』Toh No. 5302 fol. 26B2～6）

ナーガボーディの作とされる三種の『五次第』の注釈については、ブッダジュニャーナパーダの典籍をナーガボーディの典籍と勘違いした典拠の誤りや、ナーガールジュナの直弟子なら第二次第の作者が分からないわけがない等を理由に、後期のチベットの智者達が偽作としたように、ツォンカパもまた偽作としている。

・シャーキャミトラとされているものについて

シャーキャミトラ阿闍梨が著されたものに関しては、第二次第の典籍の様子は〔すでに〕説きおわった。〝『行合集灯』釈をシャーキャミトラが著された〟といわれるものは、その〔シャーキャミトラ〕阿闍梨と名前が共通するだけ〔の別人とする〕ならよいが、聖者の弟子シャーキャミトラであると認識しているなら、〔それは〕絶対に違うのである。（『五次第を明らかにする灯明』Toh No. 5302 fol. 27A4～5）

・チャンドラキールティとされているものについて

『〔秘密〕集会の現観荘厳』（Toh No. 1817）自体と〔その〕自釈の二つはチャンドラキールティが著されたと言

われているが、チベットの智者方は調査を要する対象であるとおっしゃっている。この二者（『秘密集会の現観荘厳』自体と、その自釈）は著者が〔チャンドラキールティ〕阿闍梨と名前が一緒なだけ〔の別人とする〕ならよいが、〝灯作明の管長〟（チャンドラキールティ）と認識しているなら、偽物そのものと思われる。（『五次第を明らかにする灯明』Toh No. 5302 fol. 27B1～2）

以上のように、ツォンカパは、真作として断定した十二の著作以外は、すべて偽作として排除し、真作と断じたそれらの典籍を典拠に独自の聖者流の『秘密集会タントラ』の見解を提示した。

トゥケン・ロサン・チュウ・キ・ニンマ（一七三七―一八〇二）は、ゲルク派に属しながらも、全ての宗派を網羅的に記述されているとして有名な『宗教源流史』を著しているが、その中で次のように述べている。

定寂心《じょうじゃくしん》の最後の光明から逆行して起き上がるならば、〔その時〕その〔光明の〕乗物である風《ルン》が同類の流れとして、後に不浄の幻身として生起《しょうき》する〔というその〕様子をジェ・ラマ（ツォンカパのこと）が広大に詳しく著されたが、それと同様には、秘密集会を詳しく学んだ最高峰のマルパやゴー翻訳官の二人でさえもお考えになることができなかった。ましてやチベットの密教者と自称している他の者たちにどうして理解できるだろうか。

（『宗教源流史』pp. 371　甘粛民族出版社　一九八九年）

これはゲルク派の僧トゥケン・ロサン・チュウ・キ・ニンマが、ツォンカパの幻身説を称えたものであるが、この記述からも、ツォンカパの解釈がマルパやゴー翻訳官のものとも違い、全く独自のものであったことを示している。

さて、このゲルク派の主な典籍をあげるならば、究竟次第ではツォンカパの『五次第を明らかにする灯明』（Toh No. 5302）、『五次第一座円満赤註』（Toh No. 5314）、生起次第では、『安立次第註釈』（Toh No. 5290）、ケートゥプ・ジェの『生起次第の悉地の海』（Toh No. 5481）である。また、根本タントラの釈としては、ツォンカパの『灯作明複註』（Toh No. 5282）や、シェーラプ・センゲの『ティカ』（Toh No. 6868）等がある。これらはどれも難解であるが、基本は、生起次第から始めて、究竟次第を学び、最終的に根本タントラの釈を学ぶのがよいと思われる。しかし、まず全体を俯瞰的に理解することが、勉学を進めるにしても修行を進めるにしても必要である。

これらの典籍の重要事項を網羅していながら、最もコンパクトに集約したとされ、今日、チベット僧の世界で圧倒的に支持されているのが、ヤンチェン・ガロ（一七四〇—一八二七）の『聖者流と随順する密教の地・道』（Toh No. 6574）である。

・『聖者流と随順する密教の地・道』

今回のテキスト『聖者流と随順する密教の地・道』（Toh No. 6574）の正式名称は、『吉祥秘密集会聖者流と随順する密教の地・道の構造の妙徳なる善説の桟橋』。通称『秘密集会タントラ概論』または『サ・ラム（地・道）』。

著者のヤンチェン・ガロ、本名アキャ・ユンジン・ロサン・トゥンドゥプはアムド地方クンブン寺の学僧で、ヤンチェン・ガロ、即ち〝弁財天が喜ぶ智慧〟というあだ名から推察できるように、チベット語の文法に関しての業績で三十代前半から名を馳せていたと言われる。仏教に関しては、クンケン・ジグメ・ワンポや『宗教源流史』を著したトゥケン・ロサン・チュウ・キ・ニンマなどに就いて顕教・密教を双修し、高い学識を備えた。北村太道教授により和訳が出されている『大秘密四タントラ概論』で有名なガンワン・パルデンも彼の弟子の一人である。ヤンチェン・

ガロの代表作であるこの著作は、『秘密集会タントラ』の聖者流の概説書である。

さて、密教では、師匠を仏陀と等しいものとみなすほど大切にする。『秘密集会タントラ』を学ぶ者は、五無間罪を犯していても、このタントラの力で悉地成就を得る功徳があるとされるが、師匠の誹謗は厳禁されている。『秘密集会タントラ』の釈には、「この師匠の最勝乗の恩恵を授ける金剛阿闍梨は、心からお世話をさせていただく最高の福田としなくてはいけない〔。しかしその〕責任を放棄して、〔師匠を〕誹謗する者は、秘密集会の道に依って修習しても、その生涯で仏果を成就しないばかりか、その者と衣食を共にする者も成就することはあり得ない。」（『ティカ』Toh No. 6868 kha fol. 35A2〜4）とあり、師匠を誹謗することは勿論、そのような者と衣食を共にしても、悉地成就はないとする。師匠に対して絶対的尊敬を必要とするのである。師匠を本尊と不二と思念して観想するグルヨーガは、密教の成就法の基本となっており、ラマを悉地成就の源としているのである。

しかし、同時にゲルク派では、ツォンカパの『善説心髄』（Toh No. 5396）に「比丘達や智者達よ、焼いたり切ったり叩いたりして、黄金が本物か否か確かめるように、私の言葉も確かめなさい。納得して受け入れるべきで、〔釈尊の言葉であるからという理由で〕尊敬〔だけ〕で受け入れてはならない。」（fol. 2B5〜6）とあるように、論理的に納得できるか否かを大切にする伝統がある。

先に述べたように、師匠をたいへん大切にするが、論理的に納得がいかなければ、師匠の言葉というだけで受け入れたりはしない。実際、ギュメ密教学堂で、ある管長猊下の許可灌頂を受けていた際、管長猊下がおっしゃった教義の解釈に、承仕《しょうじ》の僧が反論し、議論になったのを見たことがある。

碩学として名高いヤンチェン・ガロの直弟子のガンワン・パルデンは、『大秘密四タントラ概論』でヤンチェン・ガロの実名を挙げて五か所引用しているが、そのうち、定寂語と波羅蜜乗の第十地の菩薩の成仏する時期に関する等数か所で、このゲルク派の伝統に則り、ヤンチェン・ガロの説に疑問を呈している。

しかしそれにもかかわらず、この書は、その分かりやすさ、簡潔さから今日もなおゲルク派で密教を学ぶ初学者にとって大切な入門書となっており、現在インドに亡命中のギュメ密教学堂においても、顕教の学習を終えた者が密教を学ぶための最初のテキストとされている。私が伝授の際に先生から与えられたものは、一九七二年にダラムサラのダライ・ラマ法王のナムゲル寺で五百部刷られたもので、ギュメ寺の正式の教科書であったことを示す印がある。内容的には無上瑜伽タントラとそれ以前のタントラの違い、生起次第や究竟次第の内容が述べられ、無上瑜伽タントラに関しては下の次第から上の次第に移行する際の目安などが簡潔に述べられている。また全体に占める割合は生起次第以下の記述は一五パーセントに過ぎず、究竟次第の解説が全体の八割以上を占めている。空性をありのままに理解する菩薩を聖者という。波羅蜜乗では、この修行での境地に応じて、十段階となる十地を想定している。それは歓喜地から法雲地に至る十地である。これに対し、密教での十地は設定の仕方も様々で名称もバラバラであるが、これらを整理して紹介していることも本書の特徴である。

さて、私は一九八八年から一九八九年の二年間、インドに亡命中のゲルク派の密教学問寺ギュメ密教学堂に留学する機会を得た。ギュメ寺はゲルク派の密教の総本山とされている寺院である。一四一九年、ツォンカパは自らが密教の最高位に位置づけた『秘密集会タントラ』伝承の後継者にシェーラプ・センゲ（一三八二―一四四五）を指名した。このシェーラプ・センゲが、ツォンカパの秘密集会解釈を正統に伝承していく目的で創建した密教寺院がギュメ寺なのである。一九五九年のチベット動乱の際、ギュメ寺のほとんどの僧侶がインドに亡命し、現在は南インドのグルプラにおいて、六百名の僧侶により年中行事その他チベットの伝統がそのままに運営されている。

本書は、このギュメ密教学堂の第九十九世管長（一九九六年、ダライ・ラマ十四世の任命によりギュメ寺副管長に就任、一九九九―二〇〇一年ギュメ寺第九十九世管長）ロサン・ガンワン先生に伝授していただいた講伝録である。

ロサン・ガンワン先生と、その出会いに関して少し述べたい。

ギュメ寺留学二年目の一九八九年、高野山大学大学院の休学も二年目に入り、自然退学になる予定であった私のもとに、恩師の松長有慶先生からお手紙が届いた。お手紙には、「もう一年休学を認めるので、修士論文のネタを持って帰ってきなさい。」と書かれていた。そこで『秘密集会タントラ』を学びたいと副管長のドルジェ・タシ師に申し上げたところ、それまで〝空性〟の勉強等を応援してくれた師は、難色を示した。「毎日成就法を実践することはできない」というのがその理由であった。親しくしていた管長の随行に事情を話したところ、管長のゴソー・リンポーチェ（一九四九―、ギュメ寺第九十五世）が、「こちらには『秘密集会タントラ』を学ぶ者は多くいるが、日本には一人もいないからやらせてはどうか」と賛成してくださり、管長・副管長で相談の結果、推薦していただいたのが、ロサン・ガンワン先生であった。

ロサン・ガンワン先生は、一九三七年にチベットのコンボ地方に生まれ、十五歳の時、ガンデン寺シャルツェ学堂ファラ学舎で出家した。叔父である師匠のロサン・テンパ師（一八九九―一九五九）には五人の弟子がいたが、非常に優秀であったガンワン先生をことのほか可愛がったそうである。一九五九年にダライ・ラマ法王の亡命を聞き、師匠とともにインド行きを決意した。七か月かけて歩いての亡命であった。途中、雪の中での野宿や飢えに苦しみ、中国軍による亡命者の摘発等の恐怖から、ガンワン先生は投降すると言い出したが、師匠のロサン・テンパ師から「『般若経』には中央部で栄えた仏教は南に行き、その後北に行って、最後に中央に戻り、世界に広がるという予言がある。これは大乗仏教が、ナーガールジュナをはじめとして南インドで栄え、やがてチベットへ広がったことを意味する。そして、このたびの法王様のインド亡命は仏教が世界に広がる兆しである。お前はそのお手伝いをするのだ。」と言われ、俄然気分が変わり、七か月もかかったが、無事にインドへの亡命を果たしたのであった。亡命の旅路は過酷を極めたが、師匠のロサン・テンパ師は、『秘密集会タントラ』に特別の信仰心を持っていて、雪山で野宿する日も、食料が全く手に入らない日も欠かさず秘密集会の成就法を続けていたという。高齢であったロサン・テンパ師は、亡命の無理が祟り、亡命直後に逝去された。師匠の遺志を継いだガンワン先生は勉学と修行に励み、一九八五年に仏教博士の最高位であるゲシェー・ハラムパとなり、三大寺六学堂の英才が競う問答大会で第一位となる。

ゲシェーになれば、その後、出身地によりギュメ密教学堂か、もしくはギュトゥ密教学堂に赴いて密教を学ぶのが通例となっている。ゲシェーの第一位となったガンワン先生は、ダライ・ラマ法王に謁見する栄誉に浴したが、その際、自分がそのままガンデン寺に留まるか、山に入って隠遁生活をするか、ギュメ寺に行くか、いずれがよいかを法王に伺ったところ、今しばらくガンデン寺に留まるようにと指示された。一九八九年、今度は法王の方からギュメ寺に行くようにと指示が下され、ガンワン先生は入門の申請書をギュメ寺に提出した。副管長のドルジェ・タシ師は、年限を超えているゲシェーの申請と聞いて却下しようと思ったが、名前を確かめて、ガンワン先生と知り、「それならば」と許可したのであった。

ちなみに、私が帰国した翌年の一九九〇年には、ダライ・ラマ法王臨席のもと、ギュメ寺関係の六学堂すべてのゲシェーが揃った密教問答大会がセラ寺チェ学堂で実施されたが、ガンワン先生は堂々の第一位となった。二〇〇七年一月にギュメ密教学堂でダライ・ラマ法王が勤修《ごんしゅう》された『秘密集会タントラ』の灌頂会には、八千人の僧侶が参集し、その中には現ガンデン寺座主のロサン・テンジン師初め、多くの高僧が参列していた。しかしその中でガンワン先生は、高僧方の話し合いの結果、法王の玉座の手前の最上席に推挙されるほどの学識であった。

さて、私がロサン・ガンワン先生の第一回目の講義を受けたのは、一九八九年七月十日であった。最初にこれまで無上瑜伽タントラの灌頂を受けた経験があるかを聞かれたのを覚えている。この年、先生から、一日の休みもなく、『秘密集会タントラ』の講義を一三一回受けた。これがご縁となり、ガンワン先生には、以後二十年間師事した。特に晩年は癌を患われたので、二〇〇七年五月からの二年間は、治療のため、狭い我が家に滞在していただいた。この間も体調のよい日は、必ず伝授をして下さった。二〇〇八年末、先生は決断され、帰国されることになった。ガンデン寺まで、私たち夫婦で送らせていただくのが先生との最後の旅となった。二〇〇九年一月二十九日、先生は主な弟子達を集め、遺言してから、自分に袈裟を着けるよう弟子に促した。死装束と嫌がる弟子達に、「自分の生涯は釈尊のあとに続く比丘としての生涯であった。釈尊の比丘としての誇りを胸に最期の時を迎えたい。」とおっしゃり、午後九時四十五分、遷化《せんげ》された。私の生涯の師として、死に様からも学ばせていただいた立派な最期であった。

ダライ・ラマ法王は、リン・リンポーチェに伝授されてから、今日まで欠かさず秘密集会の行を実践されているそうである。かつて法王は説法会で、「カーラチャクラは私が継承していく役割があるので、大切であるが、私の行の中心は聖者流の『秘密集会タントラ』である。」とおっしゃっていた。

不空訳『金剛頂経十八会指帰』には、初会が『初会金剛頂経』、第六会が『理趣経』に続き、第十五会が『秘密集会瑜伽』とある。そこに紹介された内容が『秘密集会タントラ』第五章の内容と酷似するものを含むため、これが『秘密集会タントラ』であろうとされ、また、Guhyasamāja に〝秘密集会〟との訳が充てられているのもそのためである。我々日本人にとって、金剛頂経第十五会の、紛うことなき正統の継承者であるダライ・ラマ法王が日本で『秘密集会タントラ』の灌頂を勤修されることは、特別な意味があると考える。

二〇一六年十一月にダライ・ラマ法王により勤修された灌頂は、法王御自身の体調により、「チッタマニターラ」

という別の灌頂に変更されたが、チベット密教の奥義とも言えるこの秘密集会タントラ・聖者流の灌頂を、法王に金剛阿闍梨をお勧めいただいて日本で是非開壇していただきたいと切望している。

ロサン・ガンワン先生の師匠がインド越えの雪山の中で、ガンワン先生に「お前は、法王様が世界に仏教を広げるお手伝いをするのだ」とおっしゃったその続きを、弟子の私がわずかでもお手伝いさせていただけることが出来れば、望外の喜びである。まずはこの翻訳がその一助となることを願ってやまない。

注

(1) ツォンカパは、父タントラ・母タントラの上に不二タントラを設定していない。無上瑜伽タントラは、父タントラであろうと、母タントラであろうと、方便即ち倶生の大楽智と、般若即ち空性の理解の智慧を、両方兼ね備えているという意味で、すべてが不二タントラだとするのである。

ツォンカパはいう。

> 無上瑜伽の母タントラと無上瑜伽の父タントラ両方の〝瑜伽〟の意味は、方便と般若の〔どちらか〕片面ではなく、方便と般若とが等しく融合すると説かれた〔場合の〕〝方便〟は倶生の大楽であり、〝般若〟は無我なる空性の真実性を通達する智慧であると多く説かれて広く流布しているごとくである。そのごとき楽・空の〝方便と般若〟の二つの本性が無別に融合する観点からいうなら、（中略）すべての無上瑜伽タントラは、その本性の状態が、不二タントラそのものとしてあるのである。（『五次第を明らかにする灯明』Toh No. 5302 fol. 5A2～5）

その上で、ツォンカパは「勝義の真実の空性によく通達する理解が順に向上する次第を中心に示し、大楽智の乗物である五光の風《ルン》より世俗の幻身を成就する仕方を中心には示さないものを瑜伽母タントラという。」（同書 fol. 12B3～4）とし、光明を中心に示し、幻身の成就の仕方を中心に示さないものを母タントラとした。

そして、「光明顕現の場、胸で風《ルン》が次第に収斂する順行の四空と、次に（中略）逆行の四空という点から空智の生起の仕方と、光明の〔乗物である〕五光の風《ルン》から世俗の幻身を成就する仕方を中心に示すものが瑜伽父タントラというのである。」（同書 fol. 12A4～5）と述べ、光明だけでなく、幻身も中心に示すものを父タントラとし、父タントラを母タントラの上に位置付けたのである。

(2) 釈タントラについて、ツォンカパは『灯作明複註』で「〔根本タントラの〕この意味は《何を意図して説かれたかを説明する》釈タントラ」（『灯作明複註』Toh No. 5282 fol.119B5）として、例えば『秘密集会タントラ』第五分に〝いずれか殺生をする者達、彼らは成就の器である〟と説かれている場合、そのままでは、殺生を奨励するような文意に取れるが、その意図を説明する役割が釈タントラとするのである。なお、〝いずれか殺生をする者達、彼らは成就の器である〟の文意については、注(4)で説明する。

(3)『灯作明』のゲルク派の複註であるシェーラプ・センゲの『ティカ』に「evaṃ は説教の初めにのべなくてはいけないことと、それが般若と方便を象徴することと、それが如来の言葉であることを、いずれかから知るかと言えば、『天王請問タントラ』から知るのである。」（Toh No. 6868 ka fol. 29A3～4）とある。

(4) この具体例として、秘密集会根本タントラの第五章の〝いずれか殺生をする者達、（中略）彼らは成就の器である。〟という文意についてのツォンカパの『灯作明複註』と、その弟子シェーラプ・センゲの『ティカ』の説明がある。順が逆になるが、まず、シェーラプ・センゲを見てから、ツォンカパの説明を確認することとしよう。

シェーラプ・センゲは次のように述べている。

　そのタントラの王〔秘密〕集会〔タントラ〕を、阿闍梨〔に就くこと〕なしに自分の好き勝手に読むことを排するために、他の意味を考えて矛盾した他の言葉で示した語句を以って、〔『秘密集会タントラ』第五分で〕〝いずれか殺生をする者達、（中略）彼らは成就の器である。〟と説かれたのである。

　では他の意味を考えて矛盾した他の言葉で示すその示し方は如何なることかといえば、身体に要訣を加える瑜伽の力で、風《ルン》を中央脈管に入れ、留めてしみ込ませる三つをなしたことで、楽空《らくくう》無別の光明に住するプドガラは、今世で最高の悉地を成就する器となることを考えて、〝いずれか殺生の有情は（中略）彼らは〔成就の器である。〕〟云々と説かれたのである。『密意授記タントラ』（Toh No. 444 fols. 73B8～74A1）に〝誰か蘊等の物が存在しない〔勝義諦の空の境地、即ち世俗の戯論の〕鎮まりに住することで生じた心でなすそれが殺生であって、最高乗に住

する者である。〃と説かれたゆえである。（『ティカ』kha fol. 35A6～B3）

この『密意授記タントラ』の意図について、ツォンカパはさらに詳しく以下のように説明する。

世間と矛盾する語句によって《殺生等を》行う特別な甚深なる意味を示したゆえに、殺生云々と説かれたのである。〔それは〕《殺生等の》この意味は、《何を意図して説かれたかを説明する》釈タントラ《『密意授記タントラ』》に説かれているのである。〔それは〕いずれか《光明に入る方便》によって〝誰か蘊等の〔世俗諦の〕物の存在しない《〔勝義諦の〕光明に入り、〔世俗の〕戯論《けろん》が》鎮まる《ことに》住すること《を習熟すること》で生じた心で《〝命〟〔という別名〕で知られる風《ルン》の動きを止めることを》なすそれを殺生《というの》であって、《彼の者はまた》乗《の》最高のもの《無上〔瑜伽〕》に住する者《達》である。〃（『灯作明複註』Toh No. 5282 fol. 119B4～6）

《　》はツォンカパの注釈

一見、殺生を奨励するようなその根本タントラの言葉は、釈タントラ『密意授記タントラ』を通すと、究竟次第の瑜伽により光明体験をする際に、世俗の戯論が鎮まっていく過程の説明となる。

このように殺生を奨励するように見えるような矛盾だらけの『秘密集会タントラ』の言葉を、難解な究竟次第の内容として解釈をすることは実際、阿闍梨に就くことなくとても出来ることではない。この文はそのことを示しているのである。

(5) ドルジェデンパは、ブッダガヤの金剛座座主で、白ターラの灌頂の継承者として有名であり、セルリンパ→ドルジェデンパ→パリ翻訳官の順で名前が見える。

(6) ツォンカパは、秘密集会タントラ系の聖者父子の真作として認定した十二の典籍それぞれについて、次のように述べている。

・ナーガールジュナについて

生起次第を示すには、〔聖者は〕『経合集』と『略集成就法』の二つを著された。（『五次第を明らかにする灯明』Toh No. 5302 fol. 24A5）

聖者自身が著された『五次第』が絶対に存在するのである。（同書 fol. 24B4～5）

また根本タントラの第二品の、毘盧遮那がお説きになった菩提心の文の注釈として、『菩提心釈』（Toh No. 1800とNo. 1801）を著された。（同書 fol. 24B1～2）

・アーリヤデーヴァについて

アーリヤデーヴァが著されたものに関しては、『五次第』の達意釈『行合集灯』（Toh No. 1803）が大変有名であり、『自加持次第〔差別〕』（Toh No. 1805）はアバヤーカラ阿闍梨が典拠として引用している。（同書 fol. 25B6～26A1）

・ナーガボーディについて

龍智（kluḥi blo）もしくはナーガボーディ（kluḥi byaṅ chub）が著されたものに関しては、生起次第が中心であり、究竟次第も示す『安立次第』（Toh No. 1809）はとても有名だが、『秘密集会曼荼羅儀軌二十』（Toh No. 1810）はダチェンジン・ペル・シェーニェンとアバヤーカラやトゥジェ・ペルシャプやトゥパ・ペルサンポ等の多くの〔インドの〕パンディタ（大学者）が典拠にされているのである。四空を定義する『業辺分別』（Toh No. 1811）は『灯作明』で典拠になされている。（同書 fol. 26A5～B1）

・チャンドラキールティについて

チャンドラキールティ阿闍梨が著されたものに関しては、『灯作明』が大変有名である。この方が著された『六支瑜伽〔と名付ける注釈〕』（Toh No. 1786）は十二章の『灯作明』にある〔内容〕から抜粋して取り出したと思われる。『金剛薩埵成就法』（Toh No. 1814）をタターガタラクシタ（Toh No. 1835）とリーラヴァジュラ（Toh No. 1815）が釈を著され、マガタのパンディタ、トゥパ・ペルサンポ等もチャンドラキールティの典籍と主張されるのである。（同書 fol. 27A5～B1）

◆引用文献の略称名と正式名称

○ツォンカパ（一三五七—一四一九）の著作

＊『秘密真言道次第』（Toh No. 5281）

正式名称は、『勝者普遍主大持金剛道次第一切秘密要訣開示』

＊『灌頂意義真実妙明示』（Toh No. 5287）

正式名称は、『吉祥秘密集会阿閦《あしゅく》金剛の曼荼羅儀軌　灌頂意義真実妙明示』

＊『灯作明複註』（Toh No. 5282）

正式名称は、『一切タントラ王吉祥秘密集会の広釈たる〝灯作明〟の句義を如実に解釈する細註による複註』

＊『正等覚次第註釈』（Toh No. 5292）

正式名称は、『口訣の究極　正等覚次第註釈』

＊『五次第を明らかにする灯明』（Toh No. 5302）

正式名称は、『タントラの王吉祥秘密集会の口訣五次第を明らかにする灯明』

＊『五次第一座円満赤註』（Toh No. 5314）

正式名称は、『タントラの王吉祥秘密集会の究竟次第　五次第を一座に円満する赤註』

＊『ナーロー六法三信具足』（Toh No. 5317）

正式名称は、『甚深なる道ナーロー六法の点から教導次第　三信具足』

＊『善説心髄』（Toh No. 5396）

正式名称は、『未了義了義を分別する論　善説心髄』

＊『入中論広釈密意明解』（Toh No. 5408）

○ギャルツァプ・ジェ（一三六四—一四三二）

＊『時輪二次第大楽道』（Toh No. 5422）

正式名称は、『吉祥時輪道二次第の理趣　大楽道に速やかに入るという書』。

＊『波羅蜜解説蔵荘厳』（Toh No. 5433）

正式名称は、『般若波羅蜜多優波提舎現観荘厳論の註　明義解説蔵荘厳』。

＊『五次第の覚書』

現在刊行されているギャルツァプ・ジェ全集には見当たらない。しかし、ヤンチェン・ガロ以外にガンワン・パルデンもヤンチェン・ガロとは異なる箇所を引用しており、実際にはこの書は存在していたと推察される。

○ケートゥプ・ジェ（一三八五—一四三八）の著作

＊『生起次第の悉地の海』（Toh No. 5481）

正式名称は、『一切タントラ王吉祥秘密集会の生起次第悉地の海』。

＊『五次第の明証』（Toh No. 5482）

＊『総タントラ部構造広釈』（Toh No. 5489）

＊『小口訣』（Toh No. 5517）

＊『二十一小著』（Toh No. 5521）

○シェーラプ・センゲ（一三八二―一四四五）の著作

＊『ティカ』（Toh No. 6868）

ギュメ全集第八巻にある『一切タントラの王吉祥秘密集会根本タントラの灯作明広釈』。

○パソ・チュー・キ・ギャルツェン（一四〇二―七三）

＊『時輪成就法白蓮口訣に対する偏見を除く書』（Toh No. 5480）

正式名称は、『パソ・チュー・キ・ギャルツェン尊者が著された、時輪成就法白蓮口訣に対する偏見を除く方法というこの典籍は甚だ貴重であるゆえに、この全集（ケートゥプ・ジェ全集）に収められた』。

○パンチェン・ソナム・タクパ（一四七八―一五五四）の著作

＊『一切タントラの王吉祥秘密集会の生起次第・究竟次第の構造　智者の意楽と呼ばれるもの』（2006, Library of Gashar〈ガンデン寺シャルツェ学堂図書館〉）

○タクポ・ナムカ・タク（十六世紀前半）の著作

＊『タクポの生起次第』

正式名称は、『ここに一切タントラの王吉祥秘密集会の生起次第の構造　持金剛ラマの口伝』。

＊『タクポの究竟次第』

正式名称は、『一切タントラ王吉祥秘密集会究竟次第五次第を明らかにする灯明智者の意楽持金剛師の口伝』。

○パンチェン・ラマ一世ロサン・チョゲン（一五七〇―一六六二）の著作

＊『五次第の心髄』（Ota No. 10370）

正式名称は、『一切タントラの王吉祥秘密集会の口訣〝五次第を明らかにする灯明〟の心髄要略　甚深なる意味を明らかにする太陽』。

＊『生起次第の心髄』（Ota No. 10369）

正式名称は、『一切タントラの王吉祥秘密集会の生起次第の妙説〝悉地の海〟の心髄』

○ダライ・ラマ七世ケルサン・ギャムツォ（一七〇八―五七）の著作

＊『灌頂意義真実再明示』（Toh No. 5826）

正式名称は、『吉祥秘密集会阿閦金剛曼荼羅儀軌の解説　灌頂意義真実再明示　金剛薩埵の御口訣』

○ヤンチェン・ガロ（一七四〇―一八二七）の著作

＊『基本の三身の構造を明らかにする灯明』（Toh No. 6600　通称『ゲルク派版チベット死者の書』

○アク・シェーラプ・ギャムツォ（一八〇三―七五）の著作

＊『五次第の赤註覚書』

正式名称は、『吉祥秘密集会究竟次第五次第の赤註覚書　阿閦のお口の甘露』（ギュメ全集第三巻）

＊『第一道次第の覚書』

正式名称は、『秘密集会聖者流三十二尊の第一道次第の教導　認識の覚書　守護尊阿閦の口訣』（ギュメ全集第三巻）

○ガンワン・パルデン（一八〇六―没年不明）の著作

＊『大秘密四タントラ概論』

正式名称は、『大秘密四タントラ部の地・道の構造をタントラと典籍により明らかにするもの』

○パポンカ・デチェン・ニンポ（一八七八―一九四一）の著作

＊『チッタマニターラ二次第註』

正式名称は、『世尊母栴檀の森のターラ尊の道二次第の瑜伽行修道理趣の熱き加持の口訣の詳説　チッタマニの珊瑚』（パポンカ・デチェン・ニンポ全集第三巻　ga）

ツォンカパの引用はラサ版、ギャルツァプ・ジェ、ケートゥプ・ジェの引用はタシルンポ版に依った。

◆本書解説に用いた主な注釈書の概要

○ツォンカパの著作

＊『灯作明複註』（Toh No. 5282）

秘密集会タントラ聖者流の典籍で最も難解なものは、根本タントラに対する、チャンドラキールティの注釈『灯作明』と言われるが、この『灯作明』に対する、一四一三年に著された複註。ゲルク派の密教典籍の中で最重要とされている。ツォンカパが遷化する前年の一四一八年、セラ寺の講堂での密教の講義中、この典籍を手に、「汝ら智者達のうち、この秘密集会を継承をする気概のある者は誰か」と三度問いかけた際、海原のごとき弟子の中からシェーラプ・センゲが立ち上がって三礼し、応諾の意を示した。喜んだツォンカパは彼に『灯作明複註』を中心にした秘伝の伝承を託したが、シェーラプ・センゲはこの責務を果たすため、一四三三年にギュメ密教学堂を創建。『灯作明複註』を継承する拠点とした。ギュメ寺ではこの『灯作明複注』を中心にした秘伝を『根本タントラ四注釈組み合わせ』（ギュメ全集第九巻）という。内容は、①『灯作明』の目次だけを纏めた『灯作明科段要略』（Toh No. 5283）、②根本タントラと続タントラ、③『灯作明複注』、④ツォンカパが『灯作明』の重要な箇所を纏めた『灯作明の難解箇所を決定する宝芽』（Toh No. 5284）からなる。ゲルク派では、三大寺でゲシェー位（仏教博士）を獲得した後、ギュメ寺か、ギュメ寺より分かれたギュトゥ寺に赴き、密教を学ぶが、その際に『灯作明複註』を学ぶことが大きな目的となっている。

＊『五次第を明らかにする灯明』（Toh No. 5302）

『秘密集会タントラ』の聖者流の究竟次第『五次第』の注釈書である。ツォンカパは、即身成仏のためには幻身を成就する必要があるとした。それまでの説では、双入の境地を説いても、それに至る方法論が具体的に説かれることはなかった。この書では、例えば、先行するラマ達の幻身等の説明では双入の境地に至ることが出来ないことを検証した上で、即身成仏における色身を成就する方法として幻身の成就方法を具体的に示した。一四一一年に著されている。光明から逆行して幻身を成就するタイミングを近得とする等、ツォンカパのそれまでの著作に見られた混乱も解消されている。

○ケートゥプ・ジェの著作

*『生起次第の悉地の海』（Toh No. 5481）

ツォンカパは、究竟次第の修行に関しての詳しい解説書や生起次第の儀軌『吉祥秘密集会成就法清浄瑜伽次第』は残しているものの、生起次第の各々の観想の内容に関して、そのように観想しなくてはいけない理由を詳しく示したものは残さなかった。その課題を受け継いだケートゥプ・ジェが、ツォンカパの口訣を忘れず残す目的で書いたとされる。

しかし実際にはツォンカパの典籍では見られない独自の解釈も見られる。それは例えば、智慧薩埵、三昧耶《さまや》薩埵に対する語義解釈や、『秘密集会タントラ』の第二章冒頭の〝一切如来の菩提心についての請問〟についての生起次第の立場での解釈などで、いずれもツォンカパの典籍には見られない独自のものであるが、説得力があり、シェーラプ・センゲも『ティカ』中でまるまるその解釈を引用している。また文中で当時の通説を批判する際に、たびたび痛烈な批判を浴びせる様子もツォンカパの典籍にはないもので、ケートゥプ・ジェの肖像から想像できる彼の激しい気性を彷彿とさせる。

○シェーラプ・センゲの著作

＊『ティカ』（Toh No. 6868）

『一切タントラの王吉祥秘密集会根本タントラの灯作明広釈』をギュメ寺ではティカと呼んでいる。シェーラプ・センゲは、一四一八年にツォンカパから『灯作明複註』の継承者と指名された。『灯作明複註』の継承者とは、即ちツォンカパの聖者流『秘密集会タントラ』の継承者であることを意味し、シェーラプ・センゲは、その継承のための拠点として、一四三三年にギュメ密教学堂を創建した。しかしツォンカパの『灯作明複註』にも難解であるため、シェーラプ・センゲは、これを出来る限り皆が理解できるように腐心し、『灯作明複註』自体に対しての注釈を思い立ち、遷化する前年の一四四四年に『ティカ』を完成させた。ツォンカパの『複註』は『灯作明』の本文に、ツォンカパが、小文字で複註を加えているかたちで作られているのに対し、『ティカ』は先に『灯作明』本文を引用し、それをシェーラプ・センゲがツォンカパの『複註』やケートゥプ・ジェの『生起次第の悉地の海』等を元にして、内容を分かりやすく説明するかたちで構成されている。内容的には、第一章に七飾といわれる様々な解釈内容を、具体例を挙げて説明するなど、第二章から第十七章までの残りのすべての章を理解する上で必要な知識が網羅されているため、「『ティカ』は第一章のみでもよい」とする見解が存在するほど、第一章が最重要視されている。また、注釈の最後のあとがき、つまり誰の勧めで、どこで記した等の記載や著作による善行の回向などは全くなく、第十七章の注釈が終わると突然終了するのは当時の著作としては珍しく特徴的である。あとがきがないことを憂えたためか、ダライ・ラマ七世ケルサン・ギャムツォがあとがきを書き加えている。

○タクポ・ナムカ・タクの著作

＊『タクポの生起次第』

この著作は、シェーラプ・センゲの『ティカ』が大部分を占めるギュメ全集第八巻に収められているが、シェーラプ・センゲの著作ではない。タクポ・ナムカ・タクはギュメ寺の第十一世管長で、生起次第と究竟次第に関する二作があるが、本堂で歴代管長が説教をすることを義務付けられているのは、この生起次第の方である。ケートゥプ・ジェの『生起次第の悉地の海』に沿っての解釈が多く見られるが、平易に書かれていて分かりやすい。しかし究竟次第の方も重要視されており、幻身の外起や所知障を最後の光明で一度に断滅することなどギュメ寺の特徴的解釈が多く見られ、現在のギュメ寺の流派の典拠となっている。

○パンチェン・ラマ一世ロサン・チョゲンの著作

＊『五次第の心髄』（Ota No. 10370）

正式名称に、『一切タントラの王吉祥秘密集会の口訣〝五次第を明らかにする灯明〟の心髄要略　甚深なる意味を明らかにする太陽』とあるように、ツォンカパの『五次第を明らかにする灯明』の内容を要略したものである。そのため、この典籍をチベットでは、『五次第の心髄』と呼んでいる。内容的には、波羅蜜乗の第十地の菩薩の相好が仏の受用身の同類因にならない理由や、幻身の外起・内起について、不滅の滴の内外を意味するとの解釈等、独自の解釈も見られる。『五次第を明らかにする灯明』を学ぶ際の重要な手引書の役割を果たす。

＊『生起次第の心髄』（Ota No. 10369）

正式名称は、『一切タントラの王吉祥秘密集会の生起次第の妙説〝悉地の海〟の心髄』とあるように、ケートゥプ・ジェの同名の著作のダイジェスト版といえる。しかし、内容的には、『生起次第の悉地の海』と異なり、現在、実際にギュメ寺等で使用されている生起次第そのものに相応する内容となっている。

○ヤンチェン・ガロの著作

＊『基本の三身の構造を明らかにする灯明』（Toh No. 6600　通称『ゲルク派版チベット死者の書』）

ヤンチェン・ガロにより書かれた死・中有・再生の構造を纏めた論書。無上瑜伽タントラでは、死・中有・再生の構造が、仏の法身・受用身・変化身獲得の過程と類似すると定義する。そして、生起次第では、死への過程を法身、中有への過程を受用身、再生への過程を変化身獲得の過程へと転変する観想を中心とする初加行を行じ、また究竟次第では、第四次第の勝義の光明から清浄な幻身を流出する構造が、死から中有へ移行する過程、そして幻身から変化身を流出する過程を、中有から新たな肉体を持つ者に再生する過程と等しいものと考える。したがってそれらの行の前提として、死・中有・再生の構造を理解することが肝要である。そのために著されたものがこの『基本の三身の構造を明らかにする灯明』である。他に類似の書も見られるが、ゲルク派では本書が最もポピュラーといえる。

○ガンワン・パルデンの著作

＊『大秘密四タントラ概論』

ヤンチェン・ガロの直弟子であるモンゴル人のガンワン・パルデンによる密教概論である。ガンワン・パルデンの評価は、現代のゲルク派チベット密教寺院でも大変高い。完成度は高いが、大変難解であるため、入門書としては、圧倒的にヤンチェン・ガロの『秘密集会タントラ概論』（サ・ラム）の方が人気が高い。内容的には伝統的権威に恐れを抱かず、論理的に矛盾すると判断した際は、師匠のヤンチェン・ガロは勿論、ケートゥプ・ジェや、パンチェン・ロサン・チョゲン等の批判も適切に行っている。

○アク・シェーラプ・ギャムツォの著作

＊『五次第の赤註覚書』

アク（akhu）はチベット語では叔父をさすが、アムド方言では「和尚」を意味する。

この書は、一七一の典籍からなるギュメ寺のギュメ全集第三巻に収められている。内容的には、他の五次第関係の典籍と異なり、理論面だけでなく、実践的な経験に関する記述も多い。

○パポンカ・デチェン・ニンポの著作

＊『チッタマニターラ二次第註』

チッタマニターラ尊はタプ・ドルジェ・チャン・カルキオンポ（一七六五―九二）が、神秘体験の中で、霊位相承で感得した本尊である。タプ・ドルジェ・チャンがチッタマニターラ尊に直接聞いたとされる諸々の覚書を典拠として、パポンカ・デチェン・ニンポがこの生起次第と究竟次第を著した。内容的には、ツォンカパが提唱したゲルク派の密教教学体系で整理されているが、生起次第でチャクラ内に身体曼荼羅を観想する点や、究竟次第で秘密集会の幻身やカーラチャクラの空色身とも異なる第三の身体を成就する点等の独自の特徴を持つ。

チッタマニターラ尊には三種類の灌頂があり、このうち、二〇一六年十一月に大阪でダライ・ラマ法王により開壇された灌頂は、トルマ（供物）による許可灌頂とラマの身体曼荼羅による灌頂の両方を授けるという貴重な機会であったが、他に「大秘密の胸に住していただく加持」と言われる特殊な灌頂も存在する。

◆参考文献

松長有慶『密教経典成立史論』松長有慶著作集　第一巻　法藏館　一九九八年

松長有慶『秘密集会タントラの研究』松長有慶著作集　第五巻　法藏館　一九九八年

北村太道　ツルティム・ケサン共訳　ガワン・パルデン著『大秘密四タントラ概論――チベット密教入門――』永田文昌堂　一九九五年

石濱裕美子・福田洋一『聖ツォンカパ伝』大東出版社　二〇〇八年

齋藤保高『ツォンカパのチベット密教――『真言道次第広論』全十四品解説と第十二品「生起次第」和訳――』大蔵出版　二〇一三年

平岡宏一訳『ゲルク派版チベット死者の書』学研　一九九四年

平岡宏一「チベットの密教の灌頂の構造――ゲルク派の場合――」森雅秀編『アジアの灌頂儀礼――その成立と伝播――』第二部チベット・ネパール、法藏館　二〇一四年

【訳　注】

〔1A〕吉祥秘密集会聖者流と随順する密教の〔十〕地・〔五〕道の構造の妙徳なる善説の桟橋(1)

ヤンチェン・ガロ著

ギュメ・ケンスル・リンポーチェ　ロサン・ガンワン師講伝

平岡宏一訳註

〔1B〕Namo Guru Vajradharāya

《帰恭偈》

倶生《くしょう》の楽空《らくくう》という　清浄な虚空から　とても美しい幻化《げんけ》の相好《そうごう》を虹のごとく　お示しになる双《そう》入《にゅう》　本初仏《ほんしょぶつ》の　御足の蓮華に　敬意をもって帰命いたします。

《目的・序偈》

無数の劫の間　密教という名さえも　甚だ遇いがたいのに、(2)　濁世《じょくせ》の一生で　和合七支を備えた最高の位を　容易に授ける無上瑜伽タントラ(3)　文殊尊者が親友の表情をなさった父子の　無比の善説

に随順して 二次第の進み方〔十〕地と〔五〕道の構造などを 分かりやすい言葉で 要略して説明いたしましょう。

本　論

I　目次

即ち、ここに無上〔瑜伽〕密教の[2A]〔十〕地・〔五〕道の構造を説明する場合に二〔種〕ある。【1】道の進み方と【2】十地等と五道の設定方法である。

第一の中に二〔種〕ある。【1・1】一般的な説明と【1・2】無上〔瑜伽〕の道の二次第の進み方を別立てで説明することである。

【1】道の進み方

【1・1】一般的な説明

下の三種（所作・行・瑜伽）のタントラには、生起次第《しょうきしだい》の代わりに「有相の瑜伽」と、究竟次第《くきょうしだい》の代わりに「無相の瑜伽」のみがあるだけで、生起次第・究竟次第の内実と名称もいずれも存在しない。その三者〔所作・行・瑜伽タントラ〕には解脱の側面については、〔仏〕果である仏地の四極清浄(4)行相が一致する道を、〔修行途上の〕只今から観想することはあるけれども、雑染の側面、即ち輪廻の生・死・中有の三者と行相が一致する道を観想することはないのである。

生起次第か究竟次第のいずれかであるならば、〔次のような行法が必要不可欠である。つまり〕浄化の結果である仏地の法身・受用身・変化身の三者と、浄化対象の輪廻の生・死・中有の三者、［2B］これらのいずれかと行相を一致させて浄化する〝道への転変〟を〔修行途上の〕只今から観想することがなくてはならないのである。

次にまた有相の瑜伽は、空性《くうしょう》を理解する智慧により裏打ちされていない本尊の瑜伽であり、無相の瑜伽は、空性を理解する智慧により裏打ちされた本尊の瑜伽をいう。(5)

波羅蜜乗と、下の〔瑜伽・行・所作の三〕タントラ自体の道で、第十地まで進みうるけれども、第十地の最後有の時、無上〔瑜伽〕密教の要素を付加してから成仏しなければならない。〔なぜなら〕無上〔瑜伽〕の道の要素を付加せずに、それら〔波羅蜜乗と、下の三タントラ自体〕の道だけでは、成仏しえないからである。

〔ギャルツァプ・ジェの〕『波羅蜜解説蔵荘厳』に「波羅蜜乗の道で、三阿僧祇劫の間、進んでから、その後、密教の道の要素を付加してから色身を成就する様子は、他において知るべきである。」〔Toh No. 5433 fol. 320A6〕とある。また〔ケートゥプ・ジェの〕『総タントラ部構造〔広釈〕』には「波羅蜜乗だけの道で、第十地に到るまでは進みうるけれども、最後に成仏するには、無上〔瑜伽〕

密教の道に入門することに絶対に依らなければならず、その道に入ることなく、成仏することはありえない。」（Toh No. 5489 fol. 7A2～3）と述べている。

それでは波羅蜜乗と、下の三タントラの道に依っての成仏はあり得ないことになるのかといえば、問題はない。それら（波羅蜜乗と下の三タントラ自体）各々の道で、第十地の最後有まで進んで、[3A]無上〔瑜伽〕密教の要素を付加してから成仏した彼の者は、波羅蜜乗や下の三タントラの道に依って成仏したのであるが、それらの道だけで成仏したのではないという違いがある。ゆえに、理に適っているのである。そこでは、自らの道に〔無上瑜伽〕密教の道の要素を加えただけで、自らの道を捨てて〔無上瑜伽〕密教の道に入門するのではないからである。

下の三タントラ自体の説かれるところによれば、一生涯での成仏（即身成仏）〔が可能であると〕承認しているけれども、無上〔瑜伽〕でいう一生涯での成仏（即身成仏）とは意味が根本的に違うのである。

その〔下の〕三〔タントラの〕派においては、上根の者が無相の瑜伽を成満して、多くの大劫に耐えうる寿命の神通力の保持者となって、深甚明瞭不二の瑜伽に依って、長い時間かかって道を進んでから成仏しなくてはならない。〔それに対して〕無上瑜伽の特徴は、〔無上瑜伽〕密教の道に以前に入門したことがない者が新たに入門してから、先のような長い時間をかけずに、濁世のこの短い寿命において成仏できるからである。(6)

注

（1）**桟橋**

船から荷物を降ろせる桟橋のように、通称『サ・ラム（地・道）』は、難解な『秘密集会タントラ』聖者流の解釈を我々の現前に分かるように降ろしてくれる典籍という意味である（デプン・ゴマ・ケンスル・リンポーチェ　テンパ・ゲルツェン師に伺った）。

（2）**過去仏を含め、密教を説くのは、釈尊を含めごくわずかなのか？**

密教を説くのは釈尊の他わずかで、他のほとんどの仏陀は、密教は説かないという考え方である。

これについて、ダライ・ラマ七世ケルサン・ギャムツォ（一七〇八―五七）は次のように述べている。

そのように仏陀の出現は甚だ稀有であるが、それ以上に密教の実践方法、即ち、秘密真言道次第を示す御言葉とその意味を修行する〔方法を〕理解するための教えが出現することは稀である。仏陀と遇おうとも、まず、大乗の法を信じて〔教えを〕実践することは稀であるが、それ以上にまた、無上の密教の法を信じて実践することは非常に稀有なゆえである。即ち、一般的に欲、特に執着を修行道にし得る機根の者は、非常に上根でなければならず、そのような素養を持つ者は稀有だからである。（『灌頂意義真実再明示』Toh No. 5826 fol. 156 A4～B1）

このように仏陀に出遇うことは稀で、大乗の法を実践することはさらに稀であり、そしてそれ以上に、密教を実践することは稀であるとしている。

・密教が稀である典拠

その典拠として次のように述べている。

それに関して『秘密集会タントラ』第十七章に〔次のようにある。〕

〝世尊一切如来よ。過去世において、数え切れないものの中でも、とくに数え切れないほどの数の仏国土の極微の塵の数にも等しい劫を経ても、世尊如来阿羅漢無上正等覚者の燃灯仏が涅槃に入ってから、無上正等覚者大牟尼迦葉仏に至るまで、〔密教を〕お説きにならなかった。それはなぜかといえば、世尊よ、その時代やその時期の諸々の衆生は、大秘密が所在する意味説明を〔理解できる〕徳分を持ち合わせていなかったからである。〟以上のように説かれたことについて、『灯作明』にも文字通りの意味であると説明されているごとくである。（『灌頂意義真実再明示』Toh No. 5826 fol. 156 B1～4）

このように密教では、過去仏の燃灯仏と釈尊以外は、密教を説かないとするのである。

先に引用した第十七章の、「それはなぜかといえば」以下の文章について、ツォンカパは「燃灯仏は一阿僧祇と九十一劫の昔に出現し、彼の御方は、この〔金剛〕乗をお説きになった」（『灯作明複註』fol. 455A2）という複註を付けている。シェーラプ・センゲはそれを受けて、第十七章の「燃灯仏が涅槃に入ってから、無上正等覚者大牟尼迦葉仏に至るまで、〔密教を〕お説きにならなかった。」の箇所で、「世尊如来阿羅漢無上正等覚者の燃灯仏はこの金剛乗をお説きになって、燃灯仏が涅槃に入ってから、無上正等覚者大牟尼迦葉仏に至るまでの最高の変化身は誰も、インドという場所で、転法輪の時に眷属の〔比丘・比丘尼・優婆塞《うばそく》・優婆夷《うばい》の〕四者の、〔自分は高い境地にあるとの〕慢心を持つ所化《しょけ》達に対し、波羅蜜乗の道だけで悟りに赴く因の乗〔顕教〕をお説きになったが、欲望への執着を道に変える〔秘密〕集会等の〔金剛〕乗をお説きにならなかった。」（『ティカ』ca fols. 108B5～109A1）と説明している。

このように、仏陀の出現より、密教の説法の方が遥かに稀で、過去仏は燃灯仏のみが密教を説いたが、他の仏は密教を説かなかったとし、密教を知らなかったわけではなく、それは、欲望を修行道にし得る機根の者がいなかったからだという解釈である。

(3)　乱れた濁世と『秘密集会』伝承の伝説

濁世の一生で和合七支を備えた最高の位を容易に授ける無上瑜伽タントラについて、無上瑜伽タントラの仏陀の特徴である和合七支については、注(42)で詳しく説明する。濁世とは、五濁即ち戦争や疫病、飢饉などが頻発する劫濁、思想的乱れが横行する見濁、悪徳がはびこる煩悩濁、果報が衰え、人としての資質が下がる衆生濁、寿命が短くなる命濁のことで、この五濁に汚された末世をいう。その末世の一生で仏陀の位を容易に授けるものが、『秘密集会タントラ』というのである。プトン伝として、ゲルク派に伝わる『秘密集会』由来の伝承である。十九世紀のラマ、シェーラプ・ギャムツォ（一八〇三—七五）によると、それは次のごとくである。

まだ、釈尊がこの世界で法輪を転じておられた頃、インドの西方の王インドラブーティは、朝は東から西へ、夕方は西から東へと、多くの声聞が移動していくのをご覧になり、「かつて見たこともない多くの生物が虚空を移動しているが、あれは何者か？」とお尋ねになった。「東方のインド中部にいらっしゃるお釈迦様と、眷属の声聞方です。」という返答をお聞きになり、「眷属円満したあのお方（釈尊）が、たった今この場に降臨されたら、どんなに素晴らしいだろうか。」と王が思った瞬間、釈尊はその思いをお察しになり、喜んで弟子とともにそこに降臨された。王は次のように申し出た。「私どもが欲望を捨てることなく、成仏する方法をお教えくださいませ。」

それに対し、世尊は出家（僧衣）の姿を忽ち転輪王の姿に変えて『秘密集会』の曼荼羅で灌頂を与え、口訣を与えた。それにより、眷属達とともにインドラブーティ王は秘密集会の道で即身成仏を遂げた。王は領民に法を転じたので、領民すべてが成仏し、各々の仏の国に行くものとなったのである（ギュメ全集第三巻『第一道次第の覚書』fol. 7A1～6）。

この伝承の典拠はプトン伝とするだけで、プトン自身もこの伝説の典拠には何も触れず、単に「巷に流布している説」と述べているだけである。しかし、ドラマチックなストーリーのせいか、今日まで、欲望を捨てることなく成仏を探ることを目的とする『秘密集会』の、いわばプロローグとして伝えられている。

(4) **仏地の四極清浄**

①極清浄なる身体　②極清浄なる享受　③極清浄なる行為　④極清浄なる場所〔曼荼羅〕

密教では、灌頂を受けた後、行者が、自分自身を本尊として観想する本尊瑜伽を実践する。本尊瑜伽とは、仏になる前から仏になったときのシミュレーションをしておくことである。それは、仏になった時の姿〔極清浄なる身体〕だけではなく、仏として供養される練習〔極清浄なる享受〕や衆生済度《さいど》の練習〔極清浄なる行為〕、そして仏の住処〔極清浄な場所である曼荼羅〕をシミュレーションしておくことを意味する。

(5) **直弟子ガンワン・パルデンによる批判**

「有相の瑜伽は、空性を理解する智慧により裏打ちされていない本尊の瑜伽であり、無相の瑜伽は、空性を理解する智慧により裏打ちされた本尊の瑜伽をいう」とするヤンチェン・ガロの主張について、直弟子のガンワン・パルデンは次のように批判し、補足説明している。

少し難解なので、三段に分け、各々和訳とその解説をしてみよう。

・ガンワン・パルデンの反論《1》――〝空性を理解する智慧により裏打ちされた有相の瑜伽〟が存在するか？

ある学者が、空性を理解する智慧により裏打ちされていない〔本尊の瑜伽〕と、裏打ちされた本尊の瑜伽を、順次、有相・無相の瑜伽の意味であるとおっしゃったことについては、再考の必要がある。〔なぜなら〕〝空性を理解する智慧により裏打ちされた有相の瑜伽〟〔というもの〕が存在するからである。有相の瑜伽〔を実践する〕前に空性を観想することが説かれているが、その際、空性を理解する智慧が強力に存在するならば、その〔影響で、空性の観想〕後の有相の瑜伽は、その〔空性を理解する智慧〕により裏打ちされたものとなるからである。

『菩提道次第小本』に「空性を理解する般若が力強ければ、布施をしたり、礼拝や巡礼などをする場合、〔布施行などの〕それら〔の行為〕を意識している智慧等は、〔それがそのまま〕空性を理解するものではないけれども、〔先の空性を理解した智慧の〕その影響を伴いながら〔布施などを〕実践することと矛盾しないのである。行の初めに菩提心を力強く意識してから、空性の三摩地《さんまじ》に入った場合、〔空性の三摩地中に〕先の菩提心は〔心に〕現前していなくても、その影響で〔空性の三摩地が菩提心に〕裏打ちされることと、矛盾はない。」と説かれたごとくである。（『大秘密四タントラ概論』fols. 4B6～5A4）

ここでいうある学者とは、ヤンチェン・ガロ等をさすと思われる。空性の観想に裏打ちされていない本尊の瑜伽と、裏打ちされた本尊の瑜伽を、順次、有相・無相の瑜伽と定義すると、実際にはその定義ではあり得ないはずの〝空性を理解する智慧により裏打ちされた有相の瑜伽〟が存在してしまうと反論する。例えば、空性を深く観想した後、その意識の影響下で、布施を実践すれば、布施行をしている際に、空性を観想しているわけではないが、その布施行には、あらかじめ、観想していた空性理解の智慧が影響するのである。例えば、布施をする際、自分が与える側で上であるというような慢心を取り除く効果がある。

これは、まさに空性を理解する智慧に裏打ちされた布施行ということである。それならば、空性観想のすぐ後、本尊瑜伽をするなら、それは、〝空性を理解する智慧により裏打ちされた有相の瑜伽〟となるのではないかというわけである。したがって空性を理解する智慧に裏打ちされているか否かを、有相・無相の瑜伽の定義として用いるのは不適切であるとするのである。

・ガンワン・パルデンの反論《2》——般若と方便の一体化とは何か？

顕教における般若と方便が離れることのない状態とは、先に述べた空性に裏打ちされた布施行のような形態であるが、密教において般若と方便が不離の〔状態〕とは、それだけではない。広大なる本尊瑜伽の心と、甚深なる無自性理解の般若の二つが、一つの知〔意識〕の〔同一〕本性に、同時に集まることを「般若・方便無別」というのである。『真言道次第』には、「〔仏〕果の場合に身体、即ち、〔三十二〕相〔八十〕種好によって飾られた所依〔身体〕と、その〔身体〕に依っている〔空性を理解する〕不可得のお心の二つが、本性無別で同時に住しているごとくに、修道の場合にも、瑜伽行者の心の中で、自分の身体を如来の身体の行相として現す方便と、その時、自らの心の法の真実性、無自性を認識する般若の二つが、一つの知〔意識〕に本性無別にして同時に集まる〔ことを〕般若・方便無別と言わなくてはならない。」とされる。〔同書 fol. 5A4〜B1〕

般若と方便が密接に離れない有り様に関して、密教では顕教とは異なる形態をとる。それは方便としての本尊瑜伽と、空性理解の般若の智慧とを同一本性として成り立たせることである。我々凡夫は心と体は別々であるが、『真言道次第』では仏陀の境地に至れば、心身が一味、即ち、種好によって飾られた清らかな智慧で出来た身体と、その智慧で出来た身体の中にある空性を理解する仏の心の二つは、本性無別で同時に存在する。先に注(4)の仏地の四極清浄の項目で説明したように、密教では仏陀になる前から、成仏した後のことをシミュレーションすると述べたが、それならば、成仏した後の仏陀の心身一味の有り様も、修道時に先にシミュレーションしなくてはいけないというわけである。

・ガンワン・パルデンの反論《3》——無相の瑜伽が、空性理解の智慧に裏打ちされた本尊瑜伽でない理由

〔同じく『真言道次第』に〕「所取行相が本尊の姿として顕現する、無自性を理解する般若それ自体が、広大なる本尊瑜伽の心と同一の存在であっても、般若と方便を別立てにするのは、〔般若により克服すべき、真実性に対する無知や、方便により克服すべき慈悲心の欠如など成仏の障害となっている〕各々別の〝障害〟を克服する〔それぞれ〕異なった側面を〔それぞれ般若、方便と〕名称上〔表現するの〕であって、〔実質は同じものである。〕」と説かれているのである。それゆえ、この場合の無相の瑜伽とは、そのような甚深明瞭不二の

瑜伽であって、空性を理解する智慧に裏打ちされた本尊瑜伽ではない。（同書 fol. 5B1～3）

「所取行相が本尊の姿として顕現する」とは、空性を理解する智慧そのものが、そのまま本尊の姿を取って現れることである。その場合、本尊の姿として現れた空性理解の智慧と、その本尊の心になる空性理解の智慧とは同一本性といえる。しかし、同一本性ならば、本尊の姿を顕現する側を方便、本尊として観想する空性を理解する智慧を方便と別立てする理由はなぜなのかという問いである。それに関しては、同一本性であるけれども、それは、一つの意識での、無知を克服する側面を般若、本尊を観想して福徳を積む側面を方便と呼んでいるだけであるとする。このような瑜伽を甚深明瞭不二の瑜伽という。甚深とは空性理解の智慧、明瞭とはそれが本尊の姿として顕現していることである。ガンワン・パルデンは、その二つが不二の瑜伽であるからこそ、無相の瑜伽であって、単に、「空性を理解する智慧に裏打ちされた本尊瑜伽」という表現では、空性を理解する般若の智慧の影響を受けて、その後、本尊瑜伽をする状態にすぎないと批判している。

(6)　『秘密集会タントラ』に説かれる五種類の人材

『秘密集会タントラ』によって救われるに相応しい人、即ち、密教の器として、『灯作明』の第一章には、次の五種類の人材が説かれている。ツォンカパの密教の後継者と言われるシェーラプ・センゲが著した『ティカ』には次のようにある。

①　青蓮のごとき人

仏法の言葉や意味をラマから聞いて記憶することに長けているが、ラマと離れたらすぐに忘れてしまう人。なぜ、〝青蓮のごとき人〟というかといえば、青蓮は水の中にある時は、芳しい香りを多く放ち、古くならないが、水の中から出した途端に、香りは雲散してしまうような人だから。（ギュメ全集第八巻『ティカ』ka fol. 19A2～5）

②　白蓮のごとき人
覚えなくてはいけない語句や意味を、友人よりずっと多く聞いて記憶することが出来るけれども、他者に示す能力がない人。

なぜ〝白蓮のごとき人〟というかといえば、瓶の中で、綿花の種子を捨てたなら、成長して外に出ることがないように、白蓮は、自身の香りが花芯の中に籠もって外に行かないような人だから。（同書 fol. 19A5～B1）

③　蓮華のごとき人
白法（有徳なことがら）の根本となる信心があり、慈悲深く、智慧を具えていて、法を聴聞して智慧を磨くが、節のない竹の一方から水を注いでも他方からすぐに漏れてしまうように、すぐに忘れてしまう人。

なぜ〝蓮華のごとき人〟というかといえば、蓮華は香りがよく、見たら、喜びが湧いてくるという功徳があるが、太陽によって開花するが、太陽に照らされるとすぐに、花芯についた露が雲散してしまうような人だから。（同書 fol. 19B1～4）

④　栴檀のごとき人
余り聞かずに、聞くことを促されると「私は知っている」という慢心を伴い、仏の御言葉や論理を全く伴わずに、議論になれば多く喋る、欠点をなくして長所を伸ばすように導くのが難しい人。

なぜ〝栴檀のごとき人〟というかといえば、香りは少なく、棘が多く、果実はなく、凶暴な蛇が巻きついて傍に寄り難いような人だから。（同書 fol. 19B5～7）

⑤　大宝のごとき人
約束した戒が清浄で、大変な聞き上手で、善きことに長けており、機会を逃さない。初めだけ聞けば、すべての意味が分かる智慧を備えている。無上瑜伽乗に族が決定して成仏に向かって一筋に進む。自分が聞いたこ

とを他者に上手く示すことが出来、今世で究竟次第を生起する徳分を備えた人。なぜ〝大宝のごとき人〟というかといえば、如意宝珠のように手に入れ難いが、獲得したら、大利益をもたらす人だから。（同書 fol. 20A1～4）

〝大宝〟のことをチベット語ではリンポーチェという。この大宝のごとき人がチベット社会で一般的に高僧、及び高僧の生まれ変わりをさす、リンポーチェの語源と思われる。

・五種類の人は誰もが『秘密集会タントラ』実践に相応しい器であるか？

この五種類の人の中で、大宝のごとき人の以外の定義には、自分に思い当たることが多いのであるが、驚くべきは、梅檀のごとき人も含めて、いずれも『秘密集会タントラ』を実践するに相応しい者であるとすることである。

シェーラプ・センゲは言う。

プドガラは五人とも〔『秘密集会タントラ』を〕聴聞するに相応しいだけでなく、説法者としても、成就者としても相応しいのである。例えば、青蓮〔のごとき者〕や蓮華のごときプドガラの条件を説明した際に、寺院でいずれか聴聞したことを忘れずに記憶し得ないと説かれているけれども、教えのセンテンスと意味の一部は記憶し得るゆえに、自身が観想することや、他者に教えてもよいゆえに、自分が聴いたことを他者に言うことは出来るのである。（『ティカ』ka fol. 20A5～7）

※プドガラとは……輪廻する主体であり、解脱する主体でもある。例えば、ある人が、死んで来世で犬に生まれ変わり、その次の世で阿修羅になった場合、その三世を通して輪廻する主体をプドガラという。

そして、さらに詳しく次のように述べている。

青蓮のごときプドガラと白蓮、蓮華、梅檀だけ、即ちそれら四種のプドガラは、〔弟子の〕集まりの中で、即ち、〔皆に〕共通に説明されるべき道である生起次第を生じやすく、その生涯において〔生起次第の境涯を〕

完全に生じる徳を具える器のプドガラである。聖なる行いによって荘厳された大宝のごときプドガラは、弟子の中心の者〔のみ〕に説明されるべき道である究竟次第を生じやすく、その生涯において〔究竟次第の境涯を〕完全に生じる器のプドガラである。（同書 fol. 20B4～6）

このように大宝のごとき人のみ、特に選ばれて究竟次第の境地に導かれるべきプドガラとするが、それ以外のプドガラは、栴檀のような者も含めて、すべて生起次第を生じやすく、その生涯において生起次第を完全に生じる徳を備えているとする。

・『秘密集会タントラ』実践に相応しい器となる条件

ツォンカパは、「この道を生じる器か否か、聴聞する器か否か二つあるが、灌頂を〔四つとも〕すべて受けて三昧耶（密教の戒）と戒を決まり通りに守るならば、二次第の概要をすべて聴聞する器に相応しい」（『灯作明複註』Toh No. 5282 fol. 12B5～6）と述べている。つまり、灌頂を正しく受けて、戒を守るなら、二次第の概要を学ぶ者として相応しく、大宝のごときプドガラでなくても、成満し得る器というわけである。

パンチェン・ロサン・チョゲンは「正しい灌頂を受けて三昧耶と戒を正しく守るならば、二次第を主に観想せずとも、十六生以内に成仏するのである。大成就者サラハは、〝観想しなかったとしても、堕落がなければ、十六生等で成就する〟と説かれたゆえに。」（『五次第の心髄』Ota No. 10370 fol. 8A6～B1）と述べ、灌頂を受けて三昧耶と戒を正しく守るなら、十六生以内に成仏するとしている。

二〇一六年に勤修されたダライ・ラマ法王を導師とするチッタマニターラ尊の灌頂会においても、法王から最初に指示があったのは、「苦しいことでも役立つことをする」等の菩薩戒や、「明妃《みょうひ》を三昧耶なしに力で享受してはならないこと」等の戒に抵触する内容を、受者に知らせるプリントを用意することであった。それはこのような背景があったからだといえる。

【1・2】無上〔瑜伽〕の道の二次第の進み方を別立てで説明すること

第二（無上の道の二次第の進み方）に二つある。【1・2・1】生起次第と【1・2・2】究竟次第の進み方である。

【1・2・1】生起次第

前者（生起次第）に五つ。【1・2・1・1】定義、【1・2・1・2】分類、【1・2・1・3】語義釈、【1・2・1・4】生起次第を成満したかどうかの目安、【1・2・1・5】生起次第から究竟次第への移行方法の説明、である。

【1・2・1・1】生起次第の定義

第一（生起次第の定義）は、観想の力で風《ルン》[7]を中央脈管に入れ、留め、［3B］しみ込ませるということができたことより生じたのではなくて、〔あくまでも〕自らの果である究竟次第の相続を異熟させるものであって、生、死、中有の三者のいずれかと行相が一致するもの[8]を、意識で新たに仮設《けせつ》してから観想する部類に属する瑜伽[9]、〔それが〕生起次第の定義である。〝生起の次第〟、〝仮設した次第〟、

一　〝造作の瑜伽〟、〝第一次第〟等は同義語である。

(7)　注

心と風《ルン》の関係

無上瑜伽タントラでは風《ルン》という存在を想定している。これは、ヨーガでいう〝プラーナ〟や気功の〝気〟のようなもので、常に意識と共にあり、意識が対象を認識する際の意識の乗物のようなもので、意識は運転手、風《ルン》は車の関係といえる。両者は不可分の関係である。対象を認識する時には、風《ルン》の力で対象に意識が届き、初めて認識できるとする。

・二つの心――非常に微細な根源的意識と日常の意識

また無上瑜伽タントラでは、意識には、前世から今世、来世へと続いていく非常に微細な根源的意識と、今世のみでしか活動しない粗大な日常の意識があるとする。この二つは同時に活動することはなく、一方が活動している時には他方は活動を停止している。死に際して、粗大な日常の意識が活動を停止した後、微細な根源的意識が覚醒するとされる。

ケートゥプ・ジェは次のように述べている。

いずれか、粗大なその意識が、対象を判断する恰好で、所縁境を捉える活動をしているその間、微細な意識は捉えるべき認識対象を捉える〔活動をする〕ことなく、必ず眠った状態に留まっているが、〔逆に〕それ（微細な意識）が認識対象を捉える時、粗大な意識は所縁境を捉える〔活動をする〕ことなく、必ず消滅しているのである。（『五次第の明証』Toh No. 5482 fol. 25A5～6）

・非常に微細な根源的意識の居場所〝不滅の滴〟

この根源的意識の乗物である風《ルン》を、非常に微細な持命風《ルン》という。この風《ルン》は非常に微細な根源的意識とともに、胸のチャクラの中心にある〝不滅の滴〟と言われる場所にある。

不滅の滴について、ヤンチェン・ガロは次のように述べている。

〝〔不滅の〕滴〟の在り様は、清浄な〔父の〕白い精液と〔同じく清浄な母の〕赤い経血、非常に微細な風《ルン》と心が集まって〔出来た〕芥子粒ほどの大きさで、胸の箇所の中央脈管の中央に空洞部分が僅かに存在するその中に位置しているが、これを〝不滅の滴〟と呼ぶ。（『基本の三身の構造を明らかにする灯明』Toh No. 6600 fol. 15B5～6）

このように父から受けた精液と母から受けた経血の最も清らかなもので出来た、上が白、下が赤の芥子粒ほどの玉が、胸のチャクラの中央にあり、これを〝不滅の滴〟と呼ぶ。ここが根源的な非常に微細な風《ルン》、即ち非常に微細な持命風と根源的意識の住処である。

・風《ルン》の役割――身体の様々な活動をつかさどる十種類の風《ルン》

風《ルン》には、ほかに粗大な持命風と呼ばれるものをはじめとして、大まかに言うと、根本の五風《ルン》と支分の五風《ルン》がある。根本の五風《ルン》とは、持命・下行・等住・上行・遍満の五つである。

風《ルン》の役割について、シェーラプ・ギャムツォは次のように述べている。

言葉を話すことや、飲食は上行〔の作用〕、命を保つのは持命〔の作用〕、大小便の排出と〔排出せず〕保つことは下行〔の作用〕、体温と食物の栄養素と排出物との選別は等住〔の作用〕、身体を揺り動かす等のほとんどの動作は遍満の作用であるゆえに、すべての働きは風《ルン》がなすのである。五根の風《ルン》は、眼など各々の器官で動くゆえに、支分の五風《ルン》〔と合わせて〕、十風《ルン》という。（ギュメ全集第三巻『五次第の赤註覚書』fol. 16B4～5）

さて、これら持命・下行・等住・上行・遍満の風《ルン》の中心的な住処は、順に胸・秘処・臍・喉・関節であるが、全身には、眉間から秘処まで伸びる中央脈管を中心に七万二千本の霊的脈管があり、その中を、遍満〔風《ルン》〕と非常に微細な持命風《ルン》以外の風《ルン》が、ある種の法則によって動いて鼻孔から出るとされている。これに対して、遍満〔風《ルン》〕と非常に微細な持命風《ルン》については、「遍満〔風《ルン》〕と非常に微細な持命〔風《ルン》〕の二者は、死ぬ際と瑜伽行者以外は常に鼻孔から出ることはない」（ギュメ全集第三巻『五次第の赤註覚書』fol. 16B4～5）とするのである。

(8)　**輪廻の構造（生・死・中有）を利用して成仏過程を観想する**

「生、死、中有の三者のいずれかと行相が一致するものを、意識で新たに仮設してから観想する」ことについて、インド後期密教やチベット密教では、〝即身成仏〟とは、この血と肉で出来た肉体そのままに悟ることであるという考え方は取らない。仏の色身の中心は受用身で、これは清らかな意識と風《ルン》で出来たものである。

無上瑜伽タントラでは、受用身を獲得するため、一度、生まれ変わりを体験して、この身体を獲得するというのが、基本構造となっている。それを実際に実現する過程が究竟次第であり、それを観想によってシミュレーションするものが生起次第と言える。

受用身獲得の過程として、輪廻の過程をそのまま利用するということを前提とする。そのため、『ゲルク派版チベット死者の書』等が重視されるのである。

・**『ゲルク派版チベット死者の書』に書かれた死への過程**

すべてのプドガラの意識は、先にも述べたが、大きく分けて、①粗い意識と、②非常に微細な根源的意識に類別される。①は、日常で我々が用いている意識全般で、死に際して消滅する。これに対し、②の非常に微細な根源的意識は、通常は眠った状態にあるが、死に際して粗い意識が活動を停止した後、覚醒するとされる。

ここで、死に際して訪れるとされる意識の変容過程を見てみることにしよう。

無上瑜伽タントラでは、死に際して、陽炎《かげろう》・煙《けむり》・蛍《ほたる》・灯明《とうみょう》・顕明《けんみょう》（秋の夜空を月光が満たしているヴィジョン）・増《ぞう》輝《き》（秋の夕焼けのようなヴィジョン）・近得《きんとく》（漆黒の闇のようなヴィジョン）の光景が心に出現するとされるが、これらは日常で用いられている粗い意識が徐々に消滅していく過程である。

ヤンチェン・ガロの『基本の三身の構造を明らかにする灯明』、通称『ゲルク派版チベット死者の書』を参考にして、少し詳しく見てみよう。

チベット密教では、プドガラ（人を含む輪廻の主体）を構成する要素を、五蘊・日常での五智・四大・六處・五境の五組二十五のカテゴリーに分けている。これを「粗大な二十五のもの」というが、それは以下のものである。

（a）五蘊　①色蘊：身体　②受蘊：感受作用　③想蘊：表象作用　④行蘊：受・想以外の心作用一般。例えば、怒りや執着などもこれに含む。⑤識蘊：認識作用、または意識そのものをさす。

（b）日常での五智　本来五智とは、①大円鏡智　②平等性智　③妙観察智　④成所作智　⑤法界体性智　の仏の五智をさすが、後期密教では、それらの原因となるものが凡夫の段階からあると考え、日常での（凡夫の時の）五智と名付けた。

①日常での大円鏡智：鏡に映る姿のように、多くの対象を一度にはっきりと心に現す知恵

②日常での平等性智：楽・苦・そのどちらでもないもの、という三者を心に感じる知恵

③日常での妙観察智：親族などの名前を各々思い出すことが出来る知恵。

④日常での成所作智：世間で言われている活動やその目的を想念することが出来る知恵。

⑤日常での法界体性智：死の光明の意識

（c）四大　地・水・火・風《ルン》

（d）六處　眼・耳・鼻・舌・身の五つの感覚器官と認識する心の働き

（e）五境　五つの感覚器官の対象で、色・声・香・味・触。元来これら五境は色蘊に含まれるが、ここでは色蘊

と別立てで扱う。

この二十五の要素は、以下の五つのグループに分けられる。

1、色蘊の五つの要素：（a）色蘊（b）日常での大円鏡智（c）地大（d）眼根（e）五境としての色

2、受蘊の五つの要素：（a）受蘊（b）日常での平等性智（c）水大（d）耳根（e）五境としての声

3、想蘊の五つの要素：（a）想蘊（b）日常での妙観察智（c）火大（d）鼻根（e）五境としての香

4、行蘊の七つの要素：（a）行蘊（b）日常での成所作智（c）風大（d）舌根、身根（e）五境としての味、触

5、識蘊の三つの要素：（a）識蘊（b）日常での法界体性智（d）意根

死に至る過程で、このグループは1から4へと順次消滅していくが、各グループ内は同時に消滅したり、または力を喪失したりするとされている。その際に心に顕現するヴィジョンが、次の①～④である。

① **陽炎**：色蘊・地大・眼根・自身の身体（色）・日常での大円鏡智（鏡に映すように、多くの対象を一時に認識する知恵）の消滅

② **煙のようなもの**：受蘊・水大・耳根・自相続に属する声・日常での平等性智（楽と苦とそのいずれでもないことを認識する知恵）の消滅

③ **蛍が虚空を行くようなもの**：想蘊・火大・鼻根・自相続に属する香・日常での妙観察智（親族の名前を各々理解する知恵）の消滅

④ **灯明のようなもの**：行蘊・風大・舌根・身根・自相続に属する味と触・日常での成所作智（世間の所作や目的を認識する知恵）の消滅

①～④で色・受・想・行の四蘊が消滅した後、意識の中心である識蘊の要素が消滅する。

後期密教では、日常的に使用している心の働きは、大まかに八十種類あるとし、それが三十三の強い思いのグ

ループ、四十の中間的な思いのグループ、七つの弱い思いの三グループに分かれると考える。初めに、日常で用いる八十種の心の動きが動きを停止する。その停止後、三グループのそれぞれの原因となっていた微細な心が意識されるようになる。例えば、海岸でカラオケをしていた時には、カラオケの雑音でかき消されていた波の音が、カラオケを止めたら意識することが出来るように、日常の粗大な心の動きが停止したら、その原因であった微細な心の働きを意識出来るようになるのである。⑤〜⑦までがその過程である。

日常的に使用している心がすべて消滅し、その原因となっていた心が顕現する様子を見てみよう。

⑤　**顕明**：雲一つない秋空の月光のヴィジョン

まず、日常に用いていた、三十三の強い思いの原因となっていた心が顕在化する。

⑥　**増輝**：雲一つない秋空の夕焼けのヴィジョン

〝顕明〟（三十三の強い思いの原因となる心）も消滅し、より微細な四十の中間的な強さの思いの原因となっていた心である〝増輝〟が顕在化する。

⑦　**近得前半**：雲一つない秋空の黄昏時の漆黒の闇のヴィジョン

〝増輝〟が消滅し、最も弱い七つの思いの原因となっていた心が顕在化する。

近得後半：近得前半の意識も消滅し、日常的に用いていた粗いレベルの心の働き、及びその原因となっていた微細な心の働きがすべて消滅する。しかし、輪廻の中で流れを断つことなく継続してきた非常に微細な根源的意識は覚醒しておらず、前後不覚の状態となる。

⑧　**死の光明**：主観と客観の対立を離れた名状し難い状態

近得後半の前後不覚の状態の後、心に〝死の光明〟と呼ばれるヴィジョンが出現するが、これが非常に微細な根源的意識が覚醒した状態である。

しばらくこの状態に留まった後、死の光明の乗物である風《ルン》が質料因となり、死の光明が補助縁となって、中有の身体が成立する。この中有の身体は、一週間ごとに小さな死を迎え、最大四十九日の間に、次に生まれるべき父母を見つけ、その体内に入り、新たな生を受けるとされる。

死の光明は、主観と客観の対立を離れていて、空性を直観的に理解した時の意識状態と類似しており、空性の直観的理解の延長上にある法身と構造が同じであるとする。また、意識と風《ルン》で出来ている中有の身体は、清らかな意識と風《ルン》で出来た受用身と構造が同じである。意識と風《ルン》で出来た中有の身体から輪廻して再び生を受け、血と肉で出来た肉体を持つ状態に至る構造は、聖者等の高い境地の者しか見ることが出来ない受用身から、凡夫もお会いできる姿として変化身を現す構造と等しいとする。

このように「生、死、中有の三者のいずれかと行相が一致する」法身・受用身・変化身獲得の過程を「意識で新たに仮設してから観想」、即ちイメージして観想することが生起次第の特徴である。このことを〝三身修道〟という。これは観想の中で、死・中有・再生の過程に準《なぞら》えて、仏として生まれ変わる過程を意味する。

二〇一一年、高野山大学でダライ・ラマ法王が、「金剛界マンダラ灌頂」を開壇された折、昼食を摂られた普賢院で、「金剛界灌頂には、色究竟天での成仏の様子を再現するような観想はあるが、瑜伽タントラであるので、生、死、中有の三者のいずれかと行相が一致する観想はない」とおっしゃっていた。

しかしその後、高野山真言宗教学部教宣課の井上聖憲課長にお話を伺ったところ、高野山では受戒の際に受戒堂内を真っ暗にするのであるが、これには、菩薩として再生する意味もあると代々言い伝えられているそうである。具体的に生、死、中有の三者のいずれかと行相が一致する観想はないにしても、即身成仏を説く日本密教においても、再生の過程を意識していることは共通性があるように感じる。

(9) **わざわざ〝部類に属する〟という理由**

「意識で新たに仮設してから観想する部類に属する瑜伽」とは、パンチェン・ロサン・チョゲンは、生起次第の定義を「観想の力で、風《ルン》を中央脈管に入れ、留め、しみ込ませるということができたことにより生じたのではなくて、〔あくまでも〕自らの果である究竟次第の相続を異熟させるものであって、生、死、中有の三者のいずれかと行相が一致するものを、意識で新たに仮設してから観想する瑜伽」（『五次第の心髄』Ota No. 10370 fol. 8B2〜3）と述べたことに関しての補足である。ヤンチェン・ガロは「意識で新たに仮設してから観想する部類に属する瑜伽」とわざわざ補足している。

その意図を、ヤンチェン・ガロの弟子のガンワン・パルデンは、以下のように解説している。

「観想の力で、風《ルン》を中央脈管に入れ、留め、しみ込ませるということができたことにより生じたのではなくて、〔あくまでも〕自らの果である究竟次第の相続を異熟させるものであって、生、死、中有の三者のいずれかと行相が一致するものを、意識で新たに仮設してから観想する瑜伽、〔それが〕生起次第の特徴である。」とパンチェン・ロサン・チョゲンがお説きになったのは、〔あくまで〕生起次第の中心部分を考えられてのことではないかと思われる。〔なぜなら〕生起次第であるならば、生、死、中有の三者のいずれかと行相が一致するものを、意識で新たに仮設してから観想することで、遍充しないからである。〝明妃を準備する所作〟以後の諸瑜伽は生、死、中有の三者のいずれかと行相が一致するものを観想しないのであり、守護輪の観想もまたその〔生、死、中有の〕三者のいずれかと行相が一致するものを観想しないのである。前者の理由（〝明妃を準備する所作〟以後の諸瑜伽には生、死、中有のいずれかと行相が一致する観想がないこと）が成り立つのは、『安立次第註釈』（Toh No. 5290）に「〝明妃を準備する所作〟以後の諸々〔の瑜伽〕は、仏の場合の御所作〔を観想すること〕と結びつくのであって、〝有〟の次第（生、死、中有）とは結びつかない。」と詳しく説かれているからである。二番目の理由（守護輪の観想もその三者のいずれかと行相が一致する観想がないこと）が成り立つのは、同書（『安立次第註釈』）に「守護輪は、〝有〟に生まれる次第のごときものを観想する生起次第の本行に関連した部分的なもの、あるいは前行にすぎないのである。したがってそれら（守護輪の観想等）に輪廻の次第と原理が共通するものを結びつける必要はない。」と説かれているのである。（『大秘密四タントラ概論』fol. 12A3〜B3）

このように、生起次第は、「生、死、中有の三者のいずれかと行相が一致する」三身修道が観想の特徴ではあるが、生起次第全体がそのような構造になっているわけではないとする。例えば、本尊の〝慢〟を持ちながら、自分を守る十忿怒の守護輪や、衆生済度に諸尊を流出するための〝明妃を準備する所作〟以後の諸々の瑜伽の観想内容は、いずれも生、死、中有の過程と行相が一致する三身修道ではない。つまり、生起次第すべてが三身修道だけではないゆえに、生起次第を、三身修道を「意識で新たに仮設してから観想する瑜伽」とは言わずに、ヤンチェン・ガロはわざわざ「意識で新たに仮設してから観想する部類に属する瑜伽」としたと思われる。

【1・2・1・2】生起次第の分類

第二（生起次第の分類）は、本性の点より分類するなら、〝粗大な一念の瑜伽〟と〝微細の瑜伽〟の二つがある。前者（粗大な一念の瑜伽）と、〝粗大な生起次第の瑜伽〟、〝マントラに専念する瑜伽〟等は同義語である。

後者（微細の瑜伽）と、〝微細の生起次第の瑜伽〟、〝内に専心する瑜伽〟等は同義語である。そして、〝粗大な生起次第〟を成満した瑜伽行者を〝マントラに最も専念する者〟ということと、〝微細の生起次第〟を成満した瑜伽行者を〝内に最も専念する者〟という言い方が、タントラと釈に何度も説かれている。〝粗大な生起次第の瑜伽〟とは、「最勝曼荼羅王」までを言い、〝微細の瑜伽〟とは、微細の〝滴粒《てきりゅう》〟の中に所依と能依（本尊とその住処）の曼荼羅を観想することを言うのである。

【1・2・1・3】生起次第の語義釈

第三（生起次第の語義釈）は、〝粗大な生起次第の瑜伽〟有法、汝（粗大な生起次第の瑜伽）には〝粗大な一念の瑜伽〟と説かれる理由がある。〔いかなるものかと言えば〕〝微細〔の瑜伽〕〟［4A］より認識対象が粗大で、自らと本尊を一体と想念したり、いつでも本尊を想念したりする瑜伽であるから、そのように説かれたのである。〝微細の瑜伽〟有法、汝（微細の瑜伽）に〝微細を分別する瑜伽〟と説かれる理由がある。〔いかなるものかと言えば〕〝粗大な生起次第の瑜伽〟より認識対象が微細で、分別により仮設して観想する瑜伽であるから、そのように説かれたのである。このような第一次第の瑜伽を〝生起次第〟というのであって、浄化すべき基体たる、生、死、中有の三者のいずれかと行相を一致させて〔法身、受用身、変化身の〕三身の瑜伽を、意識で想像して生起することで観想する次第であるから、そのように説かれたのである。

【1・2・1・4】生起次第を成満したかどうかの目安

第四（生起次第を成満したかどうかの目安）は、一人の人物（プドガラ）について、〔心〕相続に、道を生起した度合いから分類するならば、〝初発心の者〟、〝智慧をわずかに下ろした者〟、〝智慧に対しわずかに力を得た者〟、〝智慧に対し完全に力を得た者〟の四つが説かれている。

〔このうち〕最初の二つと、第三番目の一部は生起次第の過程にあり、第三番目の一部と第四番目は、究竟次第の過程にある。

それはまた、生起次第を最初に観想してから、粗大な所依と能依（本尊とその住処）の曼荼羅を順に観想するならば、鮮明に現れるけれども、一刹那に同時にそのように現すことができない間は〝初発心の者〟である。(10)

そして　粗大な〔曼荼羅〕を刹那に同時に、[4B]鮮明に〔心に〕出現させることが堅固にできるようになっても、〔眼に地蔵を観想する等六〕處の本尊をそのように〔粗大な曼荼羅の時のように〕鮮明に現すことが〔まだ〕堅固でない間は、〝智慧をわずかに下ろした者〟である。

一切の微細な本尊も、刹那に、実際にそこにあるがごとく明瞭に現すことが堅固にできるようになってから、〝智慧に対し完全に力を得た者〟とはなりきれない間が、〝智慧に対しわずかに力を得た者〟であって、この者については、生起次第と究竟次第の両方の場合があり、この段階から「粗大な生起次第を堅固に得た」[11]とすることができる。

〝智慧に対し完全に力を得た者〟とは、生起次第を成満してから究竟次第における能力を得た場合である。それゆえ、随意に、所依と能依（本尊とその住処）の曼荼羅を順に明瞭に観想するならば、その意図通りにぶれずに鮮明に現れることと、本尊の慢がごく簡単に生ずるような自然な感覚がいつでもあるようになったならば、生起次第の境地を最初に得たゆえに、その人を生起次第者（ケリムパ）とするのである。

微細と粗大の〝生起次第の堅固〟を得たことと、それを成満したことの各々の目安が設定してある。〔まず〕粗大な所依と能依の曼荼羅を明瞭に観想しようとする時、その微細・粗大の部分すべてを混同せずに一瞬に実に鮮明に現して、〔心が〕うつろいや散漫から離れて一日の六分の一（四時間）持続できるようになれば、〝粗大な生起次第の堅固〟を得たのである。［5A］そのように、何か月何年であっても、欲するだけできるようになれば、粗大な生起次第を成満した目安である。

微細な芥子粒ほどの〝滴粒〟の中に所依と能依（本尊とその住処）の曼荼羅を明瞭に観想しようとする時、その微細や粗大なすべての部分を混同せずに一瞬に実に鮮明に現れて、上のように〔うつろいや散漫から離れて一日の六分の一持続でき、何か月何年であっても欲するだけ〕できるようになれることが、〝微細の生起次第の堅固〟を得たことと、それ（〝微細の生起次第〟）を成満した目安と各々設定するのである。

〝微細の生起次第〟を成満したならば、心身に〝軽安〟を得たことで、〝止〟（śamatha）の典型を成就して、本尊の身体と持物の広観・斂観などを縁ずる〝観〟（vipaśyana）も生ずるがゆえに、〝止〟〝観〟合一の特別の状態を得たのである。それゆえ四タントラのいずれにおいても、本尊瑜伽の観想より他に〝止〟を成就する方法は説かれておらず、本尊瑜伽の観想をなしたことのみにより正しく条件を備えた〝止〟を成就するのである。

注

(10) **生起次第の観想領域について**
・初心者はどうすべきか？
生起次第の観想領域について、ツォンカパは「では、生起次第を学ぶ彼の者は、究竟次第のように順番に、前の認識すべき領域を修習して、堅固に出来たら、後〔の次第〕に移るのか、もしくは成就法の頭から終わりまですべてを一度に観想するのかと言うならば、これに関しては、道を観想するプドガラ一個人自身が、道を〔心〕相続に生起する段階を〔〝初発心の者〟、〝智慧をわずかに下ろした者〟、〝智慧に対しわずかに力を得た者〟、〝智慧に対し完全に力を得た者〟の〕四段階にした上で、それらをどれだけ、どのように観想するかの分類を〔インドの学匠が〕説かれたことを知らなくてはならない。」（『秘密真言道次第』Toh No. 5281 fol. 326B3～5）とし、初発心以下の者に関しては、「この場合、最初の段階のときには、自身の成就法にある生起次第の儀軌すべてを全部観想しなくてはならない。ラトナカラシャーンティ（十一世紀、アティーシャの師）が〝よく念誦するのは、初心者である〟というのは、初心者は、儀軌を余すことなく正しく念誦すべきであって〟ということと、シュリーダラ（『黒ヤマーリ成就法』著者）も四つに分けた最初の段階では、〔生起次第全体を、瑜伽・随瑜伽・甚瑜伽・大瑜伽の四つに分けた〕四瑜伽とも観想しなくてはならないとおっしゃっており、『サンプタタントラ王註広釈要門苞《ようもんほう》』（Toh No. 1198）の第十二章でも、〝そのようにのみ全てを欠けることなく初心者はすべきである〟と〔皆〕一致しておっしゃっているゆえである。」（同書 fol. 327A2〜4）と述べている。

現在、ゲルク派の無上瑜伽タントラの灌頂を受けたら、通常は、原則、生起次第の成就法を、欠かさず観想することが義務付けられている。二〇〇五年四月十八日に京都駅で、ガンワン先生とともに、ダライ・ラマ法王に謁見した際、法王から私は「毎日、生起次第の成就法をするように」と御言葉をいただいた。ガンワン先生と相談して、簡単な儀軌から始めて、私の希望もあり、途中から初加行三摩地という、全体の三分の二の量の次第を毎日、実践するようになった。二〇〇六年十一月に、法王が大阪の清風学園に立ち寄られた際、そのことを報告したら、「初加行三摩地だけでなく、全部しているのか」とおっしゃった。現在はすべて毎日やるようにしている。そのときは意味が分からなかったが、初心者は成就法をすべて実践すべきだというのは、チベットの行についての本来の慣行で、インド密教からの伝統であったことが理解できるのである。

・成就までの観想期間

次に観想の期間について、ケートゥプ・ジェは次のように述べている。

「では、どのくらいの期間、〔観想を〕習熟させていけば、諸々の本尊を直接に〔見るがごとくに〕鮮明な顕現が生じるようになるかと言えば、『真実摂経讃嘆釈』に、「そのようにいずれか金剛界の大曼荼羅を直接に見るものとなるに至るまで、毎日観想すべきである。または、三三摩地を先行させて、六か月もしくは、一年に至るまで観想すべきである。」と説かれている。観想の期間を他に示しているケースでも、一年以上の期間は説かれていないゆえに、灌頂を正しく受けて、三昧耶と律儀を守っていることを前提として、修行方法の要訣に長けた者が、日夜、精進するならば、それほど長くかける必要はない。それはまた、火起こしの木を回して、木が熱を帯びたら、熱が少し冷めるまで休憩して、また回して、また休憩する、そんな感じでやっていては、火が起こることはありえないが、熱を帯びたら僅かも措かずに回すなら、熱はどんどん高まって、最後に火が起こるように、本尊瑜伽も努力して観想し、鮮明な顕現が僅かばかりでも生じたら、また意識が散ってしまうまで、法や法以外のいずれであっても、他のことに気を散らしてから再び臨んでいくように、混沌としたまま行じることでは、前後〔の次第〕などを一緒くたにしていて年数を多く重ねていっても、鮮明なる顕現を成満することはありえない。そのように〔前後を一緒にして〕するのではなくて、前〔に出てきた観想次第の〕意識の鮮明な顕現と〝慢〟の力〔を僅かでも生じることが出来たら、それ〕を弱めることなく、さらに高めていくように精進の気持ちを起こして観想するならば、迅速に鮮明な顕現を成満するのである。アーリヤシューラ阿闍梨は、「間断のない瑜伽によって、昼夜問わず、努力するならば、それほど長い時間は要しないのである。それは、火起こしの木を回して、木が熱をもったら、その熱が少し冷めるまで休憩してから、また回してまた休憩、というようにしていたら、火がおこることはありえないのであって、熱を持ったら、僅かも間を措かずに成就に精進すべきである。何度も何度も休憩したら、かき回しても火は起こらない。瑜伽の仕方も同様に特別な境地に至るまでやめてはならない。」と説かれたゆえに。（『生起次第の悉地の海』Toh No. 5481 fols. 153B2～154A1）

現在、チベットでは、行をやるときは、一日最低三座、余裕があるなら四座するかたちで、結界を張り、その部屋には行者と師匠、行のお手伝いの者以外は入らないで行う。私自身も、シェーラプ・センゲの『ティカ』の伝授がすべて終わった後、ガンワン先生の指導のもとで、ギュメ寺の儀軌にしたがって、二〇〇八年六月、『秘密集会タントラ』の行をさせていただいた。その年の夏、ギュメ寺で『秘密集会タントラ』聖者流の三十二尊にちなんで、三十二人の僧侶に式衆をしていただいて、護摩を焚かせていただき、行を成満した。私が実践した行は、約一か月で終わることが出来る最も基本的なものだった。「観想の期間を他に示しているケースでも、一年以上の期間は説かれていないゆえに、灌頂を正しく受けて、三昧耶と律儀を守っていることを前提として、修行方法の要訣に長けた者が、日夜、精進するならば、それほど長くかける必要はない。」と、ケートゥプ・ジェは、ここでは一年くらいを目途としているが、実際、現在実践されているギュメ密教学堂では、生起次第の行は約ひと月、三か月、三年三か月と、長期間にわたることもあり、なかには十年以上実践している行者もいる。

・成就が近づけば、毎日観想しなくてもよいか？

次に、〝智慧に対しわずかに力を得た者〟、〝智慧に対し完全に力を得た者〟など〝智慧に力を得た〟とされる場合に関しては、ツォンカパは次のように述べている。

『黒ヤマーリタントラ難語釈宝灯』（Toh No. 1919）には、「それゆえ、身金剛等を掌中の果実を〔見る〕ごとくに、自在に見る〔ことが出来るようになる〕ならば、それが《智慧に力を得た》のであるゆえに、いちいち〔生起次第を〕座を区切って行じなくてもよく、〔以下に〕説く究竟次第を観想すべきである。」と、〔本尊の姿を見ようと思えば、〕自在に見えなくてはいけないと説かれたのである。（中略）ここに至れば、座間をそれぞれ区切ることがないと説かれたゆえに、毎日、現観（成就法）を頭から始めて多くの観想をせずとも、時々やればよい。〔しかし〕ここに至っても生起次第を観想しなくてはいけないことは、『四百五十偈註』（Toh No. 1871）に「その瑜伽行者は、究極の仏果に逝《おもむ》くために、その瑜伽のみを昼と夜とになすべきである」とあるように、微細と粗大の尊身すべてを刹那に現前出来るその瑜伽だけを観想すべきであると説かれている。（『秘密真言道次第』Toh No. 5281 fols. 329B4～330A2）

このように、〝智慧に対しわずかに力を得た〟段階に至れば、「微細と粗大の尊身すべてを刹那に現前出来る」ようになっているため、「毎日、現観（成就法）を頭から始めて多くの観想をせずとも、時々やればよい。」と述べている。逆に言えば、〝智慧に対しわずかに力を得る〟段階以前では、「毎日、現観（成就法）を頭から始めて多くの観想をしなければならない」ということになる。チベットのゲルク派の行は、不断行で、毎日実践することが義務づけられているが、日本のように、本堂でわざわざ実践せずともよく、電車の中であろうと、飛行機の中であろうと、実践場所に限定はない。また儀軌を最初から最後まで、一度に実践できればよいが、困難な場合は、一日の間であれば、何回にでも分けてやることも認められており、毎日実践することに比重が置かれている。

また、毎日実践することは、初心者（智慧をわずかに下ろしたレベルも含む）に限定されたことである。セラ寺チェ学堂の管長で、ギュメ密教学堂管長も務めたロサン・デレ（一九三九―）先生に、御自分のお師匠様のお話を伺ったことがあった。その方はインド亡命時のセラ寺チェ学堂管長のロサン・ワンチュグ師（一九〇一―七八）で、ロサン・デレ師は三十年余り師事された。師匠は早朝から深夜まで説法三昧の生活で、最晩年のわずかな間のみ、ヤマーンタカの十三尊の生起次第成就法を念誦していただけであったという。無上瑜伽タントラ系の説法会も行っていらっしゃったと聞いていた私が、不審がるのを見て、デレ先生は、「自分の師匠は初発心の段階を超えて、高い境地にあったと確信している」とおっしゃったことがあった。今、この箇所を読んでそのことが思い出され感慨無量である。

(11)　**〝智慧に対しわずかに力を得た者〟とは何者か？**

・智慧に対しわずかに力を得た者には、生起次第と究竟次第の両方の場合があり、この段階から「粗大な生起次第を堅固に得た」とすることについて

ここで「一切の微細な本尊も刹那に実際にそこにあるがごとく明瞭に現す」という、微細な本尊とは、身体曼荼羅の観想をさす。本尊をさす場合の〝微細〟という言葉には二種類の意味がある。一つは、粗大な生起次第の場合に、例えば、自分を中心に観想した三十二尊の仏を粗大と呼ぶのに対し、自分の身体の眼等に観想した三十二尊の身体曼荼羅の本尊を、微細の本尊と呼ぶ。いま一つは、芥子粒ほどの滴粒の中に曼荼羅と諸尊すべてを観想することで、〝微細の瑜伽〟をさし、ここでも「微細な本尊」という言葉を用いているため、混乱しないようにしなければならない。

さて、〝智慧に対しわずかに力を得た者〟には、究竟次第と生起次第の両者があるとしているが、それでは、〝微細な瑜伽〟に進まずして粗大な生起次第だけ成就しても、究竟次第に進むことはできるのであろうか。二〇一六年五月のダライ・ラマ法王来日の際、法王ご自身、そして法王の側近で、セラ寺メ学堂のヤルデン・リンポーチェにも伺ったところ、「粗大な生起次第を成満して、究竟次第に入り得る」とする際の究竟次第とは、〝実際の究竟次第ではなく、生起次第のパートの定寂身に入る意味だ〟と説明された。

究竟次第の第一次第、定寂身の説明の段で、定寂身を生起次第と究竟次第のパートに分ける記述がある。この分類基準については、注⒂で詳しく説明する。

「粗大な生起次第を成満して、微細な生起次第を学ばずに、究竟次第に入る」という際の「究竟次第」とは、実際の究竟次第ではなく、定寂身でありながら生起次第に分類されるパートをさすという解釈がなされているようである。

【1・2・1・5】生起次第から究竟次第への移行方法の説明

第五（生起次第から究竟次第への移行方法の説明）は、観想の力で、風《ルン》を中央脈管に入れ、留め、しみ込ますという三つのことをなしたことで生じた〝倶生《くしょう》の大楽智(12)〟を自分の〔心〕相続にいつでも生起できるようになれば、生起次第から究竟次第へと移行したと認定するのである。

注

(12) **楽・空・楽空無別の智慧に関して**

パンチェン・ロサン・チョゲンは、楽と空に関して、次のように述べている。

・空性について

それはまた、〝空〟という語によって示されるものを、種類別に分けるなら、四〔種〕である。自立論証派以下の派が〝人無我〟と主張する「プドガラは、自立的に存在する実有（dravyasat）として空」と、唯識派が主張する「所取・能取が別物であることが空」と、〔中観自立論証派が主張する〕「健全な意識に現れる力で設定されたのではなくて、対象自体の、特有な存在する有り様の側面から成立していることが空」と、〔中観帰謬論派が主張する〕「一切の法は分別で仮設されただけではなく、自性により成立していることが空」の四者が存在するからである。それはまた、この場合に最初の〝空〟と楽空を結びつけることは誰も説かない。優劣の順で下から順に四種のプドガラ（説一切有部と経量部・唯識・中観自立論証派・中観帰謬論派）のうち、順に後者の三つの空を楽空に結びつけることはあるけれども、大宝（リンポーチェ）のごときプドガラが、楽空に結びつけるべき〝空〟であるならば、四番目のものであることで、遍充するのである。即ち、波羅蜜乗の上根の所化が主に観想する空性であるならば、四番目のもので遍充することを前提に、〔その〕波羅蜜乗の上根の所化より、大宝（リンポーチェ）のごときプドガラの方が百倍上根であるゆえに。（『五次第の心髄』Ota No. 10370 fol. 14A1～6）

四種の空性について、楽空と結び付ける際の空は、大乗仏教の空の定義、即ち、唯識、中観自立論証派、中観帰謬論派の定義する空の見解でなくてはならないとしている。これはインドの密教関係の典籍にもラクシュミー等多くが唯識の空の見解を採用しているのが見られるためであろう。

しかし、空性理解について、ツォンカパは、『入中論広釈〝密意明解〟』で『明句論』に紹介されている『聖者禅定の譬えを伏蔵する経』の言葉として次のように述べ、中観帰謬論派以外の空性の観想では解脱できないとする。当該箇所を見てみよう。

教主は、四諦《したい》を正しく如実に知らなければ、輪廻から解脱しないとお説きになった。それに対し、〔文殊〕尊者が、いかなる対象を、どう認識することによって、輪廻から解脱しないのかお説きくださいとお願いした。〔教主の〕お答えは、「私は輪廻を超越し、涅槃を得たと、実体に執着する恰好で分別し、無常等を観想する時、苦〔諦〕を知った！　集〔諦〕を捨てた！　滅〔諦〕を実現した！　道〔諦〕を観想した！　と思い、私は阿羅漢となったとの思いを生じるであろう。」と御説きになった。〔そして〕「先に説明したように表面的な煩悩障を一時的に捨てたら、全ての有漏《うろ》を尽くし去ったという考えを起こす。そして死ぬときに、自分が〔輪廻の中で〕再生することが分かり、仏陀に疑いを抱いた罪により、大地獄に堕ちるのである。」とおっしゃった。

（『入中論広釈〝密意明解〟』Toh No. 5408 fol. 32A1～5）

さて、中観帰謬論派以外の空性の見解は、どれも実体性への執着を克服できないとするのが、ツォンカパの立場である。したがって、ここに引用されているように、中観帰謬論派以外の空性の見解をいかに深めても、煩悩障を克服することはできず、阿羅漢位を成就したと思っていても、死に際して、自分がまた輪廻することを知り、仏陀に疑いを抱き、その罪で大地獄に行くとする。無論、仏陀に疑いを抱き、その罪で大地獄に行くという記述に関して、「それはそのような〔唯識派や中観自立論証派の〕道に留まる一部の者であって、全てではない。」（同書 fol. 32A5）と但し書きを加えてはいるが、中観帰謬論派以外の空の見解では、ツォンカパは輪廻から解脱はできないと断定するのである。

では、実際、初心者の行者が空性を正しく観想できそうにない場合はどうすればよいのだろうか。これについて、パポンカ・デチェン・ニンポ（一八七八―一九四一）は次のように述べている。

> では、そのようなら、〔空性の〕観点の確信智を確定させて獲得出来なければ、〔密教の空性観想の〕〝死の法身への転道〟を観想する方便はないのかと言えば、以下、ラマの特別な口訣があると言わなければならない。私の根本ラマの大成就の智者、ドゥプカン・ドルジェチャン・ガンワン・テンジンギャムツォ・ペルサンポは、観点の確信智を獲得出来ていない者達が、密教の空の浄化の時に、「無自性の空だ！」と思ったならば、〔空性の観想が〕出来たと見なし得ると、歴代のラマ方からの口伝なりと教誨《きょうかい》された。それゆえ、まず、「自性がない。ない。」と考えて、言葉でイメージした内容を何度も心で考えるだけで、〔空性を正しく〕信解《しんげ》する対象とはならなくても、帰謬論派の観点を獲得するまで、密教の空の浄化の時には、「自性によって空である」と考えるならば、とりあえず、それで〔正しい空性の観想に〕代替し得る。（『チッタマニターラ二次第註』fols. 17B5～18A3）

このように、空性理解が十分でない場合も、密教の実践の際、とりあえず、「〝無自性の空だ！〟と思ったならば、空性の観想が出来たと見なし得る」として、「とりあえず、正しい空性の観想に代替し得る」としている。ここが我々にとっても、慰めになるのである。但し、「そうは言っても、人生すべてで、それでよいというわけではないから、甚深なる〔空性の〕観点を獲得出来るように、よく探究すべきである。」（同書 fol. 18A3～4）として、あくまでも初心者の間の特例としている。

・**大楽とは何か**

次に大楽に関してである。大楽の楽とは、心を一点に留める〝止〟を得た際の心身の楽、空性を直観的に理解する時に湧き上がってくる無漏《むろ》の楽等ではない。とくに菩提心、即ち、精液の放出を断じたことで生じる楽ではなく、また羯磨印、即ち、単に明妃と抱擁することで生じる楽とも違う。

倶生の大楽とは、死ぬ際と同じように、中央脈管の中に風《ルン》が入って、留まり、しみ込んだことで生じる楽をいう。パンチェン・ロサン・チョゲンは次のように述べている。

　第二に、〝楽〟の説明である。典型的〝止〟を得た際の心身の軽安の楽はまた、ここで示した楽空と結びつく楽ではない。即ちそれは一部の外道の者にも存在するゆえに。空性を直観的に理解した無漏の楽もまた、それではない。即ちそれはすべての聖者の〔心〕相続に存在するゆえに。息の出入を止めて本尊瑜伽を観想することで生じる楽もそれではない。即ちそれは下の三タントラにも存在するからである。風《ルン》を中央脈管にしみ込ませずに、菩提心を放出することを断った楽と、羯磨印と智印に依った楽もそれではない。即ちそれは生起次第の場合にも存在するからである。普通のトゥモの火を燃やす楽もそれではない。即ちそれは普通の相続にも存在するゆえである。

　では、どうであるかと言えば、生起次第の後での、中央脈管に風《ルン》を入れ、留め、しみ込ませるという三つをしたことで生じた倶生の大楽のみ〔を大楽というの〕である。（『五次第の心髄』Ota No. 10370 fols. 14A6～B5）

・**楽空無別の智慧**

さて、この空と楽を結合させる楽空無別の智慧とは、いかなるものだろうか。

死ぬ際に、通常の粗大な意識は、徐々に消滅していき、最後に非常に微細な根源的意識が覚醒することは、先に述べた。この根源的意識の覚醒が倶生の大楽と考えてよいと私は思う。この倶生の大楽を、死ぬ時と同様の要領で、行の力で覚醒させることが、無上瑜伽タントラの特徴の一つである。

この倶生の大楽によって、空性を理解することが楽空無別の智慧なのである。

パンチェン・ロサン・チョゲンは次のように述べている。

風《ルン》を中央脈管に入れ、留め、しみ込ませるという三つをしたことで生じた、認識主体の倶生の大楽智が対象の空性を理解する仕方の対象として、水に水を重ねたように一味に等引して観想することが、楽空無別に結合する方法である。（中略）倶生の楽に執着を生じることを恐れて、空性を観想することも楽空の結びつき方ではない。もしそうなら、聖者方が楽空を結びつける必要がないからである。それゆえ、先に説いたように楽空無別に結びつけなくてはならない。空性のみ観想しても、無上〔瑜伽〕の道の最高の要訣を満たさないし、慈悲たる倶生の楽のみ観想しても、輪廻から解脱出来ないからである。（『五次第の心髄』Ota No. 10370 fols. 14B4～15A5）

【1・2・2】究竟次第

第二に究竟次第に関して五つある。【1・2・2・1】定義、【1・2・2・2】分類、【1・2・2・3】語義釈、【1・2・2・4】下の次第から上〔の次第〕へと進む方法、【1・2・2・5】〔仏〕果を実現する方法、[5B]である。

【1・2・2・1】究竟次第の定義

第一（究竟次第の定義）は、観想の力で、風《ルン》を中央脈管に入れ、留め、しみ込ませるという三つのことをなしたことで生じた有学者の〔心〕相続の瑜伽、〔それが〕究竟次第の定義である。

それはまた生起次第実践者の中で上根の者が、〝羯磨印〟に依って生起次第の時点〔でも〕風《ルン》を中央脈管に入れ、留め、しみ込ませるという三つの境地を引き出す者はいるけれども、〔その者は生起次第実践者であっても〕本質は究竟次第の境地と等しい者と認定できるのである。〝究竟次第〟、〝仮設しない次第〟、〝第二次第の瑜伽〟等は同義である。

【1・2・2・2】究竟次第の分類

第二（究竟次第の分類）は、それを分類するならば、定寂身《じょうじゃくしん》、定寂語《じょうじゃくご》、定寂心《じょうじゃくしん》、幻身《げんしん》、光明《こうみょう》、双入《そうにゅう》の〔六〕次第であって、六〔次第とすること〕は『行合集灯』や根本タントラ第六品と、その釈に説かれている。『五次第』と『安立次第』には定寂身を定寂語に集約して定寂語を第一〔次第〕として五次第と説明している。『灯作明』第一品には最初の二次第をも定寂心に集約させて〝心を認識する次第〟など（として）究竟次第を四次第にもしていらっしゃるが、それらは類別・集約上の違いのみで、考え方が矛盾しているのではない。

秘密集会の続タントラに究竟次第を〝各摂《かくせつ》〟（pratyāhāra）等〝六支瑜伽《ろくしゆが》〟に〔分類すること〕も説かれている。即ち、六支の〝各摂〟と〝静慮《じょうりょ》〟（dhyāna）を定寂身に集約し〔6A〕〝調息《ちょうそく》〟（prāṇāyāma）を定寂語に集約する。そして〝執持《しゅうじ》〟（dhāraṇa）を光明に集約し、〝憶念《おくねん》〟（anusmṛti）と〝三摩地《さんまじ》〟（samādhi）の二つは双入に集約するのである。

【1・2・2・3】究竟次第の語義釈

第三（究竟次第の語義釈）は、〝第二次第の瑜伽〟有法、汝には〝究竟次第〟（rtzog〈完備〉rim〈次第〉）と言われる理由がある。〔それは〕意識で仮設することには依らずに、生まれつき備わっている身体の脈管・風《ルン》・〝滴粒〟に集中して観想すべき次第であるから、そのように言われるのである。

【1・2・2・4】下の次第から上の次第へと進む方法

第四（下の次第から上の次第へと進む方法）は、

○定寂身について

生起次第から究竟次第の定寂身に移行する方法も先のごとくである。〔それは〕等引（samāhita）において風《ルン》を中央脈管にしみ込ませたことで生じた楽空の智慧を観想する。そしてその定を出て、後得において、顕現する対象全てに、楽空の封印をして、〔優れた〕百族などの本尊の姿を現す瑜伽、〔それが〕究竟次第の定寂身である。

○定寂身の語義釈

定寂身（身体から離れる）と呼ぶには理由がある。それは、離れる基体である身体、即ち自相続に属する〔五〕蘊・〔十八〕界・〔十二〕処などに、究竟次第の楽空の封印をして、凡庸なる顕現と〔そう捉える認識(13)〕から離して、清浄な本尊として顕現する瑜伽(14)であるから、そのように〔定寂身（身体から離れる）と〕言うのである。一般的に定寂身には生起次第・究竟次第の双方のパートが存在する。(15)

注

(13)　**凡庸なる顕現や凡庸なものと捉える認識について**

ツォンカパは、密教が波羅蜜乗より優れていることを示す箇所で、「そこ（波羅蜜乗）では、（中略）無我の観想は存在するが、色身と姿を同じくする道の観想はないゆえに、凡庸な顕現と認識を顛倒させるものとはならない。したがってこの波羅蜜乗では無我の観想はあっても、凡庸な顕現・認識とは相応しない道を観想するものとはならない」（『普賢成就法の語義の僅かな説明』Toh No. 5384 fol. 31B5～6）と述べており、波羅蜜乗では〝凡庸な顕現と認識〟は、「色身と姿を同じくする道の観想はないゆえに、顚倒させるものとはならない。」としている。したがって、基本的には凡庸な顕現と認識とは、まずは本尊の姿ではなく、単なる普通の者としての現れや、単なる普通の者としての認識と理解してよいだろう。

しかし、さらに、ツォンカパは、ブッダジュニャーナパーダの『普賢成就法』のタガナの注釈をもとに、「凡庸の妄分別と説かれた意味を、チベットとインドの一部の者は、本尊の姿の顕現ではなく、単なる普通の者として現れているとの分別だけと説明しているが、〔これは〕ジュニャーナパーダの御主張とは全く違うのである。この箇所の注釈でタガナは、〝凡庸な妄分別とは、我と我所（自分の所有物）としての妄分別（我執・我所執）である。〟としている。」（『秘密真言道次第』Toh No. 5281 fol. 345B5〜6）と述べ、凡庸な妄分別の意味には、単なる普通の者としての現れをさすだけでなく、我執・我所執をも意味するのである。この凡庸な顕現や凡庸なものとして捉える認識については、注(46)でさらに詳しく説明する。

(14)　**究竟次第の入り口――定寂身について**

先に〝六支瑜伽〟のうち、「〝各摂〟と〝静慮〟を定寂身に集約する」とあるように、定寂身は、〝各摂〟と〝静慮〟の二種に大別される。

・**〝各摂〟**

〝各摂〟とは、「楽空無別の智慧」の禅定から出てきた時、すべてのものが「大楽」の本質を具えたもののように思え、五官に何を感じても、すべてが心の大楽を増大させると感じる境地をいう。これに対し、〝静慮〟とは、五官に感じる全てが、仏の顕現と感じる境地である。

まず、〝各摂〟について説明しよう。

顕教では、禅定において、空性を直接体験した時、その禅定体験で、対象の本質は空だと強く実感できたため、禅定から出た時、すべての対象が、現象としては、目には様々な姿を取って実体がある存在に見えても、その本性は空なりと確信できるとされている。それはあたかも不思議な手品のタネを目の前で詳しく説明してもらった後に、再びその同じ手品を見ても、今度は惑わされたり騙されたりしない境地に似ている。

同様に、楽空無別の智慧も、空性を理解する智慧であるため、それを実現すると、禅定から出た時、全てのものは、その本質が空であると確信する。そしてそれと同時に、その認識主体は楽と空とが一味の楽空無別であるため、すべて現象は空という本質の一つの現れだと感じるように、同様に楽なる本質の現れと感じるのである。これによって、本来は輪廻の結果として受けるべき怒りや執着の対象をも、大楽を増大させる原因とすることが出来るとされている。これが定寂身の〝各摂〟である。

ここで注意すべきは、五官の対象の本質が、空であるのと同様に「楽」になったわけではないことである。なぜなら、すべての存在の本質は実体を欠いた「空」ではあるが、大楽智が姿を変えて現れたものではないからである。例えば、眼の前のペットボトルは、実体があるように見えても、その本質は空であると言えるが、ペットボトルは大楽智で出来ているわけではない。禅定で楽空無別、即ち楽と空とに分けることが出来ない一体のものと実感したために、禅定から出てきた時に、ペットボトルを見たならば、ペットボトルの本質は空であると実感するように、楽なる本質を持つものと感じるのである。ゲルク派では、これを「楽空により封印する」と言うのである。

ツォンカパはこう述べている。

それゆえ定寂にすべき基体の一切法が、初めから自相によって成立することで空（即ち、自性により成立していないということ）である自性清浄の本性を確信するならば、無自性の空それ自体が、それらの諸々の有法（dharmin, 法性〔空性〕という本質を具えているもの）として顕現していると知るのであって、それが、諸法が空性の変化（vikāra）であるという意味である。種々様々な法が存在するけれども、いずれも空の否定対象である実体的存在として空であることに違いはない。それゆえ、諸法もまた不同の多数ではなく、〔本質は〕一味である。そのような空性を、倶生の〔大〕楽が認識対象としたならば、〔空性を直観的に理解する境地にはまだない〕今は、認識対象と認識主体の二つが、〔空性を直観的に理解する境地に至った時のように〕水に水を重ねるごとくに〔一味には〕ならないけれども、〔一味だと〕そう信解するのである。その時、楽空を一味と信解したことで、それにより〔認識の対象物が〕空性の変化（vikāra）であると同様に、楽の変化でもあると想起しやすくなるのである。

これが〔楽空〕等引〔時〕の楽空〔無別の状態〕を思い出して、いずれか顕現するものすべてを封印する正しい理由なのである。（『五次第を明らかにする灯明』Toh No. 5302 fol. 106A4～B2）

・〝静慮〟

次に〝静慮〟である。大楽智で本尊の姿を信解する、優れた百族、真実の五族、秘密三族、大秘密一族の観想をいう。これは認識対象を単に楽空の本質を持つものとして、「封印」してそのままの姿で享受するだけでなく、楽空無別の智慧で出来た本尊を観想して享受するのである。

ツォンカパは次のように述べている。

初め、〝各摂〟の場合には、対象や根等の諸法を楽空の変化と見ることを学び、そしてそれが堅固となるならば、楽空の変化が本尊として顕現する〝静慮〟を学ぶのである。（同書 fol. 98A4）

・優れた百族に、三十二尊のうち、弥勒と普賢の二菩薩と十忿怒の観想が説かれていない理由

ところで、優れた百族には、三十二尊のうち、弥勒と普賢の二菩薩と十忿怒の観想が説かれていない。

これについて、ツォンカパは、以下のように述べている。

では三十二尊の〔うち、〕二十尊は説かれて、残りの十二尊が説かれないのはどうしてなのかと考えるならば、根本タントラには、色蘊から、触までの二十尊各々を観想することは明確に説かれているが、十肢分や、関節、脈管・筋肉に、十忿怒と二菩薩を観想することは明確には説かれていないゆえに、〔アーリヤデーヴァは〕それを主眼になさったのである。即ち〔アーリヤデーヴァの『行合集灯』には、五蘊、四大、六根、五境の〕四グループ〔の説明〕が各々終わるごとに、根本タントラの〝〔具体的な〕この〔箇所の〕経文の意味を説いた〟と説かれているからである。（『五次第を明らかにする灯明』Toh No. 5302 fol. 94B4～5）

このように優れた百族の観想の典拠は根本タントラで、そこに「十肢分や、関節、脈管・筋肉に、十忿怒と二菩薩を観想することは明確には説かれていない」ゆえに、十二尊が、定寂身に説かれていない理由とする。

さて、「そのように優れた百族に分けたそれらも、集約するなら、真実の五族に収斂される。」（同書 fol. 95A6）というように、優れた百族、真実の五族、秘密三族の順で集約していき、最終的に大秘密一族として、全ての現れを持金剛に集約していく。余談であるが、ギュメ寺への留学中、複雑な観想を要する「優れた百族」より、すべてを持金剛と観想する「大秘密一族」の観想の方がずっと容易なのでは？　という疑問が湧き、たまたま寺に滞在されていた学僧パルン・リンポーチェに質問させていただいた。リンポーチェは、最初から「大秘密一族」のみを観想するのであれば容易だが、百族を、五族、三族、一族と順に融合しながら集約していくと観想するので、大秘密一族が一番難解であるとお答えになったことを覚えている。

「優れた百族」の観想について

《五蘊》
色蘊（主尊・毘盧遮那）
(1)　内外（身体の内側と外側）と、その両方についての長短など「形」という意味での色（毘盧遮那の毘盧遮那）

(2) 自他とその両方についての「相」という意味での色（毘盧遮那の宝生）
(3) 内外の青などの「色彩」という意味での色（毘盧遮那の無量光）
(4) 内外の月などの「顕現」という意味での色（毘盧遮那の不空成就）
(5) 「無表色」（無表業のことで、表面に現れず、他人に示されない行為）という意味での色（毘盧遮那の阿閦《あしゅく》）

受蘊（主尊・宝生）
(1) 苦でも楽でもない平等で中間的な感受（宝生の毘盧遮那）
(2) 痰と風《ルン》（身体の三液質の二つの乱れ）により生じた感受（宝生の宝生）
(3) 楽の感受（宝生の無量光）
(4) 苦の感受（宝生の不空成就）
(5) 風《ルン》と熱（胆汁）の乱れの結合や熱（胆汁）単独の乱れにより生じた感受（宝生の阿閦）

想蘊（主尊・無量光）
(1) 不動不変の想（無量光の毘盧遮那）
(2) 四足（畜生）の想（無量光の宝生）
(3) 無足（蛇）の想（無量光の無量光）
(4) 多足（昆虫）の想（無量光の不空成就）
(5) 二足（人）の想（無量光の阿閦）

行蘊（主尊・不空成就）
(1) 身体の行（不空成就の毘盧遮那）

(2)　三界の行（不空成就の宝生）
(3)　言葉の行（不空成就の無量光）
(4)　解脱の行（不空成就の不空成就）
(5)　意の行（不空成就の阿閦）

識蘊（主尊・阿閦）
(1)　眼識（阿閦の毘盧遮那）
(2)　耳識（阿閦の宝生）
(3)　鼻識（阿閦の無量光）
(4)　舌識（阿閦の不空成就）
(5)　身識（阿閦の阿閦）

《四大》 四大（地・水・火・風）はすべて、内外、即ち、体の内と外の双方についての四大とされている。

地界（主尊・仏眼母）
(1)　髪と骨と大便と肝臓の心臓（内）、須弥山（外）〔仏眼母の毘盧遮那〕
(2)　毛と爪と膿の心臓（内）、南閻浮提《なんえんぶだい》（外）〔仏眼母の宝生〕
(3)　歯と皮膚と肉の心臓（内）、西牛貨州（外）〔仏眼母の無量光〕
(4)　腱とあばらの心臓（内）、北倶盧州（外）〔仏眼母の不空成就〕
(5)　垢と内臓と胆汁の心臓（内）、東勝身州（外）〔仏眼母の阿閦〕

＊ここで体内の要素がすべて「心臓」と表現されていることについて、ツォンカパの説を少し説明しよう。ツォンカパは、⑴～⑸の身体内の要素をつくり出したり、排出したりするのは、五根（眼根・耳根・鼻根・舌根・身根）にある風《ルン》の力とする。そしてこの五根にある、様々な作用をつかさどる風《ルン》は、心臓を中心的な住処とする「持命風」（命を保つ風）という風《ルン》の一部なのである。そこで、その「持命風」の影響下にある要素であることを示すために、その住処である「心臓」と表現されているとしている。「心臓」は「持命風」の拠り所であり、まさに「地」なのである。やや複雑ではあるが、密教であるから、秘密の表現がなされていると理解してよいだろう。

水界（主尊・マーマキー）
⑴　粘液や涙（内）、滝の水（外）〔マーマキーの毘盧遮那〕
⑵　汗（内）、河の水（外）〔マーマキーの宝生〕
⑶　血（内）、泉の水（外）〔マーマキーの無量光〕
⑷　涎（内）、水溜まりの水〔マーマキーの不空成就〕
⑸　小便（内）、海水（外）〔マーマキーの阿閦〕

火界（主尊・白衣仏母）
⑴　頭の温熱（内）、石からの火（外）〔白衣仏母の毘盧遮那〕
⑵　喉の温熱（内）、ガラスのレンズからの火（外）〔白衣仏母の宝生〕
⑶　すべての関節の温熱（内）、木からの火（外）〔白衣仏母の無量光〕
⑷　腹の温熱（内）、樹林より起こった火（外）〔白衣仏母の不空成就〕
⑸　胸の温熱（内）、灯りつづけている火（外）〔白衣仏母の阿閦〕

風界（主尊・ターラー）
⑴　持命風（内）――五根で様々な作用をつかさどる働きや命を保つ働きをする風《ルン》

上からの風（外）（ターラーの毘盧遮那）
(2)　下風（内）——大小便や精液などを漏らさず保持する働きをする風《ルン》
南風（外）（ターラーの宝生）
(3)　等住風（内）——食物を栄養と排泄物に分けたりする働きの風《ルン》
西風（外）（ターラーの無量光）
(4)　上風（内）——物を食べたり、吐いたりする働きの風《ルン》
北風（外）（ターラーの不空成就）
(5)　遍満風（内）——身体を動かす働きをする。身体中の関節に存在する。
東風（外）（ターラーの阿閦）

《六根》

眼根（主尊・地蔵）
(1)　眼で三色（好ましい姿、好ましくない姿、そのどちらでもない姿）を認識すること（地蔵の毘盧遮那）
(2)　眼球の白い部分（地蔵の宝生）
(3)　凝視する際の眼（黒目）（地蔵の無量光）
(4)　眼を動かすこと（地蔵の不空成就）
(5)　ブドウ粒ほどの眼球（地蔵の阿閦）

耳根（主尊・金剛手）
(1)　耳の自性（性質）（金剛手の毘盧遮那）

(2) 三声（心地よい音、嫌な音、いずれでもない音）を認識すること（金剛手の宝生）
(3) 耳穴（金剛手の無量光）
(4) 耳の付け根（金剛手の不空成就）
(5) 木の皮をねじ曲げてちぎったような（形の）耳根（金剛手の阿閦）

鼻根（主尊・虚空蔵）
(1) 鼻の自性（虚空蔵の毘盧遮那）
(2) 鼻の内側の中心部（虚空蔵の宝生）
(3) 三香（よい香り、嫌な臭い、いずれでもない匂い）を認識すること（虚空蔵の無量光）
(4) 鼻の穴（虚空蔵の不空成就）
(5) 目薬の小さなさじのような（形の）鼻根（虚空蔵の阿閦）

舌根（主尊・世自在）
(1) 舌の自性（世自在の毘盧遮那）
(2) 舌の付け根（世自在の宝生）
(3) 舌先（世自在の無量光）
(4) 三味（美味、まずい味、いずれでもない味）を識別すること（世自在の不空成就）
(5) 半月の形のような舌根（世自在の阿閦）

身根（主尊・除蓋障）
(1) 身根（除蓋障の毘盧遮那）

(2)　骨の自性（除蓋障の宝生）
(3)　肉の自性（除蓋障の無量光）
(4)　皮膚を識別すること（除蓋障の不空成就）
(5)　触感の認知（除蓋障の阿閦）

意根（主尊・文殊）
(1)　大円鏡智――鏡に影像を映すように対象を鮮明に映すこと（文殊の毘盧遮那）
(2)　平等性智――三感受（苦・楽・そのどちらでもないもの）は感受であるという点で等しいということを理解すること（文殊の宝生）
(3)　妙観察智――父母など衆生の名前をそれぞれ思い出すこと（文殊の無量光）
(4)　成所作智――世間的な活動と必要性を覚えること（文殊の不空成就）
(5)　法界体性智――垢を捨てれば、心の状態は変化し、仏に成りうるという意根の本性（文殊の阿閦）
※ここでいう五智は仏の五智ではなく、日常生活を送る衆生の心における五智をさす。

《五境》

色（主尊・色金剛女）
(1)　三つの条件が整ったことにより見える色（形あるもの）一般（色金剛女の毘盧遮那）
(2)　随愛の色（色金剛女の宝生）
(3)　好ましい、好ましくない、その中間の色（色金剛女の無量光）

(4) 諸活動を達成する色（色金剛女の不空成就）
(5) 傲慢と遊戯と狂態の色（色金剛女の阿閦）

声（主尊・声金剛女）
(1) 耳の中と頭と髪の音（声金剛女の毘盧遮那）
(2) 歌と途切れずに続く声（声金剛女の宝生）
(3) 顎と唇と言葉の声（声金剛女の無量光）
(4) 森林と河と手のひらと素焼きの太鼓などの音曲の音（声金剛女の不空成就）
(5) フーンの文字の息災や降伏の音（声金剛女の阿閦）

香（主尊・香金剛女）
(1) 香一般（香金剛女の毘盧遮那）
(2) 肢分の匂い（香金剛女の宝生）
(3) 三香の別（香金剛女の無量光）
(4) 死体の臭い（香金剛女の不空成就）
(5) 耐えがたい臭い（香金剛女の阿閦）

味（主尊・味金剛女）
(1) 甘味（味金剛女の毘盧遮那）
(2) 濃厚な味（味金剛女の宝生）
(3) 辛味（味金剛女の無量光）

(4) 酸味（味金剛女の不空成就）
(5) 苦味（味金剛女の阿閦）

触（主尊・触金剛女）
(1) 座に住する時の「触」（触金剛女の毘盧遮那）
(2) 抱擁の「触」（触金剛女の宝生）
(3) 接吻の「触」（触金剛女の無量光）
(4) 息などを吸う時の「触」（触金剛女の不空成就）
(5) 二根交会（性的接触）の「触」（触金剛女の阿閦）

・認識対象すべてを仏として観想する理由は、「山川草木悉有仏性」ではない

ここで重要なことは、認識対象をすべて仏として観想するのは、「山川草木悉有仏性」などの考え方によって観想するのではないということである。「外の器世間一切が曼荼羅、内の有情世間一切が本尊として存在しているにもかかわらず、気づいていないので、それを理解するために観想する」という説に対して、ツォンカパの心の弟子と言われたケートゥプ・ジェは、最初から仏なら生きとし生けるものはすべて持金剛ばかりということになり、密教と出遇う徳の有無も、二次第を観想する意味もなくなってしまう旨を述べ、「自分自身が仏陀であるにもかかわらず、それを知らないというその仏陀は、自分のことも知らないで、どうして一切智者と言えようか。」と激しく批判している。

怒り・執着などの、輪廻の苦しみを生じる認識対象をそのまま享受すれば、苦しみの原因としかならない。この定寂身の行で認識対象すべてを仏と観想するのは、その対策として、対象に、苦しみの原因とならないかたち、即ち仏の姿という、いわば、カバーを被せて封印し、仏として受け入れるという構造である。

中観帰謬論派では、すべてのものは、分別によって仮設しただけで、その対象の側から成立していないという立場を取る。したがって、分別する意識自体を、善行を積んで変容させることができれば、仮設する対象も別のものとなる。

例えば、『現観荘厳論』の第八章に、「ここで不味い味も最高の味と顕現する」（Toh No. 3786 fol. 12A3）とある。これは、釈尊が傷んだ麦を口にされたため、心配した阿難尊者に対し、釈尊御自身が歯の間から麦粒を取って、阿難に与えられた。いただいた阿難がそれを口にしたら、食べたこともない美味であったという故事をさしている。凡人にとって不味い物であっても、釈尊の舌に触れれば、仏陀の積んだ福徳資糧の力により、最高の美味に変わったという意味である。同じように、究竟次第の段階に至り、倶生の大楽智を生起し得た成就者は、大楽智の力により、輪廻の苦しみを生じる認識対象が、大楽をますます増長させるものへと変わるとするのである。

・空性を理解する楽空無別の智慧も本尊であること

定寂身の時点での、禅定における空性を理解する大楽智（楽空無別の智慧）について、ツォンカパは、次のように述べている。

〔禅定で空性に〕等引する定寂身では、〔当然、空性を観想しているので、〕本尊の顔・手〔等の具体的な〕相を観想することはないけれども、〔空性を観想するこの〕倶生〔の大楽智〕は、了義の本尊であるから、それを観想することで、凡庸な執着を破壊する本尊としての観想がないのではない。（『五次第一座円満赤註』Toh No. 5314 fol. 24A1～2）

等引とは空性を観想する禅定の状態をいう。ツォンカパは、本尊の顔・手等の具体的な姿を観想していなくても、「大楽自体が了義の本尊」（『五次第を明らかにする灯明』Toh No. 5302 fol. 97A4）と定義付けており、倶生の大楽智を観想することは、〝了義の本尊〟の観想と考えていたことがわかる。

さて、『秘密集会タントラ』における〝了義〟の定義について、シェーラプ・センゲは、「なぜ、了義というかと言えば、〔語句が〕実際にさす意味とは異なる、第二の意味をそこに確定させるという意味で、了義（確実な意味）と言うのである。」（『ティカ』ka fol. 11A2〜3）と述べている。

ちなみに反対語の未了義は「実際にさす〔表面的な〕意味とは異なる、〔確実な〕第二の意味に導くという意味で、未了義（確定に導く意味）と言うのである。」（同書 fols. 10B7〜11A1）としている。

この場合のニュアンスは、文殊や世自在のような面相や手等を持つ具体的な様々な姿のものを普通、本尊と呼ぶが、その様々な本尊の姿は、すべて大楽の智慧の現れである。したがって、観想した本尊の姿は様々であっても、大楽智の現れに過ぎないので、観想した本尊を〝未了義〟と考え、様々な観想の本尊を現す基体は、唯ひとつ大楽の智慧なので、それを〝了義の本尊〟と呼んだものと思われる。ツォンカパは、次のように述べている。

踊り子がたった一人で、様々な面や衣装を着けて踊ったり、青色などの顔料たった一色で様々な形を現すように、大楽たった一つで、様々な姿をとって踊りをなさると〔『行合集灯』に〕説かれた〔。この〕ことは、仏持金剛だけがそうされると解釈するのでなくて、修行途上と仏果の時の大楽すべてにおいてである。そうであるから、定寂身の場合も、大楽たった一つが、五族〔の仏〕を初めとする様々な姿で、現れると観想するのである。（『五次第を明らかにする灯明』Toh No. 5302 fol. 87A3〜5）

ここで、「大楽たった一つで、様々な姿をとって踊りをなさると説かれていることは、仏持金剛だけがそうされると解釈するのでなくて、修行途上と仏果の時の大楽すべてにおいてである」とあるように、成仏した後、そのような境地に至るということではなく、修行の途上でも、倶生の大楽智を生じたら、定寂身の場合も、大楽たった一つが、五仏を初めとする様々な姿で、現れると観想し得ることを意味している。

⒂　**生起次第の定寂身と究竟次第の定寂身はどう違うのか？**

定寂身は、生起次第・究竟次第の双方のパートに分かれる。パンチェン・ロサン・チョゲンにより、細かい定義がされている。以下に紹介するが、押さえなくてはいけないポイントはただ一つ、中央脈管に風《ルン》が入って、留まり、そしてしみ込んだことで生じた楽空無別の智慧が生じて観想した定寂身か否かで、生起次第か、究竟次第かを分けていることである。

パンチェン・ロサン・チョゲンの説

自派では、定寂身には生起次第・究竟次第の双方のパートが存在する。即ち、①空性を理解するのではない智慧の所取行相を本尊として顕現する定寂身と、②溶解した楽による空性理解ではない、空性理解の智慧の所取行相を本尊として顕現する定寂身と、③〔中央脈管に〕風《ルン》を入れ、留めて、しみ込ませたことで生じたのではなく、溶解しただけの楽により、空性を理解する智慧の所取行相を本尊として顕現する定寂身と、④風《ルン》を中央脈管に入れ、留めて、しみ込ませたことで生じた、溶解した楽による空性理解の智慧の所取行相を本尊として顕現する定寂身の四つの中で、最初の三者は生起次第の段階にも存在するが、後者は究竟次第の定寂身であるゆえである。それゆえ、青色等一顔料だけで、描写力によって様々な模様を現すことや、舞踏者たった一人で、仮面や衣装の力で様々な姿を現すように、風《ルン》を中央脈管に入れ、留めて、しみ込ませたことで生じた大楽智の所取行相たった一つが、優れた百族等の本尊として顕現すると観想することが、究竟次第の定寂身である。

（『五次第の心髄』Ota No. 10370 fols. 21B6～22A5）

①から③のケースはいずれも生起次第の段階でも生じるとする。④の倶生の大楽智による楽空無別の智慧が本尊を顕現する場合においてのみ、究竟次第に当たるとしている。

〔下の次第から〕上〔の次第〕へと進む方法には五つある

○定寂語について

【1・2・2・4・1】定寂身から定寂語への移行

その第一に、定寂身から定寂語へと移行する方法がある。風《ルン》の出、入、住の三つのそれぞれの音調を、三文字（oṃ āḥ hūṃ）の音で現す金剛念誦に依って、[6B]胸の（チャクラの）上下の結び目を緩めて、上下の風《ルン》等を胸の中央脈管の中にしみ込ませたことで生じた〝顕明〟の智慧を生起するならば、定寂身から定寂語へと進んだのである。(16)

○定寂語の語義釈

〝定寂語〟の語義釈があって、言葉（ṅag）の根本である非常に微細な風《ルン》が、凡庸に動くことから離して、風《ルン》とマントラを無別に結合させる瑜伽であるから、そのように言われるのである。

注

(16)　**調息——中央脈管深くに風《ルン》を入れる方便**

定寂語では、調息が重要な役割を果たす。調息とは、チベット語でソクツォルという。ソクとは風《ルン》のことで、ツォルとは入れるという意味だという。究竟次第の定寂身の段階で、中央脈管に風《ルン》が入り、留まり、しみ込んだことで、倶生の大楽智が生じたが、まだ中央脈管の胸の位置にある〝不滅の滴〟（注(7)参照）には風《ルン》はしみ込んでいない。先にも述べたが、日常の意識が活動している間は、非常に微細な根源的意識が覚醒することはない。したがって、死ぬ際のように、不滅の滴内の非常に微細な根源的意識を覚醒させるため、中央脈管の胸の部分の不滅の滴に風《ルン》を入れるための行が、この調息である。

ここで取り上げる調息とは、①胸における真言の滴の観想、②眉間における光の滴の観想、③秘処における物質の滴の観想の三種である。

【胸における真言の滴の観想】

まず、①では、胸の中央脈管の中央部に真言の滴粒を観想する。無上瑜伽タントラでは、注(7)で紹介したように、意識とその乗物の風《ルン》は同一本性で、いつも一体で行動するため、意識がある所に必ず風《ルン》もあると想定している。

定寂身の段階では、中央脈管に風《ルン》を収斂することは出来ても、まだ、中央脈管の胸の不滅の滴には、風《ルン》は全く至っていない。そこで胸に真言の滴粒を観想するとする。胸に真言の滴粒を集中して観想するなら、当然そこに風《ルン》も集中すると考えるのである。この段階では風《ルン》が中央脈管内に深く入り込んで、留まり、しみ込むならば、新たに風《ルン》がしみ込み、意識が微細化する兆しが現れる。注(8)で紹介したものである。この際、中央脈管の胸の不滅の滴の近くまで風《ルン》が到達するようになるが、まだ不滅の滴自体にしみ込むわけではない。ガンワン・パルデンは次のように述べている。

即ち　定寂身の段階で、風《ルン》を中央脈管に収斂し得るけれども、胸の〔不滅の滴のある〕中央脈管には収斂しえない状態を、収斂するようにするために、胸間に真言の滴を観想することと、それを長時間修習したことで、〔顕明・増輝・近得・光明の別名である空・甚空・大空・一切空の〕四空の智慧が新たに生起してから、定寂語の金剛念誦と名付けた調息に移行するのである。（中略）胸に風《ルン》を収斂する方便たる真言の滴を観想したことで、風《ルン》を集めて中央脈管にしみ込ませるのは、胸の不滅の滴に近い中央脈管にしみ込ませるのであって、不滅の滴にしみ込ませるのではない。（『大秘密四タントラ概論』fol. 22A5～B3）

【眉間における光の滴の観想】

次に、②眉間における光の滴の観想の説明をしよう。

中央脈管の胸の不滅の滴近くに風《ルン》を到達させることは出来たが、胸の不滅の滴に風《ルン》が到達するためには、中央脈管に絡みついている左右の脈管の結び目を緩めるための行が必要であるとする。これが、②眉間における光の滴の観想である。息を吸い、留め、吐くという三つが三文字（ཨོཾ་ཨཱཿཧཱུྃ oṃ āḥ hūṃ）の音と無別に融合していると考える金剛念誦である。観想としては、最初は喉と胸の間で観想し、やがて、上端を頭頂、次いで眉間、そして、眉間から外に、徐々に胸と上端の往復の距離を伸ばしていくのである。

金剛念誦の効力について、ツォンカパやケートゥプ・ジェ、シェーラプ・センゲ等に続くゲルク派の第二世代の最も偉大な学者の一人、パンチェン・ソナム・タクパ（一四七八—一五五四）は次のように述べている。

金剛念誦によって胸のチャクラの結び目を完全に解くことが目的であって、それにより解き得るのである。〔それは〕他の風《ルン》を用いる瑜伽では解き得ないゆえに。（中略）その解き方もまた、竹筒の空洞が土によって不通になった状態を、細長い匙で、その中に何度も出し入れして最後に、綺麗に空けてしまうように、胸のチャクラの中心部の中央脈管の中に風《ルン》を出し入れするイメージを繰り返すことで、胸の結弁の結び目を徐々に緩めていき、最後に胸の結び目を完全に解くのである。（『一切タントラの王吉祥秘密集会の生起次第・究竟次第の構造智者の意楽と呼ばれるもの』pp. 216. ℓ10~217. ℓ4 2006年 Library of Gashar〈ガンデン寺シャルツェ学堂図書館〉）

「竹筒の空洞が土によって不通になった状態を、細長い匙で、その中に何度も出し入れして最後に、綺麗に空けてしまうように」眉間から胸の不滅の滴の間を風《ルン》を行き来させることで、胸の不滅の滴に風《ルン》がしみ込み始めるのである。

ガンワン・パルデンは次のように述べている。

本物の不滅の滴に風《ルン》をしみ込ませるために、そこの脈管の結び目が緩まなければならず、そのために、顔の先（眉間）に光の滴を観想する調息という、風《ルン》を吸い、留め、吐き出すという三つのそれ自体の音と、三文字（oṃ āḥ hūṃ）の音を無別に融合する金剛念誦を観想するのである。それは〔あたかも〕竹の節でふさがれているものを、長い匙でその中を出し入れして孔を通すように、諸々の脈管の結び目の内側に、風《ルン》を出し入れして開くがゆえである。（『大秘密四タントラ概論』fol. 22B3～4）

【秘処における物質の滴の観想】

最後に、③秘処における物質の滴の観想を説明したい。この観想は、①②の観想で、中央脈管の通りが十分でない場合、もしくはさらに強力に楽を引き出したい場合に用いる行法である。

ガンワン・パルデンは次のように述べている。

秘処の先に物質の滴を観想することは、自身と羯磨印の二人が等引したことで、菩提心を中央脈管の二つの下端が合う箇所で外に出ないように留めることと、自身と智印の中央脈管の二つの下端が合う箇所に滴を意識して観想することの二つである。そのように観想する必要性がある。それは、前者の二つの調息により、胸に風《ルン》を収斂することに対して、この物質の滴の観想で胸に風《ルン》を集めることを強化するのである。（『大秘密四タントラ概論』fol. 23A4～6）

・直弟子ガンワン・パルデンの師匠のヤンチェン・ガロ批判

このように記述した上で、直弟子のガンワン・パルデンは師匠のヤンチェン・ガロを批判している。

ヤンチェン・ガロの『サ・ラム』に「〔風《ルン》の〕出、入、住の三つのそれぞれの音調を、三文字（oṃ āḥ hūṃ）の音で現す金剛念誦に依って、胸の（チャクラの）上下の結び目を緩めて、上下の風《ルン》等を胸の中央脈管の中にしみ込ませたことで生じた〝顕明〟の智慧を生起するならば、定寂身から定寂語へと進んだのである。」と説かれたことは、〔疑義があるので〕考察すべきである。

なぜなら、定寂身から定寂語への移行に金剛念誦の観想は不必要であるゆえで、金剛念誦の前に〝真言の滴〟を観想する調息が先行しなくてはいけない。そしていずれであっても、その（金剛念誦の前の〝真言の滴〟の観想の）場合に定寂身から定寂語に移行するからである。〔実際、〕第一〔の定寂身から定寂語への移行に金剛念誦の観想は不必要の根拠〕はある。〔『秘密集会根本タントラ』の〕第三章に〝大宝が堅固になったら、遍満させ、堅固にならないなら、遍満させるべきではない。〟という文章の、〝究極〟の意味を説明する場合の『灯作明』にそのように説かれているからである。（中略）第二〔の〝真言の滴〟の観想の場合に定寂身から定寂語に移行することも〕成立している。即ち、定寂身の場面では、胸に要訣を加えたことで生じる四空の智慧は存在しないゆえに。（『大秘密四タントラ概論』fol. 24A1～B1）

第二の理由にあるように、定寂身の段階では、胸の不滅の滴を意識した観想は存在しない。先に引用したように、調息は三段階に分かれていて、「定寂身から定寂語への移行」は最初の段階、即ち①の【胸における真言の滴の観想】の調息の段階で初めて、胸の不滅の滴を意識した観想が行われる。この段階で、定寂身から定寂語の観想に移行するのである。

したがって、ガンワン・パルデンが言うように「定寂身から定寂語への移行に金剛念誦の観想は不必要であるゆえで、金剛念誦の前に〝真言の滴〟を観想する調息が先行しなくてはいけない」のである。

金剛念誦とは、先に説明した②眉間における光の滴の観想であり、「〔風《ルン》の〕出、入、住の三つのそれぞれの音調を、三文字（oṃ āḥ hūṃ）の音で現す」ものである。

ガンワン・パルデンは金剛念誦の観想が、定寂身から定寂語への移行段階では不必要とする典拠として、『灯作明』をあげているが、ここでは、シェーラプ・センゲの『灯作明』の注釈『ティカ』をもとに該当箇所の解釈を見てみることにしよう。

ガンワン・パルデンが典拠として指摘した『灯作明』の注釈している根本タントラの該当箇所は第三章の以下の箇所である。

五色の大宝を、芥子粒ほどに、鼻先で熱心に、瑜伽によって常に観想すべし。〔大〕宝が堅固となれば、遍満すべし。堅固とならなければ、遍満させるべきでない。（『秘密集会タントラ校訂梵本』第三分　vv. 12～13）

この箇所の意味について、シェーラプ・センゲの説明を読み解きながら、考えてみよう。

まず、シェーラプ・センゲは次のように述べている。

〔前提として〕対象者が、どのような状態になってから〔実践すべきか〕と言えば、定寂身の大秘密〔一族〕の父母尊の観想をしてから、なすべきである。なぜかと言えば、いずれか金剛念誦をするべき基盤を成就するためである。

何を観想するかと言えば、とても値打ちのある観想であるがゆえに、〝大宝〟である。〔それは〕五如来の本性となった五色を具えた不滅の滴、短いア（ཨ a）と伴うものである。大きさはどれくらい観想するかと言えば、芥子粒ほどである。場所はどこかと言えば、鼻先、即ち、胸の法輪（胸のチャクラ）の中心の中央脈管の内側である。期間はどのくらいかと言えば、〝大宝〟である、不滅の滴に心が留まる兆しを獲得するまでである。（『ティカ』Toh No. 6868 kha fol. 20A1～4）

ここで、胸における真言の滴の観想は「定寂身の大秘密〔一族〕の父母尊の観想をしてから、（中略）金剛念誦をするべき基盤を成就するため」に必要な観想であるとしている。そして、その観想内容は、短いア字、即ち、真言の滴を以って、胸のチャクラの中心の中央脈管の内側の不滅の滴に対し、心が留まる兆しを獲得するまでとしている。これが先に示した①の調息、胸における真言の滴の観想の内容である。

ちなみに、ここで〝短いア字〟と表現されたものと、金剛念誦の際の oṃ āḥ hūṃ のアーとは同じではない。ツォンカパは〝短いア字〟について、『灯作明複註』で「〔不滅の滴である〕白に赤の光沢のある滴粒もしくは、日月が口を合わせた滴粒の中央に短いアを観想する」（Toh No. 5282 fol. 66A3）としている。また、パンチェン・ロサン・チョゲンは、「胸のその非常に微細な持命〔風《ルン》〕を不滅の滴と了義の短いアという。」（『五次第の心髄』Ota No. 10370 fol. 35B1）として、不滅の滴の中の非常に微細な持命風《ルン》、即ち、非常に微細な根源的意識の乗物の風《ルン》を、了義の短いアと説明している。身体のすべての風《ルン》の基といえる非常に微細な持命風《ルン》に、すべての母音・子音の基ともいえる短いアを充てたものである。

続いてシェーラプ・センゲは次のように述べている。

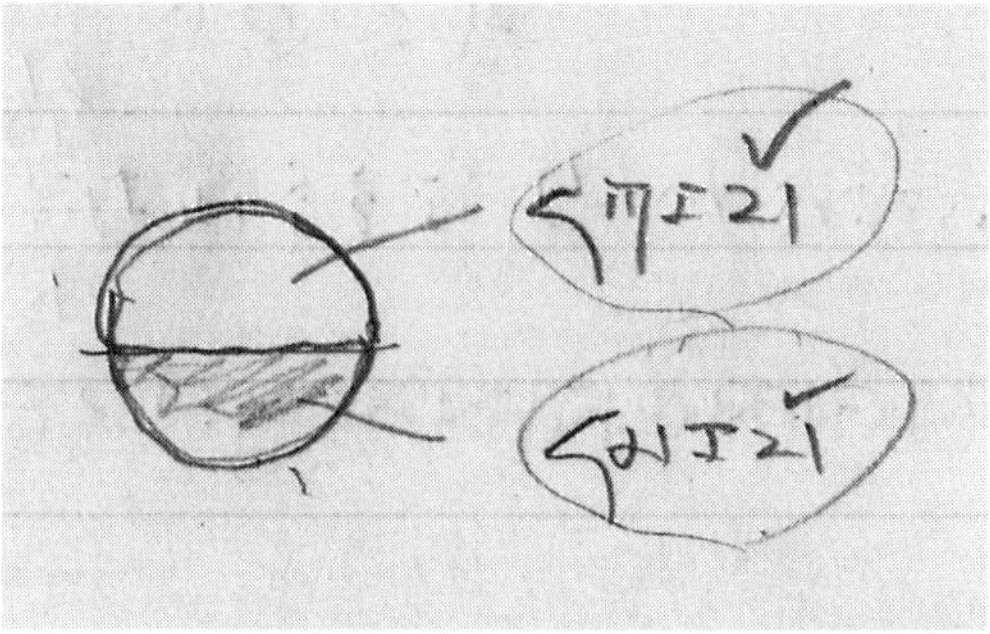

ロサン・ガンワン先生による図（上が白、下が赤）

〔不滅の滴に心が留まる兆しを〕獲得したら、どうすべきかと言えば、大宝、即ち不滅の滴に心が留まる堅固な兆しを獲得してから、風《ルン》とマントラの二つを熱心に、即ち、無別と捉えて、オン（oṃ）の音で不滅の滴に入り、アー（āḥ）の音で不滅の滴に留まり、フーン（hūṃ）の音でそれから外に出すと認識する観想の瑜伽〔即ち、金剛念誦〕を常に、即ち、昼夜問わずいつも、観想する、即ち、〔喉と胸の間で観想し、やがて、上端を頭頂、眉間、そして、眉間から外に、徐々に〕遍満すべきであって、堅固にならないなら、遍満させるべきではない。遍満させないそのことは、根本の認識〔不滅の滴に心を留めること〕を衰退させない目的があるからである。（『ティカ』Toh No. 6868 kha fol. 20A4～6）

「不滅の滴に心が留まる堅固な兆しを獲得」とは、先に述べた①の【**胸における真言の滴の観想**】である。これが出来た者は、金剛念誦をする基盤作りが出来たので、金剛念誦に入るのである。金剛念誦を行う際に、下端を胸の不滅の滴とし、上端を喉、頭頂、眉間、そして眉間から外にまで移動させていく。しかし、その際、心が不滅の滴から離れてしまうようなら、観想を中止せよとしている。

このように、真言の滴の観想をした段階で、次第はすでに定寂語次第となるので、定寂身から定寂語に移行するに際し、金剛念誦は必要ないということになる。ガンワン・パルデンが言うように、ここでのヤンチェン・ガロの説明は誤っていると言ってよいだろう。

○定寂心について

【1・2・2・4・2】定寂語から定寂心への移行

第二に定寂語から定寂心への移行の仕方である。内なる条件は、遍満風《ルン》の金剛念誦(17)であり、外なる条件は〔羯磨〕印（女性のパートナー(18)）の調息である。

これらに依って胸のチャクラの結び目を完全に解いて、遍満風《ルン》の一部とともに根本風《ルン》と支分の風《ルン》等を胸の〝不滅〔の滴〟〕にしみ込ませたことで、顕明の智慧がいつでも生ずることができるようになったならば、定寂語から定寂心へと移行したと認定できるのである。これに関連してケートゥプ・ジェの『御言葉の覚書』（『五次第の明証』）には、「定寂語を最初に観想してから、胸のチャクラの残りの結び目を余すことなく解くまでに、四空のいずれが顕現しようとも、すべては定寂語〔の次第に属するの〕である。内と外の両方の方便によって胸のチャクラの残りの結び目を余すことなく解いて、胸の avadhūtī（中央脈管）の中の〝不滅〔の滴〟〕に諸々の風《ルン》を入れ、留め、しみ込ませるという三つのことをなしたことが原因となって四空が生起した段階から、定寂心の四空と認定できるのである。」（Toh No. 5482 fol. 21A1～3）と説［7A］かれている。

一般に avadhūtī（中央脈管）のいずれの箇所においても、風《ルン》がしみ込んだら、四空は顕現するのであるが、しかしながら〔中央脈管の〕胸の〔〝不滅の滴〟〕にしみ込んで顕現するようには、他の箇所にしみ込んだことでは顕現しないのである。金剛念誦で胸のチャクラの結び目を解くまでは、〔中央脈管の〕胸の部分に風《ルン》がしみ込んだという場合は、〔単に〕中央脈管の胸の部分に風《ルン》がしみ込んだのであって、〝不滅の滴〟にしみ込んだのではない。胸のチャクラの結び目を解くならば、その威力で他のチャクラの結び目すべてを解くと説かれている。

この場合、我が派（ゲルク派）の聖なる賢者方は、定寂心を生起するためには絶対に〝羯磨印〟に依らなければならないと主張されている。〔しかし〕ある方は定寂心の最終段階を生起するためにはそれ（〝羯磨印〟）は必要だが、単に定寂心〔を生起するため〕だけなら、不必要だとされる。[19]またある方が言われるには、無上〔瑜伽〕密教の所化でとても上根の一部の者は〝智印〟のみに依って修行道を完全に成満しうるから、どんな場合でも〝羯磨印〟に依る必要はないと説かれている等、多彩な主張が見られる。ゆえに、ツォンカパ尊者のお考えに沿っているかどうかよく見極めなくてはならない。

注

(17)　**全身の節々まで行き渡る意識の乗物、遍満風《ルン》（khyab byed rluṅ）と金剛念誦**

遍満風《ルン》とは、全身の節々まで行き渡る意識の乗物の風《ルン》のことである。関節等に主に留まり、中央脈管に収斂するのが最も難しい風《ルン》とされている。全身の節々に残る遍満風《ルン》を中央脈管に入れて、不滅の滴にしみ込ませない限り、非常に微細な根源的意識が目覚めることはない。微細な根源的意識を人為的に覚醒させることを目的とした定寂心に至るために、遍満風《ルン》の金剛念誦を必要とするのである。内なる条件である遍満風《ルン》の金剛念誦を必要とする典拠は、パンチェン・ロサン・チョゲンが次のように述べていることだと思われる。

（前略）定寂心の境地に導くのであって、『五次第』に「金剛念誦に住する瑜伽行者は、心を縁ずることを得

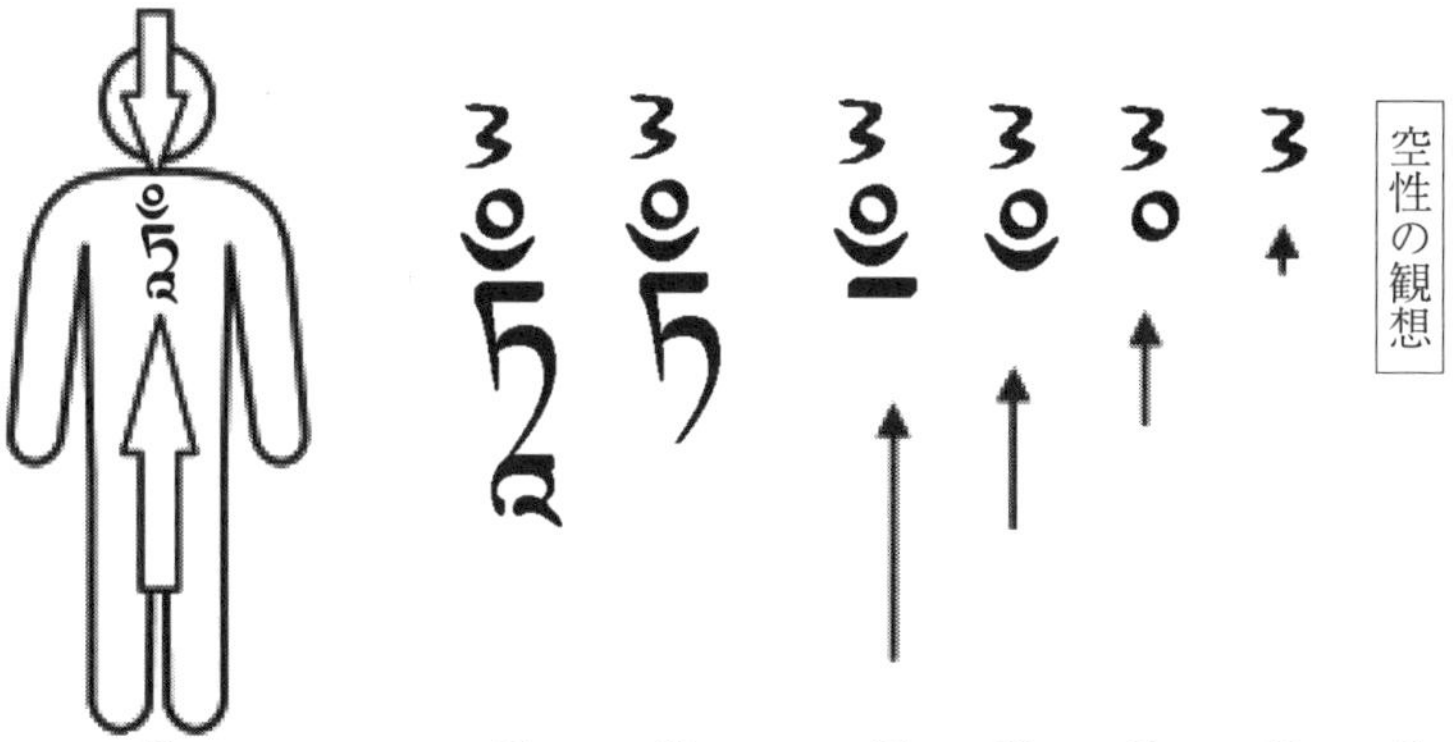

①　②　③　④　⑤　⑥　⑦　⑧

胸に観想した心真言がターム字の場合の塊取の瑜伽のイメージ

るものとなる」と説かれているゆえに。ここで内外の二つの条件のうち、内の条件　遍満風《ルン》を縁ずる金剛念誦と、塊取《かいしゅ》と随滅《ずいめつ》の瑜伽を観想しなくてはならない。第三章の『灯作明』に「入と住と出と、集約する瑜伽によって常に、昼夜に観想すべきである」と説かれたゆえである。（『五次第の心髄』Ota No. 10370 fol. 49B2〜4）

・全身を収斂する観想——塊取と随滅の瑜伽

塊取の瑜伽とは、全身が、上は頭の先から、下は足裏から、徐々に胸に観想した心真言にしみ込んでいき、最後は心真言も消滅して空性となる観想である。**《図参照》**

随滅の瑜伽は、この塊取の瑜伽の前段階として、器世間・有情世間の全体が行者自身に収斂する観想が加わる。

パンチェン・ロサン・チョゲンは、『五次第』と『灯作明』を根拠に、定寂語から定寂心に移行する内なる条件として、塊取と随滅の瑜伽以外に、遍満風《ルン》に対する金剛念誦をあげている。ヤンチェン・ガロもこの説に依拠している。

・ガンワン・パルデンの疑問と筆者の考え

ガンワン・パルデンは、「定寂心を新たに生じるには、遍満風《ルン》を縁じて金剛念誦をするということは、〔パンチェン・ロサン・チョゲン著の〕『甚深なる意味を明らかにする太陽』（『五次第の心髄』Ota No. 10370）の中に説かれているけれども、〔ツォンカパ著の〕『五次第を明らかにする灯明』等にはそのように明瞭におっしゃっていないので、典拠を探すべきである。」（『大秘密四タントラ概論』fol. 24B2～3）と述べ、パンチェン・ロサン・チョゲンが定寂心移行への内なる条件として、遍満風《ルン》の金剛念誦を挙げているが、ツォンカパはその必要性を明確には述べていないとしている。

実際、『灯作明』第三章の「入と住と出と、集約する瑜伽によって常に、昼夜に観想すべきである」（Toh No. 1785 fol. 29B2）の釈には、ツォンカパは特に遍満風《ルン》を縁ずる金剛念誦と関連づけた説明を加えてはいない。しかし、パンチェン・ロサン・チョゲンが示した『灯作明』第三章の引用箇所の後ろのセンテンス、「それらは、如来の本性である四光明の妙なる動きを説明したのである。」（同書 fol. 30A7）についての、『ティカ』に述べられたシェーラプ・センゲの見解は興味深い。次のようにあるからである。

この箇所の『灯作明』に、「それらは、如来の本性である四光明の妙なる動きを説明したのである。」と四つの根本風《ルン》の金剛念誦を示して、遍満風《ルン》の金剛念誦〔のみ〕を示さないのは、定寂語より前〔の境地〕では、遍満風《ルン》の金剛念誦をなし得ないことを考えてのことである。（『ティカ』Toh No. 6868 kha fols. 20B7～21A1）

シェーラプ・センゲはここで、遍満風《ルン》の金剛念誦は定寂語より前の境地ではなし得ないと述べていることから、逆に定寂心から遍満風《ルン》の金剛念誦は可能であることを示している。ガンワン・パルデンが言うように、定寂心の境地を導き出すために、遍満風《ルン》を意識しての金剛念誦が絶対条件だと「明瞭におっしゃっていない」が、遍満風《ルン》を意識しての金剛念誦が出来るようになれば、定寂心へ移行した証左であると言うことができると思われる。

(18) **成就法の女性のパートナー——羯磨印と智印**

・羯磨印と呼ぶ理由

「実際の明妃と観想した智印の二つの明妃」（『五次第を明らかにする灯明』Toh No. 5302 fol. 289A2）とあるごとく、

観想による明妃（パートナー）を智印というのに対し、実際の明妃を羯磨印という。実際の明妃をなぜ、羯磨印という言い方をするかについて、ツォンカパが直接、それに言及している典籍を見つけることは出来なかった。しかし、後代には、パンチェン・ロサン・チョゲンは、「業（羯磨）によって与えられた声と乳房を具えた印であるがゆえに、羯磨印という」（『生起次第の心髄』Ota No. 10369 fol. 63A6）としている。また、十九世紀の学僧シェーラプ・ギャムツォは「業（羯磨）の力で生を受けた〝持蓮華〟（特殊な条件を具えた女性のこと）を初めとするものが羯磨印である。」（ギュメ全集第三巻『五次第の赤註覚書』fols. 30B6〜31A1）としており、羯磨＝業（カルマ）という解釈が見られる。

羯磨印の役割だが、定寂語から定寂心へと移行する際、外なる条件として羯磨印による調息があった。シェーラプ・ギャムツォは、「羯磨印の風《ルン》が補助となって、収斂しにくい種類の風《ルン》を収斂して〔不滅の滴に〕しみ込ませる大きな役割」（同書 fol. 34B2）と述べており、成就者がすべての風《ルン》を中央脈管に入れる際のサポート役を果たすものと思われる。

・羯磨印とは何か

しかし、ツォンカパは、羯磨印について、次のように述べている。

> 無上〔瑜伽タントラ〕の方法で悟りを成就する所依の中心の、大宝（リンポーチェ）のごときプドガラには、男女の二者があるけれども、諸々のタントラや典籍では、殆どの成就者が男子で、その〔羯磨〕印には四族の女性を説明することが多いのである。その際、男子だけでなく、明妃も道の成就者と知るべきである。つまり、般若の縁によって方便が解脱するように、方便の縁によって般若母が解脱することも何度も説かれているゆえである。（『五次第を明らかにする灯明』Toh No. 5302 fol. 10B1〜2）

ここでツォンカパは、大宝（リンポーチェ）のごときプドガラには、男性だけでなく、女性も存在するとし、男性行者にとって、パートナーである女性も、単なる行の補佐ではなく、道の成就者であるとする。そして、「般若の縁によって方便が解脱するように、方便の縁によって般若母が解脱する」とあるが、この場合の般若とは女性の成就者であり、方便とは男性成就者をさす。般若と方便、即ち、女性成就者と男性成就者とが、互いに解脱への良縁となって、境地を高めていくことを想定しているのである。

その際、例えば『法華経』の「提婆達多品」第十二に「当時の衆会、皆龍女の忽然の間に変じて男子となって、菩薩の行を具して、即ち南方無垢世界に往いて宝蓮華に坐して等正覚《とうしょうがく》を成じ、三十二相・八十種好あって、普く十方の一切衆生の為に妙法を演説するを見る。爾の時に娑婆世界の菩薩・声聞・天・龍・八部・人と非人と皆遥かに彼の龍女の成仏して、普く時の会の人・天の為に法を説くを見て、心大に歓喜して悉く遥かに敬礼す」（『国訳一切経』法華部 p. 97）とあるごとく、女性が男子に変身して悟るのではない。

ツォンカパは「他の経典に女性の身体のままで成仏することはないと示したのに対し、諸々の無上〔瑜伽〕タントラではその〔女性の〕身体で修習するならば、悟りを成就することがある」（『五次第を明らかにする灯明』Toh No. 5302 fol. 9B5～6）として、女性の身体そのままで成仏出来るとするのである。

これに関連して想起されるのが、『チッタマニターラ』の注釈にある、ターラ尊の成仏を巡る次の記述である。

〔過去仏である鼓音如来の〕その教えに帰依する王女ジュニャーナチャンドラという者が、眷属を連れた仏に億千万年の間供養し、最後に菩提心を起こした。仏の眷属の比丘たちは、少女ジュニャーナチャンドラに、「汝のこの善根で、その身体は、男性の体に変じて、教えの所作（他者への説法と自身の修行）をしようと祈願するならば、その通りに変化するであろう。」と言ったことに対し、〔ジュニャーナチャンドラが〕答えるには、「男性の身体で悟りを求める者は多くいますが、女性の身体で衆生利益する者はいません。私は、〔全ての衆生の〕輪廻の尽きるまで、女性の姿で衆生利益を致しましょう。」とお誓いを立てた。（『チッタマニターラ二次第

註』fol. 3A4～B2）

ここでは、父母尊の関わりは一切触れられていないが、無上瑜伽タントラにおいては、女性がそのままの身体で成仏することが、チベットの一般的な考え方としてあることが推察される。

・女性の即身成仏について

女性の即身成仏について、インドでは、どうであったのだろうか。

これについて、女性がその身のまま即身成仏を遂げることが出来るとする典拠を、ツォンカパは『秘密集会タントラ』の第十三章の以下の文とする。

ローチャナー等の大明妃は、常に欲の目的に向かって努力を重ね、欲を享受することによって、欲するままに〔貪欲に〕依りながら成就する。（『秘密集会タントラ校訂梵本』第十三分　v. 25）

これについて、ツォンカパの『灯作明複註』には、次のようにある。

貪欲より生じた菩提は、男性だけ《が今生で即身成仏を》成就するだけでなく、女性《の身体で》でも《今生で即身成仏を》成就するのだと示すために、「ローチャナー〔等〕の大明妃」云々と説かれたのである。〝大明妃〟とは、《〔心〕相続をよく清浄にして、『歓喜の典籍』を》よく学んだ〔羯磨〕印である。（『灯作明複註』Toh No. 5282 fol. 176A7～B2《　》内はツォンカパにより加えられた説明）

『灯作明』自体は、チャンドラキールティの作とされているインドの典籍である。ツォンカパがより詳しい註を付けているとはいうものの、インドからすでに『秘密集会タントラ』において女性の即身成仏が説かれているとする解釈が存在していたことが理解できるのである。

・羯磨印との性的瑜伽について

先に述べられた「〝大明妃〟とは、《〔心〕相続をよく清浄にして、『歓喜の典籍』を》よく学んだ〔羯磨〕印である」とある。これについても見てみよう。
ツォンカパは、次のように説明する。
　外的条件である羯磨印で観想する〔条件〕は、自身と〔羯磨〕印の双方がプドガラとしてとても上根であること、正しい灌頂を受けて根本と支分の三昧耶に精通し、正しく規則通りに守っていること、曼荼羅輪の成就法に長けて、〔日々〕四座観想して熟達していること、『歓喜の典籍』にある六十四房中術に精通していること、空性の見解に確信が持て、四歓喜の次第と、特に倶生の〔大楽〕智を生じる境界に詳しいことや、菩提心〔精液〕を外に漏らさず、保つことが出来ることなど、タントラ部や大成就者の典籍に説かれたように、条件がすべて備わっている者が実践するのである。そのような説明の専門用語の最低限の理解さえもなく、〝甚深なり〟という〔言葉だけの〕見せかけの口訣に確信を抱いて修行をすることは、甚だ耐え難い悪趣の扉を開くことだと知れ。『〔吉祥〕サンヴァローダヤ〔タントラ〕』（Toh No. 374）にも、「瑜伽がないにもかかわらず瑜伽の法、〔羯磨〕印の実践をする者、智慧がないにもかかわらず智慧の恰好を装う者、地獄に赴くことは疑いない」と説かれている。対象〔明妃〕と所依〔成就者〕すべてが条件を満たさないのに、実践する者は、とても罪深いと〔何度も〕説かれていることを知らなければならない。（『ナーロー六法三信具足』Toh No. 5317 fols. 30B6～31A5）
ツォンカパは〝羯磨印〟について、行者自身と同様、〝羯磨印〟となる対象者も高い境地にある行者であることを必要条件としている。そして、「タントラ部や大成就者の典籍に説かれたように、条件がすべて備わっている者が実践するのである。そのような説明の専門用語の最低限の理解さえもなく、〝甚深なり〟という〔言葉だけの〕見せかけの口訣に確信を抱いて修行をすることは、甚だ耐え難い悪趣の扉を開くことだと知れ。」として、安易な実践を強く戒めている。

例えば、「菩提心〔精液〕を外に漏らさず、保つことが出来る」という条件に関しても、「これについて、多く〔の典籍〕で〝〔精液を〕外に漏らさずに保つことが出来れば、過失はなく、大功徳を生じる〟と、確かに主張しているけれども、真実性を正しく確信的に決定《けつじょう》する空性の見解を合わせ持つことがなければ、楽を生じる必要性は失われ、耐え難い悪趣の因となると多く〔の典籍〕にある。」（『五次第を明らかにする灯明』Toh No. 5302 fol. 201A6～B1）として、必ず空性理解を伴うことが必要で、それがなければ、「楽を生じる必要性は失われ、耐え難い悪趣の因となる」としている。そして、さらに畳み掛けるように、もし、空性の見解を具えていたとしても、「そのような空性の見解を具えているだけでもまだ不十分で、他の多くの条件を満たさなければならないこと等を詳しく理解しなければならない。」（同書 fol. 201B1）と述べ、その行為には、空性理解だけあれば事足りるというのではなく、それ以外のすべての条件を満たさなければならないと、くどいほど、戒めている。

したがって、女性の即身成仏を説く無上瑜伽タントラにおいて、羯磨印を伴う実践行は、理論上は、男女どちらも高い境地にあること、即ち、「三昧耶に精通し、正しく規則通りに守っている」等の「タントラ部や大成就者の典籍に説かれたように条件がすべて備わっている」者が実践するならば、有効であるとしている。

しかし、男女の成就者が共に、これらすべての条件を満たさなければ、有効性がないばかりか、「耐え難い悪趣の因となる」。つまり、実践に関しては、空性理解の見解を具えた者であっても、それだけでは不十分として「すべてが条件を満たさないのに、実践する者は、とても罪深い」としており、実際上の運用はほぼ不可能であったと分かるのである。

・女性の即身成仏が可能なら、なぜ『秘密集会タントラ』で女性の成仏体系が説かれていないのか？

最後に女性の行者が即身成仏出来るのであれば、『秘密集会タントラ』の成仏体系が男性の行者のみを取り上げていることについて、どう解釈すればいいのだろうか。

これについて、シェーラプ・センゲは次のように述べている。

では、女性の身体で即身成仏出来るのであれば、男性が進む道次第とは別に女性が進む道次第を説かれない理由はなぜなのかというならば、それには理由がある。即ち下門の滴粒の観想のようにほんの一部分を除いて男性の進む道次第と説かれたことがそのまま女性の進む道次第にもなるゆえに。そして、般若母に依って方便（男性行者）の相続に四歓喜と四空を導いて、何度も観想をして、光明の最後に智慧の幻身を成就するのと同様に、方便（男性行者）に依って般若母も自相続に四歓喜と四空を導いて、何度も観想をして、光明の最後に智慧の幻身を成就するのであるゆえに。（『ティカ』nga fol. 52A5 ～B1）

このように運用上の制限は多くあるものの、理念的には即身成仏を目指す上で男性・女性の行者の立場になんの差異も設けておらず、互いに影響しあって成仏に進んでいくことが、『秘密集会タントラ』の成仏体系の特徴といえる。

逆に言えば、男女の成就者ともに、互いに自分と等しい境地で資格を有するパートナーがいなければ、即身成仏できない体系とも言える。

ギュメ寺に伝わる生起次第儀軌（『聖者流吉祥秘密集会三十二尊の灌頂の系譜と我生起を大秘密吉祥ギュメ学堂の伝統教学に従って著したもの』）は、ギュメ寺の創設者で、ツォンカパの密教の正統な後継者に指名されたシェーラプ・センゲも用いていたツォンカパの『吉祥秘密集会成就法清浄瑜伽次第』（Toh No. 5303）を原型に成立しているが、その中の「供養の讃と甘露を享受する真実」の項目で、『秘密集会タントラ』解釈の継承者に供養する際、伝説で最初の成就者とされるインドラブーティ王に供養したすぐ後に〝龍より生じた瑜伽女〟という女性の成就者に供養する項目が来る。〝龍より生じた瑜伽女〟は、「提婆達多品」の龍女を彷彿とさせるが、いずれにせよ『秘密集会タントラ』解釈の正統な継承者の系譜に、女性の成就者が入っていることは象徴的である。

⒆

羯磨印と性的瑜伽を実践するタイミング

この箇所に関しての様々な主張について、ガンワン・パルデンは次のように述べている。

・第一の主張——定寂心の三智を生じるために実践する

これについてある智者が、定寂心の三智を生じるには、羯磨印に依らなくてはいけないというのは、『五次第』に「すべての幻等より　女人の幻が特に優れている　三智の分類を　明らかにこれにより生起し得るものとなる」と説かれたことを意図したことである。ケートゥプ・ジェの『御言葉の覚書』に「〔根本タントラ・釈タントラや聖者父子の典籍等よりの、一般的に先に述べた〕三調息、特に金剛念誦〔であるが、〕即ち〔そのような〕内の三縁と、外の縁は『五次第』に〝すべての幻等より〟から〝明らかにこれにより生起し得る〟と説かれたように、印が調息となって、外と内のこれらの縁によって定寂心の智慧を生じうるのであって」とあることと、〔同じくケートゥプ・ジェの『御言葉の覚書』に〕「定寂語を最初に観想してから、胸のチャクラの脈管の結び目を完全に解いてしまうまで、現れる四空はどれであろうと全て定寂語であって、胸の脈管の結び目の残りを余すことなく解くのに際しては、先に説明した外と内の双方の方便が必要である」と説かれているゆえであると主張するのである。（『大秘密四タントラ概論』fols. 24B3〜25A1）

まず、第一の主張は、『五次第』を典拠に、ケートゥプ・ジェの『御言葉の覚書』に「印が調息となって、外と内のこれらの縁によって定寂心の智慧を生じうるのであって」とあり、「胸のチャクラの脈管の結び目を完全に解いてしまうまで（中略）全て定寂語であって、胸の脈管の結び目の残りを余すことなく解くのに際しては、先に説明した外と内の双方の方便が必要である」としている。ここでいう内外の方便とは、内の方便が注⒃で述べた三つの調息であり、外の方便は注⒅で述べた羯磨印である。したがって、胸のチャクラの結び目を完全に開くことは、定寂心に移行することであり、第一の主張では、定寂心の段階に至るには、羯磨印に依ることが必要だとするのである。

・第二の主張――〝究極の〟定寂心の三智を生じるために実践する

これに対し、ある智者は、「〝究極の〟定寂心の三智を生じるには、羯磨印に依らなくてはいけない」というのが、この『五次第』の文意であって、単なる定寂心だけ〔を生じるため〕ではない。『五次第を明らかにする灯明』に「幻身を成就する基となる定寂心の三智を完全に生じさせるには外の印が必要である。」ということと、ジェ・リンポーチェ（ツォンカパのこと）の『秘密集会の難解要説』（Toh No. 5296）に、「誰か、共の道で相続を浄化して、灌頂で異熟させ、戒をよく清浄にして、一念の瑜伽を成就し、三金剛の三摩地を獲得する彼の者が、幻と光明の二諦の道、法・色身の二つを現法（可視的存在）として現前し得る状況が近づいたなら、妙なる印から大楽を生起し得る」と説かれたゆえである、〔というならば〕遍充する。即ち、この三金剛の三摩地は三定寂の名前であって、生起次第の三金剛ではないゆえで、今生に成仏（即身成仏）の因として説かれたことで、〔羯磨印に依るのは、究極の定寂心の境地に至った者であることが〕分かるゆえに、と主張するのである。（同書 fol. 25A1〜5）

第二の主張では、第一の主張の典拠の『五次第』の文意は、単なる定寂心へ移行する条件ではなく、幻身や勝義の光明の基盤となる究極の定寂心を成就するために羯磨印に依るという意味だとしている。そして、ツォンカパの『秘密集会の難解要説』にある「三金剛の三摩地を獲得する彼の者」という際の三摩地とは、生起次第の初加行三摩地・曼荼羅最勝王三摩地・羯磨最勝王三摩地をさすのではなく、定寂身・定寂語・定寂心の三定寂とする。即ち、三定寂を成就した行者が、そして「幻と光明の二諦の道、法・色身の二つを現法（可視的存在）として現前し得る状況が近づいた」者、即ち、色身の因たる清浄な幻身と法身の因たる勝義の光明を獲得可能な状況となった者が、羯磨印に依って究極の定寂心に到達するというのである。

第二の主張では、単なる定寂心だけではなく、究極の定寂心に到達するために、羯磨印に依るとの解釈である。

・第三の主張——究竟次第を強化する行を行うに相応しい時期を示した

これに対し、ある者が、今生で成仏するのに、羯磨印に必ず依らなくてはいけないという際の最低の時期を示したのではなくて、究竟次第を強化する行を行うに相応しい時期を示したのである。〔羯磨印に依るという〕それは、定寂心を得たことで遍充するゆえに、そのように『五次第を明らかにする灯明』に説かれているからである、という。（同書 fol. 25A5～B1）

第三の主張は、今生での成仏に必要条件として羯磨印が要るわけではなく、あくまで究竟次第で境地を促進していく強化の方便とする。境地を増進させる羯磨印を用いるのに相応しい時期を示したという説である。典拠として『五次第を明らかにする灯明』をあげているが、以下の文ではないかと思われる。ここに述べた行とは、有戯論《うけろん》の行・無戯論《むけろん》の行をさす。その内容は後の注(38)～(41)で詳しく説明するが、つまり、羯磨印を用いての行をさす。

（前略）行を行ずることが出来ないゆえに、中有で成仏するという説明をすることで、逆に行を行ずるならば、今生で成仏することを示したゆえに、究竟次第の場合に行を行ずるのに相応しい〔時期〕を明らかにしている。それは、最低でも定寂心を必ず得ていなければならない。（『五次第を明らかにする灯明』Toh No. 5302 fol. 263B2～3）

羯磨印を用いる行は究竟次第で境地を促進するため、カンフル剤的に行じるものであり、その段階は、最低でも定寂心の境地になくてはならないとする。

・第四の主張——定寂心に到達したら、必ず羯磨印に依らねば、即身成仏は出来ない

これに対し、ある者が、今生で成仏するのに、羯磨印に必ず依らなくてはいけないという際の最低の境地は、定寂心を得てからで、〔ツォンカパの〕『〔吉祥秘密集会釈タントラ〕智金剛集のティカ』（Toh No. 5286）に「ここで印と三空は、互いになくてはならないものであると説かれたのは、幻身を成就し得る定寂心の三空を完全に生じるには、印に必ず依らなくてはならないという意図で、それ（羯磨印）がないなら、定寂心の条件を一部だけ満たした三智を生じても、条件が揃ったものを生じ得ないゆえであると説かれたからであると主張する。

これがジェ〔・ツォンカパ〕のお考えではないかと思うけれども、決定することは難しいゆえに、考察していく扉のみとして紹介した。（『大秘密四タントラ概論』fol. 25B1～4）

第四の主張では、今生で成仏する際には、必ず羯磨印に依らなくてはいけないが、その際、最低でも定寂心の境地に到達した者でなければならないことを示しているとしている。第二の主張に加えて、第四の主張のポイントは、「〔羯磨〕印に必ず依らなくてはならない」と明確に述べている点である。

「それ（羯磨印）がないなら、定寂心の条件を一部だけ満たした三智を生じても、条件が揃ったものを生じ得ないゆえである」と述べていることから、羯磨印に依らなくとも、定寂心の三智、即ち顕明・増輝・近得は一応生じるけれども、「条件が揃ったもの」、つまり非常に微細な根源的意識を覚醒させる先駆けとなる、顕明・増輝・近得は完全には生じ得ない。羯磨印に依らなければ、行において、非常に微細な根源的意識の覚醒には至れない。即ち、幻身を成就し得ることはできないので、即身成仏へと進めないという意味である。

ガンワン・パルデンはこれがツォンカパの意図ではないかとしている。

○定寂心の語義釈

〝定寂心〟の語義釈があって、輪廻・涅槃すべての根本である心が、妄分別の乗物である風《ルン》を伴うことから離れて、楽空無別の本性として顕現させる瑜伽であるからそのように言われるのである。定寂心以前の近得の最後に光明が生じるけれども、『五次第』〔7B〕や『行合集灯』等に説かれていないのは、〔空性を直観的に理解する〕〝光明〟を第四次第として説かれていることを考えてのことであって、三定寂（定寂身・定寂語・定寂心）の〔空性をイメージで理解する段階である譬えの〕光明を近得の中に集約して説明したのである。その理由はまた〝譬えの光明〟とその前の近得は、〔主観と客観の〕二つが二元的に〔対立して〕現れる知であるという点で似ているから一つに集約してもよいのであるが、〝勝義の光明〟の前の近得は〔主観と客観の〕二つが二元的に〔対立して〕現れる知であるのに対し、勝義の光明は〔主観と客観の〕二つがわずかも二元化しては現れない知であるから、その二つ（勝義の光明とその前の近得）は一つに集約するには不適当なのである。[20] それゆえ勝義の光明は、まさに第四の空として〔別立てで〕数えられるのである。

〝陽炎〟より〝光明〟に至るまでのヴィジョンが顕現するその様子等と類似しているのは、「基時《きじ》（修行していない凡夫の場合）の男女の交わりと、眠りに落ちる際と、気絶などの場合や修道時の第三灌頂時や金剛念誦以前においてもなるほど生じはするけれども、典型的なものは基時（修行していない凡夫の場合）においては死ぬ時と、修道時においては定寂心[21]から生じるようになる」（Toh No. 5292 (D) fol. 9A2～3）とジェ・ラマ（ツォンカパ）が『正等覚次第註釈』にお説きになっている。

そのようであるなら、〔典型と類似型とに〕詳細に分類する時、〔定寂語の〕金剛念誦以前の光明と伴う顕明・増輝・近得もまた類似型と認めなくてはならない。(22)

それらの場合、非常に微細なレベルの〔主観と客観の〕二元的顕現を覆すことはできないけれども、風《ルン》が〔アヴァ〕ドゥーティー（中央脈管）にしみ込んだことにより、粗大なレベルの〔主観と客観の〕二元的顕現が滅して、〝真っ白な顕明〟から〝早朝の雲一つない空[8A]のごとき顕現（光明のこと）〟が多く〔意識に〕現れるので、それらの場合に楽と空〔性と〕を結びつけて観想するのである。(23)

修道時の顕明・増輝・近得などもすぐに連続して生起するのではない。〔そのことに関しては〕ギャルツァプ・ジェの『五次第の覚書』に「先に説明した如きの、それらの因と縁を何度も何度も習熟させて〝顕明〟の智慧が生起するのである。また、それらの諸条件を多くの回数〔実践して初めて〕〝増輝〟の智慧を生起するのであって、前者（顕明）が生起したら、すぐ連続して〔増輝が〕生起するわけではない。」と述べられているからである。

そのように定寂心の獲得後、内外二つの方便と、塊取《かいしゅ》（piṇḍagrāha）と随滅《ずいめつ》（anubheda）の収斂観《しゅうれんかん》(24)をたびたび観想したことで、諸関節にある遍満風《ルン》などすべての風《ルン》が死ぬ時と全く同様に、胸の不滅〔の〝滴〟〕にしみ込むのである。そのことで〝陽炎〟から〝光明〟までの典型的な兆候《ヴィジョン》が現れた時、そのような光明は〝究極の定寂心の譬えの光明〟と〔いう。それは〕第三次第幻身成就のための究極的基盤（直接因）なのである。

注

(20)　**定寂心の段階での楽空無別の智慧（譬えの光明）と勝義の光明の違い**

定寂心の段階での楽空無別の智慧（譬えの光明）と勝義の光明の違いを、ツォンカパは次のように述べている。

　第四次第の光明の智慧は心の法性を直観的に理解するのであって、定寂心は法性を理解しても、直観的に理解するものとならないのなら、違いがないことにはならないのである。（『五次第を明らかにする灯明』Toh No. 5302 fol. 177A2〜3）

第四次第の勝義の光明の智慧は「微細なレベルでの〔主観と客観の〕二つが〔対立して〕顕現することも浄化して、〔倶生の大楽〕智が真実性と、水に水を重ねたように一味になる」（同書 fol. 268A4〜5）とされている。

さて、定寂心の段階まででも、中央脈管に風《ルン》が入り、留まり、しみ込むことから生じた倶生の大楽が生起したら、陽炎から光明までのヴィジョンは自然に生じるが、定寂心以前の光明は空性を直観的に理解することは出来ていないため、主観と客観の対立は残っている。それを述べたのが、本文の「主観と客観の二つが二元的に対立して現れる知である」という部分である。定寂心までの境地で現れる近得も譬えの光明も、どちらも空性を直観的に理解しているのではなく、あくまでも空性を直観的に理解していると信解するだけで、いわばイメージにより空性を理解する智慧と言える。

その点で、空性を直観的に理解できないことは同じなので、主観と客観の対立は残ったままの智慧同士であるから、光明を近得に集約するとしているのである。

これに対し、第四次第の勝義の光明は、空性を直観的に理解しているため主観と客観の対立はない、「主観と客観の二つがわずかも二元化しては現れない知」なのである。それゆえ、信解の智慧である近得とは別に、「第四の空」とするとここでは説明している。

(21)

死ぬ時とそっくりそのままのヴィジョンが定寂心から生じるのはなぜか

「典型的なものは基時においては死ぬ時と、修道時においては定寂心から生じる」という場合、この定寂心は、定寂心とはしているが、究極の定寂心の譬えの光明をさしている。なぜなら、究極の定寂心の譬えの光明において初めて、全身の風《ルン》は中央脈管の胸の部分にある、〝不滅の滴〟にしみ込み、結果として、全身にあるすべての粗大なレベルの意識は活動を停止し、非常に微細な根源的意識と、その乗物の風《ルン》が覚醒するのである。したがって、その段階で初めて、注(8)で紹介した八つの兆しの典型が現れるのである。

この箇所に関連して、ガンワン・パルデンは次のように述べている。

　ここである者が「定寂心の顕明・増輝・近得の三者のいずれかであったなら、それは典型的なものであることで遍充するだろうか？　それらの〝典型的なものは、定寂心〔の段階〕から生じ始める〟と説かれているから」というならば、それは遍充しない。即ち、〝定寂心〔の段階〕より典型的なものが生じ始める〟と説かれているけれども、〝定寂心の三智（顕明・増輝・近得）のいずれかであるなら、それらが典型的なものであることで遍充するとは説かれていないゆえである。（中略）〔したがって、定寂心の境地に至れば、必ず顕明・増輝・近得の典型的なものが現れると〕主張し得ないのである。なぜなら、〔兆しの典型的なものが現れるためには〕修道時に活動の風《ルン》すべてが胸の不滅の滴に、死ぬ際のそのままにしみ込まなくてはいけないが、定寂心〔の境地〕を得ても、すべての遍満風《ルン》を胸〔の不滅の滴〕に収斂し得ないことが多くあるからである。（『大秘密四タントラ概論』fol. 27A2～6）

ガンワン・パルデンは「三智の典型的なものは定寂心の境地から生じ始める」とは、定寂心の境地に至れば、典型的なものが必ず生じるという意味ではないとしている。ヤンチェン・ガロ自身が「胸のチャクラの結び目を完全に解いて、遍満風《ルン》の一部とともに根本風《ルン》と支分の風《ルン》等を胸の〝不滅〔の滴〟〕にしみ込ませたことで、顕明の智慧がいつでも生ずることができるようになったならば、定寂語から定寂心へと移行したと認定できる」と述べているように、定寂心でも最初の段階では、不滅の滴にしみ込ませることが出来ているのは、「遍満風《ルン》の一部」であって、遍満風《ルン》全部ではない。ここでガンワン・パルデンが「定寂心〔の境地〕を得ても、すべての遍満風《ルン》を胸〔の不滅の滴〕に収斂し得ないことが多くある」と述べたのは、まさにそのことである。遍満風《ルン》が一部でも身体に残っていれば、非常に微細な意識は覚醒できないので、「死の光明の典型的なもの」を生じることはない。生じさせるためには「活動の風《ルン》すべてが胸の不滅の滴に、死ぬ際のそのままにしみ込まなくてはいけない」わけで、その過程で典型的な三智が生じるのである。

したがって定寂心の段階の初めから、〝陽炎〟から〝光明〟に至るまでの典型的ヴィジョンが生じるわけではなく、あくまで類似のもので、究極の定寂心の譬えの光明の段階に至って初めて、生じるものであると理解する必要がある。ツォンカパ自身、次のように述べている。

地が水にしみ込む等、死ぬ順番通りに生じるようにして、定寂心を完全にすべて生起する。（『五次第を明らかにする灯明』Toh No. 5302 fols. 214B6～215A1）

このように、ヴィジョンが死ぬ順番通りに生じるようにすることは、「定寂心を完全にすべて生起する」こと、即ち究極の定寂心の境地に達することを意味するのである。

(22)　**死ぬ際のヴィジョンの類似型と典型**

これはツォンカパの『正等覚次第註釈』の「地が水にしみ込む等の類似型のものは、通常の凡夫の時には、男女の交会や眠りに就く時、気絶等の場合であり、修道時は、初めに第三灌頂を受ける場合や、金剛念誦以下においても生じるけれども、典型的なものは、通常の凡夫の時の死に際、修道時には定寂心より始まって生じるのである。」（『正等覚次第註釈』Toh No. 5292 (D) fol. 9A2～3）の記述に依拠している。

この記述通り解釈するなら、注(8)で紹介した八つの兆しの典型が現れるのは、通常の凡夫では死ぬ際と、修道時は定寂心、厳密に言うと、究極の定寂心の譬えの光明からであって、それ以外、通常の凡夫では男女の交会や眠りに就く時、気絶等の場合、修道時では金剛念誦以前の場合は、類似型であって、典型的なものではないという意味にとれる。

(23) **三智と三空の関係——三空の〝空〟は空性を必ずしもさすものではない**

まず、ツォンカパは、顕明・増輝・近得の三智はそのまま空・甚空・大空の三空と定義している。

分別を動かす風《ルン》が消滅し、月光のごとく照らすことから〝顕明〟と言われる。それは八十の分別をともなったものとして空であるから「空」であるのだ。日光のように〔顕明と比較して〕ずっと明るく顕現する〔ので〕〝増輝〟であり、風とともなう〝顕明〟について空であるから「甚空」である。黄昏時の暗さのごとく不鮮明に顕現し、光明と近づくことで顕現する〔ので〕〝近得〟である。風とともなう増輝として空であるから「大空」である。(『五次第を明らかにする灯明』Toh No. 5302 fols. 182B6 ~ 183A2)

このようにあくまでもツォンカパは、〝顕明〟では八十分別が消滅したがゆえに「空」、〝増輝〟では〝顕明〟が消滅したがゆえに「甚空」などとそれぞれ前段の意識が消滅したことをさし、「空」と定義しているのである。したがってツォンカパの想定していた三空の〝空〟は、空性を意味せず、直前の意識の消滅のみをさす。パンチェン・ロサン・チョゲンは「このような三空は、基時（修道に入る以前の一般の人々の場合）では死の時に完全な〔三空〕が出現するのである。」(『五次第の心髄』Ota No. 10370 fol. 46B2）として、修道に入る以前の一般の人々の場合にも、臨終に際しては三智が出現するとしている。ゲルク派の場合、三空は、死に至る者には誰にでも訪れるものとされているようである。ヤンチェン・ガロは、一般の人々が臨終に際し経験する光明（一切空）も含めた四空が「空性」を認識しないものであることについて、次のように述べている。

四空の場合、対象のヴィジョンを伴う前の智より、対象のヴィジョンを伴う後へとだんだん微細になっていく。そのため、意識には粗い世俗の顕現がなくなり、晴朗なヴィジョンが心に現れるのであるが、空性を認識対象とするのではない。それゆえ、修道をしていない凡人には、それらの場合（臨終に際し、様々な光景が心に現れる場合）、実体のある存在のみが〔心に〕現れ、〔実体の存在を否定する空性は〕心に現れることはない。〔修道をしていない凡夫の〕この場合の四空は、どれも臨終に際しては誰にでも現れるのである。したがって臨終に際し、空性に通達するのであれば、〔誰でも死ぬだけで〕努力することなく、解脱することになってしまうであろう。（『基本の三身の構造を明らかにする灯明』Toh No. 6600 fols. 9B6～10A4）

このように、死に際して、四空は誰にでも現れるもので、四空の空の意味を空性とするなら、誰でも臨終の際に努力なくして解脱することになってしまうとし、これらは、そのままでは空性を理解する智慧ではないとする。ツォンカパは、「三智の楽と空を結合しなければ無我は認識できない。つまり戯論を離れた相（空性）が現れないゆえに、白赤黒の三つのヴィジョンのみが現れる〔だけ〕である。」（『五次第を明らかにする灯明』Toh No. 5302 fol. 202A2～3）と述べている。

・修道で、三空（もしくは四空）を空性理解の智慧に転変する

しかし、ツォンカパは修道中、「（前略）定寂心は、心の真実性を理解するために生起するのであるから、四空はいずれの場合も楽と空を結合するのである。」（同書 fol. 202A1～2）と述べ、定寂心の三空を、「空性」を認識する智慧と定義している。これは、通常そのままでは空性を理解する智慧ではない三智を、修道時に、空性を理解する智慧、即ち、注⑿で説明した楽空無別の智慧に変えていくことをさす。

・近得後半の想念なき近得も楽空無別の智慧か

注⑻の⑦で示したように、顕明から増輝、そして近得前半（闇の相を持つ想念が衰弱していない状態）↓近得後半

（想念なき状態）→譬えの光明へという過程が想定されている。ツォンカパは「第一空（顕明）が顕現したならば、掌握して空性理解の智慧とするのである。これは第二空（増輝）や想念することが可能な状態の近得などにおいても同様にすべきである。」（『ナーロー六法三信具足』Toh No. 5317 fol. 46B1）としている。

ツォンカパは、ここで近得だけをわざわざ「想念することが可能な状態の近得」として空性理解の智慧としていることから、想念なき状態の近得は空性理解の智慧ではないということだろうか。ツォンカパは次のように述べている。

　近得が想念なき状態にいたった時は楽空結合〔の智慧〕がないけれども、一般的に近得にそれ（楽空結合の智慧）がないわけではない。（『五次第を明らかにする灯明』Toh No. 5302 fol. 185A4〜5）

これらのことから、想念なき近得は楽空無別の智慧ではないことが理解できるのである。

ツォンカパは「近得が現れたならば、風《ルン》の消滅が大いに進んだことで対象が顕現する際には、空の顕現を黄昏時の暗黒によって満たしたような様相が現れ、〔次に〕認識主体の想念が衰弱していき、不覚の状態にいたるが、〔これは〕身体不調による想念の衰弱ではない。」（同書 Toh No. 5302 fol. 185A4〜5）と述べている。つまり、体調不良により訪れる想念の衰弱ではなく、自然発生的なものとする。私は、死ぬ時と同様に粗大な意識がすべて消滅しきった状態、これが近得の想念なき状態ではないかと考える。先に注(7)で述べたように、二つの心、即ち、非常に微細な根源的意識と日常の粗大な意識とは、同時に活動することはない。

つまり、粗大な意識がすべて消滅しきって、活動を停止し、新たに根源的意識が覚醒して活動を始める直前の状態、前後不覚の想念なき近得は、活動主体の意識が粗大な意識から根源的意識へと切り替わる、意識の空白の期間をさすのではないかと考えるのである。

ツォンカパは「特に想念なき近得の場合には、想念の衰弱の度合いが強ければ強いほど、他の対象に気を散らす力を顚倒して、光明だけに集中する状態を導くのである。」（同書 fol. 202B2）として、想念なき近得で想念の衰弱状態が強いほど、次の楽空無別の智慧としての光明をより明瞭に導くとしている。

これに関連して、二〇一六年十一月のチッタマニターラ尊灌頂において、ダライ・ラマ法王が、「通常の凡夫の場合は、想念なき近得の段階で記憶を失ってしまうが、三智を空性理解の智慧に昇華できていれば、想念なき近得の後、非常に微細な根源的意識である光明で、より明瞭に空性を把握することが出来る」とおっしゃったことを思い出すのである。

(24)

消滅の瞑想――塊取と随滅

塊取と随滅の収斂観は注⒄で取り上げたごとくである。

ツォンカパは「随滅は、最初に器世間・有情世間を光明に収斂して、そののち自身を光明に収斂するのである。」（『五次第を明らかにする灯明』Toh No. 5302 fol. 249A3〜4）と述べ、「自身の蘊（身体）を次第に滅することは、〔塊取と随滅の〕双方にあるけれども、先に〔自分〕以外の器世間・有情世間を収斂することの有無の違いのみである。」（同書 fol. 249A5〜6）として、先に自分以外の器世間・有情世間を行者自身に収斂し、その後、自身を光明に収斂する行法が随滅、器世間・有情世間を行者自身に収斂する過程を省いて自分の身体を光明に収斂する行法を塊取としている。そしてその目的について、ツォンカパは「二つの禅定で収斂する究極の場所を、胸〔の不滅の滴〕としたならば、勝義の光明を実現することのことが、聖者父子のお考えの特別優れた点である。」（同書 fol. 249B1）として、中央脈管の胸の不滅の滴に風《ルン》をすべてしみ込ませる聖者流の特徴的な方便であるとしているのである。この観想は、やがて他の本尊の行法にも応用され、ゲルク派では、生起次第において、三身修道の中の〝死を法身へと転変する観想〟をする際に、塊取もしくは随滅の観想が必須のものとなっている。

○幻身について

【1・2・2・4・3】定寂心から幻身への移行方法

第三に、定寂心から幻身への移行方法である。今述べた〝究極の定寂心の譬えの光明〟より〔行者が〕定を解き始める時、風《ルン》が僅かに動いて逆行の近得を成就すると同時に水面から魚が跳ね上がってくる要領で、光明の乗物である五光の風《ルン》が〔8B〕質料因となり、光明の心が補助縁となったことで、相好で飾られた幻の身体を、粗大な異熟身（肉体）とは別に本当に成就するのである。[25]

そのように幻身を成就するに際し、観想の力で粗大と微細の二つの身体を個々に分けなくてはならないけれども、〔完全に繋がりが切れて〕別体となることはできないのである。〔それに関して〕ケートゥプ・ジェの『御言葉の覚書』（『五次第の明証』）によれば「この世で成就した不浄の幻の身体は、粗大な身体（元の肉体）より別々になるのであるが、〔完全に繋がりが切れて〕別体となるのではない。なぜなら、そうなる能力を持ち合わせていないからである。」（Toh No. 5482 fol. 26B4～5）とある。

また『五次第を明らかにする灯明』には「古い身体から分離するに際し、古い肉体を捨て去って移る必要性により遍充しないと先に述べた。また〔チャンドラキールティの〕『灯作明』に〝清浄な幻の身体は蘊（古い身体）の籠に留まる〟と説かれていることなどからも知るのである。」（Toh No. 5302 fol. 215B3～4）と説かれている。

では〔この二つの説、即ち〕『五次第を明らかにする灯明』に「この双入の身体（清浄な幻身）

を最初に成就するならば、元〔の身体〕から場所を移して住する恰好で成就するのであって」（同書274B3）と述べられていることと、〔『灯作明』に〝清浄な幻の身体は蘊（古い身体）の籠に留まる〟と説かれていることとは〕矛盾する。なぜなら清浄・不浄の幻身成就の方法は似ていると説かれているからと考えるのであれば、〔それは〕問題ないのである。その理由は、幻身は、最初に古い蘊（元の身体）の基点である胸の〔アヴァ〕ドゥーティーの中央に成就してから、その後、古い肉体から場所を移して〔幻の〕身体は[9A]肉体の外に住することがあるというのが、その御言葉の意味だからである。

清浄・不浄の幻身を成就する時、身体一つだけではなく所依と能依（住処とそこに住する尊）の曼荼羅のすべてをことごとく生起させるのである。ケートゥプ・ジェの『小口訣』によれば「定寂身から双入に至るすべての段階で、〔行者〕自らを持金剛として生起したならば、所依と能依（住処とそこに住する尊）の曼荼羅のすべてを悉く生起させなくてはならない。」（Toh No. 5517 fol. 3B3）とされる。瑜伽自在のミラレパ尊者は「ある者は微細にして柔らかい風《ルン》と心から、本尊の宮殿などを成就するものとなる。」と述べられている。

幻身は、質料因が風《ルン》のみから出来ているゆえに〝色〟（色と形あるもの）とは認めても〝物質〟（bem po）ではない。智慧の自性だからである。

それ（幻身）を成就する際の基体となるものは、根源的身体、言い換えれば、同一本性の状態を構成する非常に微細な風《ルン》と非常に微細な心のうちの、風《ルン》の方である。そしてそれは〝色〟と〝知識

〔意識のこと〕〟の自性であると説かれるのである。

第三次第のこの幻身は、初めて成就してから勝義の光明を達成するまでの間、等引・後得の一切〔空を観想している時と、その禅定から出ている時のすべて〕において流れを断つことなく存在するのである。そして勝義の光明が生じた時、〔不浄の幻身は勝義の〕光明に浄化されて、〔不浄の幻身の〕同類型の流れは断たれるのである。

聖なるラマ方の御主張は、幻身を最初に成就した時、胸のチャクラの〔アヴァ〕ドゥーティーの内部に成就[9B]する〝内起《ないき》〟と、異熟の蘊〔肉体〕の外側に成就する〝外起《げき》〟と説かれるのである。それはまたギュメ・ギュトゥ（rgyud stod smad）の二〔本山〕の講伝書の御主張では、幻身は〝外起〟のみであるとし、[26] ケートゥプ・ノルサンパと、ギャワ・エンサパ等は〝内起〟のみを主張される。『五次第を明らかにする灯明』には「定寂心の風《ルン》と心の二つのうちの根源的身体から幻身を成就する時に、粗大な〔物質的〕身体から別に分かれて、身体の外側かあるいは内側の、いずれか望む方に行くという意味である。」（Toh No. 5302 fol. 214A1～2）とお考えを示されている。これを受けて偉大なるパンディタ、一切智者のロサン・チューキ・ギャルツェン・ペルサンポ（パンチェン・ロサン・チョゲンのこと）は、瑜伽行者〔各自〕のお考えに沿って、胸の〔アヴァ〕ドゥティーの内側と外側のいずれかに〔幻身を〕起こすことがあるので、〝内起〟と〝外起〟とはともに理に適っている。即ち、一つの基体〔ある人物〕に〔幻身の〕〝内起〟と〝外起〟の二つがあることは矛盾しても、一般的にその二つがあることは矛盾しない（『五次第の心髄』Ota No. 10370 fol. 57B2～6より抄出〕と言われる。それらの主張の諸々の論証については、ここでは過多になるのを危惧して〔略するので〕各々の典籍から学んで欲しい。

〔幻身を〕成就するタイミングについて、ツォンカパ尊者の『秘密真言道次第』と『灌頂意義真実妙明示』と『安立次第注釈』などに、かつての賢者方の御主張に照らして、〔光明から〕逆行した場合の〝顕明〟の後に幻身を成就する恰好で紹介しているけれども、自派（ゲルク派）の御主張は『五次第を明らかにする灯明』[10A]においては、基（輪廻の状態）の場合に、死の光明の断滅と中有が成立したのとが同時であるように、修道時においても、光明の断滅と幻身を成就したのとが同時でなくてはならないので、〔光明から〕逆行した場合の〝近得〟と同時に幻身が成就すると教示されたのである。(27)

注

(25) **質料因とは何か？**

質料因とは、最も主となる原因をいう。補助縁とは、補助的な条件と考えたらよいだろう。例えば、朝顔の花の質料因は朝顔の種であり、補助縁は水や太陽光となる。幻身は固体ではないが、物質なので、その質料因は、光明の心の乗物の風《ルン》であり、補助縁は、光明の心、即ち、根源的意識による楽空無別の智慧である。

この幻身の説明を聞いた時に、衝撃を受けたことを今も覚えている。ノートを見ると、一九八九年七月十七日で、この日の講義はここで終わっている。魚が水面から跳び上がって出てくるように、幻身も行者の身体から、突然、仏と等しい姿で本当に出現する。この想定は、それまでの観想中心の密教の中では見られないものである。自分をいかに仏と観想しようとも、行者の身体が血と肉で出来た肉体であることには変わりがない。行者の肉体と、融通無碍にどこにでもいつでも出現できる仏身との懸け橋となるもの、これを後期密教は「幻身」と考えたのである。

・幻身を観想する資格——秘密灌頂

この幻身を観想する資格を得るのが、無上瑜伽タントラの灌頂の、秘密灌頂である。

『五次第』のチベット訳の混乱から、幻身の口訣を得るために必要な灌頂は第三の般若智灌頂ではないかとする説もあるが、ツォンカパは、「チャグ翻訳官訳〔の『五次第』の自加持次第の中〕に〝幻身の口訣を得るために、九つの〔瓶〕灌頂とともに秘密灌頂を得てから、〔金剛阿闍梨の〕讃嘆等をすべし〟と翻訳しているのが正しい」（『五次第を明らかにする灯明』Toh No. 5302 fol. 204A6〜B1）として、「秘密灌頂を得たなら、幻身の器として相応しいとナーローパが説いたことが、この文の〔正しい〕意味である」（同書 fol. 204B4〜5）としている。他にも「秘密灌頂を得て、幻身の器として相応しいものとなる」（『秘密真言道次第』Toh No. 5281 fol. 260B5）として、秘密灌頂が幻身の口訣を得るための資格であるとの認識を示している。

ツォンカパは次のようにも述べている。

特にこの灌頂により幻身を示す様子は、（中略）『黒ヤマーリ〔タントラ〕』に「飲んだこの宝によって、金剛身をよく成就する」と、〔秘密灌頂の支具である〕〝秘密の物〟を与えた時に、〔阿闍梨が〕「秘密の物、菩提心によって金剛身を成就する」と述べてから、〔〝秘密の物〟を〕与えると説かれているが、『五次第』に〝金剛身と〔は、〕幻身の別名〟と説かれたゆえに、秘密の物を享受して、金剛身、もしくは幻身を示す仕方を説明しなくてはならない。（『灌頂意義真実妙明示』Toh No. 5287 fol. 53B1〜3）

秘密の物とは、阿闍梨のお加持物である。秘密灌頂でこれを与えられた弟子が、それを享受した際に、阿闍梨が幻身の口伝を示すのである。

(26)

幻身を起こす場所、内起と外起

幻身には、内起と外起の二つがあるとされている。これは、不浄の幻身を最初に起こす場所のことである。ギュメ寺第十一世管長タクポ・ナムカ・タク（十六世紀前半）の著した『秘密集会タントラ』の聖者流生起次第の注釈『タクポの生起次第』は、今現在、ギュメ寺の本堂で、歴代の管長により定期的に説法されている。彼の著した聖者流の究竟次第の注釈の中で以下のように〝外起〟を主張する。

その幻身を最初に成就する時、古い蘊（肉体）の外に成就するのであるけれども、〔成就した〕後は、留まる際には、鏡の中で影像を映すように　古い蘊（肉体）の内側に留まる場合と、古い蘊を捨てて、古い蘊（肉体）の外側に留まる場合の二つがある。（ギュメ全集第八巻『タクポの生起次第』kha fol. 40A1～2）

パンチェン・ロサン・チョゲンは、中央脈管の不滅の滴の内側か外側で、内起と外起を区別しているが、その典拠は、ツォンカパの『五次第を明らかにする灯明』の中の「定寂心の風《ルン》と心の二つのうちの根源的身体から幻身を成就する時に、粗大な〔物質的〕身体から別に分かれて身体の外側か、あるいは内側のいずれか望む方に行くという意味である。」（『五次第を明らかにする灯明』Toh No. 5302 fol. 214A1～2）の文である。

この文意について、パンチェン・ロサン・チョゲンは、「瑜伽行者の随意によって、中央脈管の中心の〔不滅の〕滴の内か外、いずれか〔望む〕その場所に起こす。」（『五次第の心髄』Ota No. 10370 fol. 57B2）として、内起・外起とは、中央脈管の中心の不滅の滴の内か外をさすとしている。そしてその根拠として次のように述べている。

〔ツォンカパの〕『五次第を明らかにする灯明』で「定寂心の風《ルン》と心の二つのうちの根源的身体から幻身を成就する時に、粗大な〔物質的〕身体から別に分かれて身体の外側か、あるいは内側のいずれか望む方に行くという意味である。」と、究極の定寂心の風《ルン》と心が、幻身を起こす直前に、粗大な身体の外か内かいずこか、幻身を起こしたいと思うその場所に行くと説かれたことは、変えることの出来ない真実であるゆえである。幻身

を成就する時とは幻身を成就した時ではあってはならないからである。〔同書 fol. 58B3〜5〕

つまり、幻身を成就する時とは、成就する前なので、その質料因と補助縁である究極の定寂心の風《ルン》と心は、不滅の滴の中にまだ存在する。その場合の内と外とは、不滅の滴の内と外であるとの解釈である。したがって、中央脈管の内側が〝内起〟、外が〝外起〟とする。ゲルク派でも意見が分かれるようである。

(27) **幻身成就のタイミング**

幻身成就のタイミングについて、ツォンカパの『秘密真言道次第』と『灌頂意義真実妙明示』と『安立次第注釈』には、「かつての賢者方の御主張に照らして」光明から逆行して、三空もしくは三智、即ち、近得・増輝・顕明の現れた後、幻身が成就するととれるような記述が見られる。つまり、禅定で光明体験をしたのち、光明から起きる際に、注(8)で述べた兆しが逆行して、光明→近得→増輝→顕明となるが、この顕明が心に現れた時、幻身を成就するという意味である。以下具体的に見てみよう。

・『秘密真言道次第』

幻身は三空の最後、逆行して現れる〔近得・増輝・顕明の〕三心、風《ルン》と伴う心のみから自身が金剛薩埵として現れる身体であって〔後略〕〔Toh No. 5281 fol. 383B5〕

・『灌頂意義真実妙明示』

〔前略〕三歓喜もしくは三空の智慧を生起した最後に、逆行となった、風《ルン》と伴う三智〔近得・増輝・顕明〕から、今、〔観想している〕尊身が、虹や幻のごとく現れているように、幻身を成就するものとなると説かれた。

〔Toh No. 5287 fol. 54A1〜2〕

・『安立次第註釈』

光明より起きて三智より相好で飾られた身体を生じると説かれたゆえである。〔Toh No. 5290 fol. 28A5〕

これら三つの典籍では、確かに三智を生起した後、即ち、光明から逆行して、近得・増輝・顕明が顕現した後に、幻身が出現するように読める。

これに対して「自派（ゲルク派）の御主張は『五次第を明らかにする灯明』においては、基（輪廻の状態）の場合に、死の光明の断滅と、中有《ちゅうう》が成立するのとが同時であるように、修道時においても、光明の断滅と幻身を成就したのと同時でなくてはならないので、〔光明から〕逆行した場合の〝近得〟と同時に幻身が成就すると教示されたのである。」（本文 p. 141）とある。つまり、光明体験の後、注(8)の兆しが逆行する際に、最初に近得が現れるが、これと同時に幻身を成就するという意味である。

実際に『五次第を明らかにする灯明』を見てみよう。

これ（幻身出現のタイミング）について、〔ナーガールジュナ・アーリヤデーヴァ〕父子の後に続く『五次第』等の注釈者は、そのようなことを確定していないようである。ジェ・ゴー〔翻訳官〕が、先に説かれた〔『行合集灯』や五次第の第二次第、『心清浄次第』の中で、光明からの〕逆行の諸々の空（三空）の説明に沿って、光明から逆行して現れる風《ルン》を伴った三顕現（近得・増輝・顕明）から双入の身体が成就すると述べたことや、ラクシュミーが逆行して現れる空（顕明）から、幻身を成就する様子を説明したように、私も他の典籍（『秘密真言道次第』『灌頂意義真実妙明示』『安立次第註釈』）でその様子を披露した。

しかしながら、この難解な要点を慎重に確定させるならば、『五次第』に「自性を伴うそれぞれの光たる風《ルン》を伴う意識の　自加持次第をもってまた　有情利益も幾度もなす　あたかも清浄な河から　魚たちが速やかに跳び上がる　そのように一切空から　幻化の網を出生すると説く」と、この身体（幻身）も風《ルン》と心のみから、自加持次第により出生することと、清浄な河と等しい光明から　魚が忽然と跳び出すように、清浄な幻身を出生すると説明した譬えと〔その譬えのさし示す〕意味は、光明から〔三空等の〕間を挟まずに〔直接〕出生することだ〔と考える〕ことが適切である。『行合集灯』に〝眠りからすぐに目覚める〟という譬えが説かれている眠りとは、光明の譬えであり、目覚めることは、それ（光明）から双入の身体（清浄な幻身）を出生することの譬えである。そこにおいて〔眠りと目覚めの間に、他に何か〕間を挟まないことが適切である。〔『行合集灯』に〕「四空が一つになった」〔とある〕ことも、〔顕明、次に増輝、そして近得と順に光明へと進む〕順行の際には、前者が後者にしみ込んで、最後に光明へと一つになるという意味においては適切だが、〔光明から近得、次に増輝、そして顕明へと進む〕逆行では〔「四空が一つになった」という表現は〕当てはまらない。また、〔光明からの幻身の出現は、〕浄化対象の次第（凡夫が輪廻する過程）で死の光明の直後、近得に進むと同時に中有が成就することと〔も〕、とても相通ずる。ゆえに、第四次第の光明から起きるや否や、双入の身体は確かに出来上がるけれども、〔そのことと〕光明から近得等が先のように生じることはまた〔何ら〕矛盾しないのである。それゆえ、双入〔の身体〕が成就する場合に、〔光明から〕逆行して〔近得・増輝・顕明へと進む〕三空が生じると説かれているけれども、〔それは〕それから〔幻〕身を成就するために説かれたのではない。（『五次第を明らかにする灯明』Toh No. 5302 fols. 271B4～272A4）

長い引用になったが、ツォンカパは、幻身を光明から成就するタイミングについて、ゴー翻訳官やラクシュミーが主張したように、光明から三智を挟んで、即ち、近得・増輝・顕明へと逆行して、その後、幻身を成就すると、まず主張した。『秘密真言道次第』『灌頂意義真実妙明示』『安立次第註釈』等で披露したものである。

しかし、この難解な問題を慎重に検討した結果、『五次第』を見ると、河から魚が跳び出すという譬えで、光明は河、魚は幻身をさすゆえに、光明から直接、幻身が成就すると解釈出来ること。また『行合集灯』に眠りからすぐに目覚めることの譬えは、眠りが光明、目覚めが幻身と解釈し、光明から間に何も挟まずにじかに幻身が成就することを示唆していること。そして、それは輪廻において、死の光明から間に何も挟まずに、直接、中有の身体を出現させることと相通ずるとツォンカパは考えた。そしてまた、光明から直接幻身を出生することと、光明から近得、次に増輝、そして顕明へ逆行して三智が生じることとは、何ら矛盾しないゆえに、幻身は、光明から逆行して近得に進むと同時に成就すると『五次第を明らかにする灯明』で結論づけたのである。

○幻身の語義釈

〝幻身〟の語義釈があって、〔それは〕幻など十二の譬え[28]で象徴される、非常に微細な風《ルン》と心だけ〔で出来た〕尊の御身体、あるいは身体であるからそのように言われるのである。

それは煩悩障で不浄のゆえに不浄の幻身といい、また有漏の智慧の御身体ともいう。

幻身を成就する方法を〔頭で〕理解するだけでも計り知れない功徳があると説かれている。[29]『智金剛集』によれば「大楽の三摩地のみを強く希求するだけでも、新発意の境地に住するものとなって、不退位を学ぶものとなる」（Toh No. 447 fol. 283B2～3）と述べ、幻身を〔頭で〕理解して強く希求するだけでも、新発意の境地、即ち生起次第を成満したことと等しく、その道において族を決《けっ》定《じょう》する境地を学んだような利益を生ずると説かれている。ここでの「大楽の三摩地」とは幻身の〔別〕名を述べたのである。

注

(28)　幻身を示す十二の譬え

『智金剛集タントラ』には、幻身を示す十二の譬えが説かれている。十二とは、幻・水月・影・陽炎・夢・こだま・乾闥婆《けんだつば》の城・魔術・虹・稲妻・水泡・鏡の影像である。

この十二の譬えについて、ツォンカパは『五次第を明らかにする灯明』で説明している。その中には簡単な説明しかないものもある。それを補う説明をと考え、多種の典籍を当たってみたが、ほとんどの注釈では、〝『五次第を明らかにする灯明』を参照せよ〟とするばかりで、十二の譬えの説明そのものに言及しているものは極めて少ない。

実際、宗祖ツォンカパが説いたものに、別の解釈を施したりすることに抵抗感があったためであろう。寡聞にして私の知る限り、ダライ・ラマ七世ケルサン・ギャムツォの『灌頂意義真実再明示』と十九世紀のゲルク派を代表するアムドのラマ、シェーラプ・ギャムツォの『五次第の赤註覚書』のみである。

そこで、ここではツォンカパの説明、及びそれを補うかたちで、ケルサン・ギャムツォ、シェーラプ・ギャムツォの注釈を参考にしながら、十二の譬えのそれぞれの意味を考えることで、幻身の特質を考えてみたい。

①　幻

業や煩悩によるもの〔輪廻転生の結果、引き受けざるを得なかった肉体〕とは異なり、風《ルン》と心だけ〔を原因として〕持金剛のお姿を生起する際、手足や身体の部分すべてが揃ってはいるけれども、風《ルン》と心より他の何物でもないがゆえに、幻のごとくである。

②　水月

あたかも水たまりや池がいくつあろうと、必ず月がそこに映し出される水月のごとく、幻身たった一つで、救済すべき衆生に合わせて、多くの変化身に分かれ得る。

③　影

肉や骨等がなく、火器等で焼いたり、壊したり出来ないゆえに、影のごとし。

④　陽炎

ツォンカパは「瞬時に動くから陽炎」としている。ガンワン先生は〝瞬間瞬間に微妙に揺れていること〟とおっしゃっていた。

これに対して、シェーラプ・ギャムツォは、次のように述べている。

〔第三次第の幻身は、譬えの光明の禅定から起きる際に、光明からの〕逆行における近得と同時に〔突然〕

生起してから、再び〔第四次第の勝義の〕光明を実現する際に、あたかも雲が雲散するように消えていくのは、陽炎のごとし」（ギュメ全集第三巻『五次第の赤註覚書』fol. 35B1～2）

ちなみに、セラ寺チェ学堂のロサン・デレ管長に、ギュメ寺第十一世管長タクポ・ナムカ・タクの秘密集会の究竟次第の注釈を伝授していただいた際、その典籍では幻身を示す十二の譬えの名称のみが言及されていたが、陽炎の譬えについて、ロサン・デレ管長は、シェーラプ・ギャムツォの注釈に沿って説明されていた。シェーラプ・ギャムツォの説明が、ツォンカパのものと全く異なっているのはこの項目だけであったので、あえて詳しく言及した。

⑤　夢

夢とは夢に現れる姿を言うのではない。夢とは、〝夢の身体〟を言う。夢の身体とは、睡眠中に体外離脱して外に出ていく特殊な体験をさす。『源氏物語』第九帖の「葵」には、六条御息所が生霊となって、光源氏の正妻に仇をなす場面があるが、私には夢の身体は、そのイメージである。

死に際しては、元の肉体と、心と風《ルン》で出来た中有の身体は、業による関係性が途切れているため、元の肉体に戻ることはないが、心と風《ルン》で出来た夢の身体は、寝ている肉体から離れても、元の肉体との関係性が切れていないため、元の身体に戻らなくてはいけない。幻身も第三次第の幻身の段階では必ず元の身体に戻らねばならず、そのことを指して、「夢の身体」と喩えたのである。

ツォンカパは次のように述べている。

（前略）受用身には、骨肉等はないけれども、有情がまみえることが出来るように、粗大な界の身体（肉体）に入って、変化身によって有情利益をなさるそのような要領で、睡眠時に他の場所に赴いた夢の身体と、〔それが〕目覚めが近づけば元の身体に入ることとを知るべきと〔『行合集灯』に〕示したのである。（中略）

それゆえ、幻身に先行する三空は、夢に先行する睡眠の三空が象徴し、幻身そのものは、夢の身体が象徴し、また、夢の後〔目覚めが近づけば、元の身体に入ること〕は、幻身が変化身を取ることを象徴するがゆえに、十二の譬えのなかでも、夢の譬えは幻身を象徴することに関して比類なきものであるとアーリヤデーヴァの教誡から知りなさい。他の譬えにおいては、譬えと実際の対象との共通点を合わせて、幻身〔の構造がいかなるものかの〕確信を生ぜしめる頭の理解を得るだけであって、それ以外にその譬え自体が、象徴すべき対象である幻身を、実践道の本質に生起しうるものではないけれども、夢〔の身体〕にはそれがあるので、〔夢の譬えは、譬えの中で〕最高のものとなったのである。（『五次第を明らかにする灯明』Toh No. 5302 fols. 227B3～228A3）

このように、「受用身には、骨肉等はないけれども、有情がまみえることが出来るように、粗大な界の身体（肉体）に入って、変化身によって有情利益をなさるそのような要領で、睡眠時に他の場所に赴いた夢の身体は、目覚めが近づけば元の身体に入ると知るべき」として、清らかな風《ルン》と智慧で出来た仏の受用身は、骨肉はないゆえに、一般の有情と遇いまみえるために、変化身の姿を取るように、睡眠時に、身体を離れた夢の身体が、目覚めが近づくと、元の肉体に戻ることとは、構造が同じであるとする。

ツォンカパは、「夢が生じるだけではなくて、特殊な夢の身体が存在し、それが幻身次第で、これを夢の受用身ともいうのである。これ（夢の身体）によって、第三次第〔の幻身〕と第五次第の幻身も象徴し得るのである。そして〔体外離脱した特殊な夢の身体が元の身体に戻ると目覚める〕目覚めの変化身であるが、これもまた単なる眠りからの目覚めではない、特殊な目覚め方が存在するのである。」（同書 fols. 64B6～65A1）としている。

夢の身体以外の「他の譬えにおいては、譬えと実際の対象との共通点を合わせて幻身〔の構造がいかなるものかの〕確信を生ぜしめる頭の理解を得るだけ」だが、夢の身体と幻身とは、構造上類似しているため、単にその譬えで、頭で幻身の構造を理解するのみにとどまらず、夢の身体を体験することで、体験的に幻身の構造を理解し得るとするのである。このような点から、夢の身体が幻身を理解するためには最も実践的で、幻身を示す最高の譬えであると位置づけている。

さて、先の引用でアーリヤデーヴァの名前が出てきたので、これについて補足しよう。ツォンカパは、幻身の典拠について次のように述べている。

> 「幻身はラマの口訣だけから知らなくてはならない」という際の口訣の究極のものは『五次第』と『行合集灯』の二つである。さらにまた『五次第』で不明瞭〔な箇所〕は、『行合集灯』に明瞭に示しているから、『行合集灯』から理解しなくてはならない。（中略）主要な意味はそれら（『五次第』と『行合集灯』）から理解できるのであって、〔二つの〕典籍によって示されただけの意味をよく理解すれば、口訣の重要な要点などを錯誤することはない。しかしその努力を長くなさずに、他の瑣末な口訣に努力するならば、「ラマの口訣より知らねばならない」と述べられた口訣の要点の、ほんの一面を見ても〔理解するには〕至らないと思えるのである。（同書 fol. 207A5～B2）

ツォンカパはこのように、自身の幻身説の典拠をほぼ『五次第』と『行合集灯』の二つに断定し、特に「さらにまた『五次第』で不明瞭〔な箇所〕は、『行合集灯』に明瞭に示しているから、『行合集灯』から理解しなくてはならない」とし、『行合集灯』を自説の最大の典拠としていることが分かるのである。

それはさておき、この項目について、ケルサン・ギャムツォは、「風《ルン》と心のみから出来た身体であるゆえに、夢でこんなことをするとか、こんなことをしたと思う際に、我執の意識が自然に生じる時の命名処の、夢の身体のごとし」（『灌頂意義真実再明示』Toh No. 5826）としている。ここでの意味は、夢の中で「私がするとか、した」と思う自我意識が自然に生じる基になる、夢の中の自分の身体と考えればよいだろうか。ケルサン・ギャムツォは、特に夢の身体の譬えを特殊なものとはしておらず、この場合は、普通に夢に出てくる自分の身体と考えてよいだろう。

⑥　こだま

幻身は、元の肉体と同一人物であるが、元の肉体と幻身の二つの身体があるため、あたかも二人のように見えるがゆえに、こだまのごとくである。

⑦　乾闥婆の城

乾闥婆とは、サンスクリット語のガンダルヴァの音写で、インドの神話上の妖精をさす。この妖精は、神々の飲料であるソーマを守護するものとされた。香りを食物とするため、食香と漢訳されている。チベットでは、水を器に入れれば、乾闥婆が瞬時にその上に、城（住居）を作ると信じられているため、寺でも仏の供養の際の閼《あ》伽《か》水《すい》（供え水）は、乾闥婆の城が出来て不浄にならないように、魔を祓う真言で加持をする習慣がある。幻身を成就する際には、同時に住処である曼荼羅も成就する。このことを乾闥婆の城のごとしと喩えたのである。

⑧　魔術

秘密集会の曼荼羅は、三十二尊の仏からなっている。幻身を成就すると、一度に三十二尊を同時に成就するので、一人でありながら三十二の身体を持ち、また三十二尊は瞬時に一尊となることが出来る。このことを魔術のごとしと喩えた。

⑨　虹

幻身は、身体の色は五色で、無碍《むげ》であってしかも混ざり合うことがない。この状態をさして虹のごとくであるとした。

⑩　稲妻

幻身は、元の肉体の内で成就するのと、外に飛び出すのが同時であることから、雲の中で出来ると同時に外に発光する稲妻のごとくである。

⑪　水泡
空なる本性から忽然と現れるのは、とても澄んだ水の中から水泡が浮き出すごとくである。

⑫　鏡の影像
この譬えを巡って、ツォンカパは、幻身を単に鏡に映った影像と捉えることを強く戒めている。これは、当時、『秘密集会タントラ』の正式な継承者とされるプトンでさえも、次のような行法を継承し実践していたことによる。

その行法とは、①汚れていない鏡に自分を映し、右から称賛の言葉が掛かり、左から誹謗の言葉が掛かっていると思う。②心に喜びや怒りが起こってきたら、認識対象の鏡の影像には実体がないから、認識主体の意識が誤っていると考え、心を平静な状態にしていく。③最後にその影像が自分にしみ込み、自身も影像のごとく実体がないと信解する。④次に金剛薩埵の姿を鏡に映し、それが自身にしみ込んだと観想し、先と同じ観想をして、心を平静にしていく訓練をする。

これについて、ツォンカパは、「鏡の影像を見ながら観想する〔自身と金剛薩埵の〕二種の成就法のごときものなら、それを成就するのに、〔わざわざ〕生起次第と〔定寂身・定寂語・定寂心の〕三定寂を成満しておく必要はない。」（『五次第を明らかにする灯明』Toh No. 5302 fol. 247B3）として、鏡の影像の意味を取り違えた実践で、「『五次第』の釈など聖者流のインドのいずれの典籍にもそのようには説明がされていないのである。」（『五次第一座円満赤註』Toh No. 5314 fol. 39B2～3）とし、「十二の譬えのうち、『五次第』に説かれた〔影像・虹・水月の〕三つのうちの影像〔の譬え〕は、持金剛の姿を描いた影像〔の譬え〕であって、普通の影像ではない。即ち、身体の部分が一度に完成する譬えである。」（『五次第を明らかにする灯明』Toh No. 5302 fol. 222A1）としている。つまり、この鏡の影像の譬えの意味は、鏡に身体を映し出す時に、身体のどの部分も一瞬に現れるように、幻身も、身体の部分が順にできあがっていくのではなく、瞬時に身体全体が成就する譬えであるとするのである。

(29) **幻身を考えるだけで功徳があること**

『吉祥秘密集会釈タントラ智金剛集のティカ』の「大楽幻身を信解しただけの功徳」の項目で、ツォンカパは以下のように述べている。

この〔『秘密集会タントラ』の〕道は他〔の次第〕が揃っていなくても、幻身、〔即ち〕大楽の三摩地のみ、これただ一つだけ、それを実現しなくても、よく知って強く信解するだけでも、初心の行者の地たる生起次第を成満した状態に留まることと等しい功徳を得るものとなる。そして、それだけでなく、この乗に不退転、即ち種姓を決定する境地を学んでいることとなるのである。（Toh No. 5286 fol. 31B3～5）

幻身に関しては、その構造を頭で理解するだけで、生起次第を成満した功徳ありとするのである。

パンチェン・ロサン・チョゲンは、さらに分かり易く、「それ（幻身）を実現しなくとも、幻身の条件をよく知って信解するだけでも、粗大と微細の生起次第を成満した功徳がある。」（『五次第の心髄』Ota No. 10370 fol. 58A6～B2）としている。

ちなみに先にヤンチェン・ガロが述べたように、粗大と微細の生起次第を成満するとは、「粗大な所依と能依の曼荼羅を明瞭に観想しようとする時、その微細・粗大の部分すべてを混同せずに一瞬に実に鮮明に現れて、〔心が〕うつろいや散漫から離れて一日の六分の一（四時間）持続できるようになれば、〝粗大な生起次第の堅固〟を得たのである。そのように何か月何年であっても欲するだけできるようになれば、粗大な生起次第を成満した目安である。」とするが、これと同様の功徳があるとするのである。

・**幻身が功徳ある根拠**

さて、幻身理解にそのような功徳がある理由に関連して思い出されるのが、ツォンカパの次のセンテンスである。

楽空融合の道が迅速で最高に優れたものとして成立する理由は、それ（楽空融合の道）によって、無数の、異なる様々な種類の福徳資糧の代替と認められる、仏陀の色身を成就する不共の因を成就することを知ることによるのであって、それはまた幻身より他にはないゆえである。（『五次第を明らかにする灯明』Toh No. 5302 fol. 179A5～B1）

少し説明すると、まず、仏陀の色身を成就する因とは、波羅蜜乗では『現観荘厳論』の第八品にあるように、輪廻を膨大な回数、繰り返す中で、師匠を送迎したり、布施をする等のことにより積集された「無数の、異なる様々な種類の福徳資糧」である。

つまり仏の色身は、波羅蜜乗では三阿僧祇劫かかって、膨大な福徳資糧を積集して初めて成就するが、幻身はこのような無量の福徳資糧すべての代替である「仏陀の色身を成就する不共の因」とする。つまり、「無量の福徳資糧の代替である幻身」（同書 fol. 269A3）なのである。

一般に空性は、煩悩障・所知障を断滅するものであり、『般若心経』の読誦など空性を唱えることは勿論、空に関して疑いを持つだけで計り知れない功徳があると、チベットではよく言われることだが、ここでは、幻身は三阿僧祇劫かかる福徳資糧の代替となるため、その構造を理解するだけで、特別な功徳があるとしたのであろう。

さて、ガンワン・パルデンは、『大秘密四タントラ概論』（fol. 32A2～B4）で、幻身の構造を理解する功徳を説く際に、先の『吉祥秘密集会釈タントラ智金剛集のティカ』の文以外に、ツォンカパの『口訣の究極自加持』も引用している。以下の文である。

イメージする仕方の話だけでも得難いこの〔幻身の〕内容は、幻身を成就せずとも、この口訣を誤らずに得ることが出来たなら、今から〔徐々に〕習熟し、いつか、幻身・虹身・金剛薩埵の位を成就する特別な習気《じっけ》を置くと思えるゆえに、とても稀有なるものである。（Toh No. 5292 C fol. 6B2～3）

このように、幻身の構造を正しく理解することは、それが因となり、やがて異熟して幻身獲得に繋がる特別な習気を置く功徳があるとしている。

○勝義の光明について

【1・2・2・4・4】幻身から勝義の光明への移行方法

第四は、幻身から勝義の光明への移行方法である。不浄の幻身を成就した彼の者は、三行のいずれかを六か月間等行ずる[10B]ことで、勝義の光明を得るのに近づいた兆しが生じたら、〔羯磨・智〕印と等引しながら、二禅定の斂観をたびたび観想すると、そのことで顕明・増輝・近得を伴って光明が顕現する。その際、光明、即ち倶生の楽が空性を直観的に了悟するならば、第四次第の勝義の光明を実現したのである。

その際に、不浄の幻身が消滅すること、すべての煩悩障の直接の対治である見道の無間道を得たこと、無上瑜伽密教の第一地を得たこと、聖者となったこと等が同時〔に起こるの〕である。

そしてまた第四次第のこの勝義の光明は、外界の空を染める過失、即ち月光・日光・黄昏の暗闇の三者と離れた黎明の時に会得する。この点から〝外の現等覚〟といい、内の心を汚す真っ白・真っ赤・漆黒の三つの過失（顕明・増輝・近得）を超越した時に〔勝義の光明を〕実現した点から〝内の現等覚〟とするのである。

したがって第四次第の勝義の光明であるならば、〝内外の現等覚〟の両方であることを遍充するのである。また『五次第を明らかにする灯明』には、「譬えの光明の時に、その意識上には清明な虚空のごとき顕現が現れる。しかし勝義の光明の時には、非常に微細なレベルの〔主観と客観の〕二元的顕現をも覆して、戯論《けろん》（概念化作用）の汚れがないことを虚空で譬えたのであって、〔意識上に顕現するヴィジョンが、〕そのようなもの（虚空のようなもの）を現すのではないのである。[11A]」（Toh No. 5302 fol. 263A2～3）と説かれている。

一般に光明を言語学的表現上の観点から類別すると、認識対象の光明と、認識主体の光明の二つがある。前者と空性は同義である。後者では、空性を共相（イメージ）の方法で理解する光明を〝譬えの光明〟といい、それ（空性）を直観的に理解する光明を〝勝義の光明〟というのである。譬えの光明には多くのものがある。三定寂（身・語・心）と、第三次第の幻身者の〔体験する〕譬えの光明などが存在するのである。

勝義の光明には、煩悩障の直接の対治となったものと、煩悩障を捨てた後のもの、所知障の直接の対治となったもの、所知障を捨てた後の勝義の光明などが存在するのである。そのような譬えと勝義の光明を楽空無別の智慧ともいうのである。それはまた譬えの光明の時には空性を共相（イメージ）の方法で理解するので、微細なレベルの（主観と客観の）二元的顕現を転倒しないのである。それゆえ楽空が一味に融合すると思い込む以外に〔実際は融合し〕ないのである。勝義の倶生〔の大楽〕は、空性を直観的に理解するので、微細なレベルの（主観と客観の）二元的顕現を浄化して、楽空が一味に融合することが完全に存在するのである。

⑶ 注

不浄の幻身消滅の理由について

ガンワン・パルデンは次のように述べている。

勝義の光明を生起した際に、不浄の幻身が消滅してしまう理由はなぜかといえば、ケートゥプ・ジェの『御言葉の覚書』（Toh No. 5482）に「勝義の光明がはじめに顕現した時、譬えの光明の智慧の乗物となるその風《ルン》がさらに微細化していったことで、不浄の幻身の姿も光明に収斂され、消えていくものとなる」と説かれているけれども、究極の定寂心の譬えの光明と勝義の光明の両方とも根源的な心であることと、その二つの乗物の両方とも根源的な風《ルン》であることは共通するゆえに、微・粗のいかなる違いがあるのか、考察しなければならない。究極の定寂心の譬えの光明と勝義の光明の両方の根源的な心は、非常に微細な心であることは共通するけれども、分別〔智〕か無分別〔智〕かの違いはあるので、勝義の光明の際に、風《ルン》を伴う微・粗〔に関係なく〕すべての分別が消滅しなくてはいけないゆえに、分別の乗物となった風《ルン》が実際の質料因となった幻身も消滅しなくてはいけないのである。（『大秘密四タントラ概論』fol. 31A2～6）

ガンワン・パルデンは、究極の定寂心の譬えの光明と勝義の光明とは、どちらも非常に微細な根源的意識が認識主体となっているため、その点で、認識主体の側の意識レベルは同じで、微・粗の違いはないとして、ケートゥプ・ジェを批判している。ツォンカパは勝義の光明で、譬えの光明の意識がさらに微細化するとは述べておらず、ガンワン・パルデンの批判は適切と思われる。ケートゥプ・ジェが勘違いするほど、難解な箇所であるが、ガンワン・パルデンは、究極の定寂心の譬えの光明は分別智であるため、直観智である勝義の光明を実現した際に、分別智が消滅するのと同様に、譬えの光明という分別智とその乗物の風《ルン》が親因となって出来た不浄の幻身も消滅するのである。

・筆者の仮説

ガンワン・パルデンの説に異論はないが、筆者自身の仮説を述べて、ガンワン・パルデンの説を少し補足したい。先にヤンチェン・ガロが「煩悩障で不浄のゆえに不浄の幻身といい、また有漏の智慧の御身体ともいう」と述べていたが、「有漏の智慧の御身体」とはいかなる意味だろうか。

ここで中観帰謬論派独自の「有漏」と「無漏」の定義を知っておく必要がある。「有漏」と「無漏」の定義について、この派では煩悩がある状態を有漏、ない状態を無漏とする通常の説に依っていないのである。ツォンカパは『入中論広釈〝密意明解〟』の中で、この派独自の有漏・無漏の定義について次のように述べている。

無漏の智慧という〔場合の無漏の〕本性を、ある者は『倶舎論』に説かれているような〝煩悩を肥大させるのに不適当なもの〟を無漏と説く。〔しかしこれは〕この派（中観帰謬論派）の無漏をさす特別な意味を理解していないように思われる。自派では実有への執着という無明と、その習気のいずれかにより染汚されたものを有漏といい、その染汚と離れた智慧を無漏とするのである。『プラサンナパダー』に「無明の翳と離れた等の智慧は、無漏の対象の自性に依拠して、〔無漏と〕いうのではない。」と述べられているごとくである。

また、仏地に至るまでにおいては、無明の習気に染汚されていない智慧であれば、聖者方の〝等引時の、無分別智〟でないものはない（即ち必ず〝菩薩の等引時の無分別智〟であると言える。）。そしてそれはまた〔等引時と後得時との〕両方には成立しないものであって、等引の状態から起きたならば、〔意識は再び無明の〕習気で汚されたものとなるのである。（Toh No. 5408 fol. 19A1～4）

ツォンカパは、中観帰謬論派における有漏の定義は、「実有への執着という無明と、その習気のいずれかにより染汚されたものを有漏」、即ち、煩悩障・所知障のいずれかに染汚された智慧を有漏といい、その染汚と離れた智慧を無漏とするのである。

したがって、成仏するまでの間で、無漏の智慧は、空性を直観的に理解する聖者の等引智のみであるとしている。「無漏の対象の自性に依拠して、無漏というのではない」とあるように、対象が空性である空性理解の智慧であっても、空性を直観的に理解する聖者の等引智以外は有漏ということになる。つまり、究極の定寂心の譬えの光明も、分別智である限りは有漏である。その乗物である風《ルン》も有漏となる。したがって、それらを親因にして成立した不浄の幻身も有漏となるのである。第四次第の勝義の光明をツォンカパは「微細なレベルでの〔主観と客観の〕二つが〔対立して〕顕現することも浄化して、〔倶生の大楽〕智が真実性と、水に水を重ねたように、一味になる」（『五次第を明らかにする灯明』Toh No. 5302 fol. 268A4～5）としているが、これはまさに、聖者の等引智で無漏なる智慧といえる。

したがって、不浄な幻身は浄化されて消滅するのである。そして勝義の光明とその乗物の風《ルン》を親因として成立した清浄な幻身、無漏となったこの身体は、そのまま仏陀の色身として移行していくのである。

ちなみに、波羅蜜乗の第十地の最後有の菩薩に備わる相好が仏の色身の同類因とならない理由について、パンチェン・ロサン・チョゲンは次のように述べている。

波羅蜜乗の主張するような有学の究極の相好（第十地の最後有の菩薩に備わっている相好のこと）もまた、仏の色身へと途切れることなく連続する同類因の主となるものではない。（中略）波羅蜜乗の主張するようなそれ（菩薩の相好）は無明の習気の地と無漏の業によって受けた相好である。無明の習気の地とは「所知障」である。それによってできた体と、所知障の対治である「無間道」の二つを同一本性とするのは無理である。それゆえその〔波羅蜜乗の〕有学の究極の相好と、悟りへの最後の究極の光明が一つの基体（一人の相続の中）に聚《あつ》まっている〔としても〕、それが仏果の時の〔色身・法身の〕二身が本性無別と聚まった〔仏へと途切れることなく連続する〕同類因の主となるには適さないのである。」（『五次第の心髄』Ota No. 10370 fol. 16B1～4）

つまり、波羅蜜乗の第十地の最後有の菩薩の相好は所知障でできた身体である。したがって、所知障で出来た身体が、所知障を克服する実際の対治である、菩薩の心に実現される「無間道」と同一本性になることはない。また中観帰謬論派の定義では、所知障で出来た身体は有漏であり、所知障を克服する聖者の等引智は、先にも述べたように無漏であるゆえに、波羅蜜乗の第十地の菩薩の心身が同一本性とはなり得ず、心身が本性無別である双入に移行する同類因とはなりえないとするのである。

これについて、パンチェン・ロサン・チョゲンは「波羅蜜乗自体の道での有学の究極の相好は無明の習気の地に依って成就したのであるから、そのような体は〔第十地の〕最後の光明の時に浄化されていくのである。」（同書fol. 65B2～3）として、所知障で出来た波羅蜜乗の第十地の菩薩の相好は有漏であるため、所知障を滅する段階で浄化されてしまう、即ち流れを断たれてしまう旨を述べている。

○勝義の光明の語義釈

〝勝義の光明〟と名付けられたのには理由がある。それは、認識主体の倶生の大楽が認識対象の勝義諦の光明を[11B]現前したために、世俗の戯論（概念化作用）をすべて鎮める智慧であるから、そのように言われるのである。(31)

では波羅蜜乗と、下のタントラ（所作・行・瑜伽）の道で第十地の最後生に到るまで進んだ彼の者（波羅蜜乗等からの編入の菩薩）には、〔無上瑜伽〕密教の道のプラスアルファを加えなくてはならないならば、そのような菩薩は〔無上瑜伽〕密教の道の何処から入るのかといえば、生起次第と、第三次第の幻身以下から入るのではない。〔なぜなら〕他の道で三阿僧祇の資糧を円満したことで、第三次第の幻身までの次第の代替となるからである。

それゆえ勝義の光明の次第から入るのである。(32) そのような〔第十地の〕最後生の彼の者が不動の三摩地に入っている時、十方の諸仏の弾指の音で〔菩薩を禅定から〕起こして、「汝のその三摩地だけでは成仏できない。」と告げて、天女の〝最勝滴女《さいしょうてきにょ》〟を召して夜半時に第三灌頂を実際に灌頂し、顕明・増輝・近得を先行して、勝義の光明を生起しうる状態にしてから、その禅定より波羅蜜乗の菩薩の身体を起こして、黎明の時、光明と双入の口訣を与えて、第四灌頂の、〝言葉の灌頂〟をし、〔続けて〕黎明のその時に、勝義の光明を実現してから、[12A]有学の双入の御身体を起こされる。それから有学の双入に依って、黎明時の後半、夜明け直前に、無学の双入を実現するのである。(33)〔なぜなら〕『五次第を明らかにする灯明』に「夜半に、ラマが羯磨印による実際の灌頂を授けて、光明を生起出来るようにするのである。それから黎明時の光明の観想の仕方、それを受けて、双入を成就する方法の口訣を与える。それにより勝義の光明を得て、それを受けて双入を成就するのである。」（Toh No. 5302 fol. 247A2～3）と説かれているからである。

では、『行合集灯』に「夜半に光明を現前されて」と説かれたことは、理に適っていないのではないか、といえば、それは夜半に光明を生起出来るようにする意味であって、現前する意味ではない。それゆえ、夜半に勝義の光明から、有学の双入の身体を起こすと主張することも、理に適っていない。勝義の光明を初めて得るのは、黎明時でなくてはならないと『五次第を明らかにする灯明』に説かれているからである。また、有学・無学の双入を最初に獲得するのも、黎明時でなければならない。それは『決定の宝の芽』に「無学の双入も『五次第』と[12B]『行合集灯』と『解脱明点』には黎明時に会得すると説かれている。そしてこの時に会得するのは有学の双入もまた等しい」（Toh No. 5284 fol. 126B2～3）と説かれているからである。

他にまた、夜半の勝義の光明から有学の双入の御身を起こさずに、等引（禅定）のままで無学の双入を実現したと主張することは理に適っていない。光明と双入の口訣を与えられずに、無学の双入を実現することはないからである。もし夜半の光明より先に〔口訣を〕与えたのであるというならば、光明と双入の口訣を与えるのは、黎明時であると説かれていることと矛盾し、灌頂で器として適したものとなる前に、そのような口伝を与えることは理に適っていないからである。

そのような〔夜半の勝義の光明から有学の双入の御身を起こさずに、等引（禅定）のままで無学の双入を実現するとするなら、その〕無学の双入〔の身体〕は有学最後の勝義の光明の風《ルン》が揺れて起こしたものか、あるいは揺れずに起こしたものなのか。前者のようであるならば、有学最後の勝義の光明の風《ルン》は揺れないと述べたことと矛盾するのである。後者のようであるならば、有学最後の勝義の光明の風《ルン》がわずかも揺れずに、同類の流れが前にはない無学の双入の御身を新しく水面から魚が跳ね上がる恰好で起こす方法をどのようにするのか。それを起こすことができるのであれば、第四次第の勝義の光明からも、風《ルン》を揺らさずに有学の双入を起こすことがあることになってしまうという意見に反論できなくなるのである。(34)

『五次第を明らかにする灯明』にも「勝義の光明で浄化された風《ルン》と心だけから幻身を成就するまで無学の色身を得ることはないと示したので」〔13A〕(Toh No. 5302 fol. 258A6～B1)とある。また「第三次第の幻身以下を先に生起せずに後の二次第(光明と双入)から生起する彼の者〔波羅蜜乗等から編入の菩薩方〕は、特例として知られるべきものであるから」(同書 fol. 258B3)とあり、そのような菩薩が、光明と双入の後半の二次第を生起してから成仏しなくてはならないと説かれているからである。

それでは『五次第を明らかにする灯明』自体に「勝義の光明たる倶生の智慧と、その乗物である風《ルン》のみから無学の双入たる極めて清浄な幻身を成就するのである。」(同書 fol. 258A3～4)と説かれていることが理に適っていないことになってしまうかといえば、それは勝義の光明の風《ルン》と心だけから有学の双入の身体を成就する、その同類の流れから、無学の双入の一翼である清浄な幻身を成就するという意味である。

ある者曰く、「波羅蜜乗と下のタントラの道を最後まで進んだ菩薩が〔無上瑜伽〕密教の道に入る時、勝義の光明から入ることになるのか。〔なぜなら〕彼の者は勝義の光明の次第から入道するから」というならば遍充しない。即ち、そのような菩薩に第三灌頂を与える場合の顕明、増輝、近得の三つを先行させて、勝義の光明を生起させうる〔状態の〕楽空の智慧が[13B]〔無上瑜伽〕密教の道であるからである。

次に成仏を目指す者はどうしても無上瑜伽密教道に入道しなくてはならない理由は、顕明、増輝、近得の三者の〔主観と客観の〕二元的顕現を錯誤する習気《じっけ》を永久に断ずるまで成仏できないのである。〔顕明、増輝、近得三者の主観と客観の二元的顕現を〕錯誤する習気が、再び生じない方法で浄化するためには、倶生の大楽が真実性の意味を直観的に理解してから修習しなければならず、それを理解するには無上瑜伽真言乗以外に他にはないのであるからだ。

そのような楽空となる勝義の光明を実現して修習し終わるまで、所知障を完全に捨て得ないから法身を得ず、勝義の光明で浄化された清浄な風《ルン》と心から幻身を成就するまで色身を得ないのである。それゆえ楽空の合一と幻身の成就は、法身・色身の二身の、特別な同類因であり、無上〔瑜伽〕密教の究極の真髄である。

(31) **注**

勝義の光明の功徳

パンチェン・ロサン・チョゲンは、次のように述べている。

第四次第の勝義の光明で、所知障を捨てる力を持つ者となるためには、幻身が先行しなければならない。なぜなら、第三次第の幻身は、他の乗の三阿僧祇劫の福徳〔資糧〕の代替となることを前提にして、そのような幻身者は、〔法身・受用身の〕二身の同類因を同時に、本性無別に成就し得るゆえである。（中略）波羅蜜乗では、第八地の境地に至っても、勝者方が等引から起こして、福徳資糧を積むよう促さなければならない。〔けれども〕幻身を獲得したら、〔光明の〕等引に専念するだけで事足りるのであって、〔等引の定から出て〕後得において、福徳資糧を積むことには依らないでよいゆえである。（『五次第の心髄』Ota No. 10370 fols. 62B6～63A3）

つまり、幻身を獲得したら、幻身は波羅蜜乗の菩薩が積む三阿僧祇劫の福徳資糧の代替となるため、存在自体が三阿僧祇劫の福徳資糧と言える。この幻身を獲得した状態で光明を観想するなら、禅定を解くことなく、福徳資糧と智慧資糧の双方を積めるとする。これが光明の功徳である。

また、次のように述べている。

〔法身・受用身の〕二身の同類因を〔光明の〕等引に専念して成就することで、微細な所知障を捨て去ることも極めて迅速に〔達成する〕のであるゆえに。（同書 fol. 63B4）

ここでは、法身・受用身の二身の同類因を、光明の等引に専念して成就するため、微細な所知障を捨て去ることも極めて迅速であると述べている。

・微細な所知障とは何か

ここで、迅速に捨て去られるとする微細な所知障について考えてみよう。

中観帰謬論派では、所知障とは、自性によって成立しているように見えること、即ち、主観と客観が対立して自性によって成立しているように二元的に現れることである。

顕明・増輝・近得は、それぞれ、秋の空の様々な光景の比喩を以って表現されるが、これは当然、二元的に対立した知と言える。つまり所知障に染汚された意識である。これらは通常の意識より微細なものである。そのため、波羅蜜乗の聖者がいくら空性を通達しても、その智慧は通常の粗大な意識レベルであるため、それより微細な三智、顕明・増輝・近得における主観と客観の二元的な対立、所知障には影響を及ぼせないとする。ツォンカパは次のように説明している。

〔前略〕波羅蜜乗と〔中略〕生起次第のみと、下の三タントラの道では〔顕明・増輝・近得の〕三顕現を浄化し得ないゆえに、無上正等覚を獲得できないと説かれた密意は、〔顕明・増輝・近得の〕三顕現の場合には、〔主観と客観が対立して自性によって成立しているように〕二元的に現れるという錯誤があって、その二元的に現れるという錯誤の習気を余すことなく浄化することは〔波羅蜜乗や下の三タントラの道等では〕絶対にありえないのである。それゆえ、それ〔主観と客観が対立して自性によって成立しているように二元的に現れるという錯誤〕を完全に覆す方法で浄化するには、倶生の楽が真実性の意味を理解して観想〔勝義の光明のこと〕しなければならず、それはまた無上〔瑜伽タントラ〕乗より他にはないという意味である。（『五次第を明らかにする灯明』Toh No. 5302 fol. 256A3～5）

顕明・増輝・近得がどのようなヴィジョンであるかは、注(8)で説明した。また、注(20)で、それらが修道時は、空性と結び付く楽空無別の智慧として、空性を理解する智慧となることを述べた。しかし、空性を直観的に理解する智慧となっていない以上、主観と客観の対立は克服されていない。本文にある「二元的に現れるという錯誤があって、その二元的に現れるという錯誤の習気」について、ツォンカパは「二元的に現れるという錯誤の習気の所知障」（同書 fol. 279A4）と述べており、この顕明・増輝・近得に存在する主観と客観が対立的に現れる二元的現れを、所知障と認識していたことが分かるのである。そして、それを「完全に覆す方法で浄化するには、倶生の楽が真実性の意味（空性）を理解して観想」しなければならないとする。パンチェン・ロサン・チョゲンは、「波羅蜜乗自体の道の、空性を直観的に理解する般若〔智〕だけでは、〔顕明・増輝・近得の〕三顕現の微細な二元的現れを浄化し得ないが、勝義の光明はそれらを浄化し得るゆえに」（『五次第の心髄』Ota No. 10370 fol. 65A5）と述べている。

(32)　**ゲルク派密教寺院での問答のテーマの代表作**

ギュメ寺などゲルク派の寺院で問答の対象となるのは、〝勝義の光明から入る〟のではなく、〝勝義の光明の次第から入る〟としていることである。

これは、色究竟天《しきくきょうてん》で、最勝滴女を召して、羯磨印として実際に灌頂した際、編入の菩薩が勝義の光明から入るとするならば、第四灌頂の双入の口伝を受けていないため、光明から起きる際に、双入の身体を起こすことが出来ないことになるからである。

そのため、般若智灌頂で、天女の〝最勝滴女〟を召して第三灌頂を実際に体験し、勝義の光明を生起しようと思えば生起し得る状態にしてから、その後、再び禅定を解き、第四灌頂である「言葉の灌頂」を受けて双入の口伝を授けられ、再び最勝滴女と抱擁して、禅定で勝義の光明を実現し、禅定から起きると同時に双入の身体（清浄な幻身）を成就するとするのである。

(33)　**釈尊の成仏**

いきなり光明に入らずに、般若智の灌頂で、顕明・増輝・近得まで生起し、勝義の光明をいつでも生じる状態にすることを〝勝義の光明の次第〟としたのである。

ナーガールジュナの『五次第』の第二次第心清浄次第の内容をもとに描かれている釈尊成仏のシーンである。

・成仏の菩提道場——色究竟天

場所に関して、ツォンカパは、『入中論広釈〝密意明解〟』で、「〝色究竟天のみ〟と説かれたゆえに、先に成仏することなく新たに成仏するのは、色究竟天の者でなくてはならないことを示すのである。先に成仏し終わって、新たに成仏する恰好を示すことを欲界で為されたとするのが、波羅蜜乗の派である。」（Toh No. 5408 fols. 249B5～250A1）として、波羅蜜乗の第十地の最後生の菩薩は、色究竟天で必ず成仏を遂げるとする。

では、色究竟天の成仏と、欲界である閻浮《えんぶ》洲のブッダガヤの菩提樹下の成仏の違いを、どう考えたらよいのだろうか。ツォンカパは次のように述べている。

　波羅蜜乗の道の最後に初めて、色究竟天で受用身を拠り所として成仏する最後有と、また〔ブッダガヤの菩提樹下等の〕欲界での変化身での成仏の最後有の双方の〔最後有の〕場合、〔前者の場合は〕先に述べたように〔一切如来に〕策励され、実際に〔色究竟天で〕成仏したのであって、〔後者の場合は初めて〕成仏するフリをしたのである。それゆえ後者は、先に成仏をしないで、新たに成仏したのではない（後略）（『五次第を明らかにする灯明』Toh No. 5302 fol. 257A3～4）

また他に次のようにも述べている。

　波羅蜜乗の大乗において、色界の色究竟天で先に成仏することなく、欲界で仏陀の御所作を示さないと説かれたのである。釈尊は〔ブッダガヤの菩提樹下の〕多劫の過去世に成仏したとも説かれた。

（同書　fol. 256B5～6）

したがって、波羅蜜乗では、色究竟天以外に成仏場所はないとするのである。

さて、『初会金剛頂経』、即ち『真実摂経』には、冒頭に、一切義成就菩薩を一切如来が驚覚させる有名な場面がある。堀内寛仁先生の『初会金剛頂経梵本・訳注――序分および五相成身観――』の本文(2)諸仏の驚覚の場面のサンスクリット文からの訳（『金剛頂経の研究』堀内寛仁論集上 pp. 242〜243）をもとに再現すると、次のようである。

その時実に一切如来たちは大集合の状体に集まって一切義成就・菩薩・大薩埵が菩提道場に坐っていた　その方角に赴いた。そしてその場所に近づきおわって、一切義成就菩薩のために　受用身をもって示現を与え、このように言った。

「善男子よ　どんな風な状体で　無上の正しい完全な悟り〔無上・正等覚〕を　汝は悟ろうとしているのかというのは、汝は　一切如来の真実を覚知せずして　一切の難行を　耐え忍んでいるからである。」と。

ツォンカパはこれについても場所を色究竟天に限定して次のように述べている。

『真実摂経』に〔一切〕義成就菩薩が菩提樹下に住していらっしゃったのに対し、諸々の如来が策励したという以外に〔場所が〕色究竟天なのか欲界なのか明瞭ではないが、『金剛頂〔タントラ〕』に「色究竟天の密厳」（Toh No. 480 fol. 146B3）であると説明されている〔ゆえに場所は色究竟天である〕。（『五次第を明らかにする灯明』Toh No. 5302 fol. 255A6〜B1）

つまり、波羅蜜乗で第十地の最後生に至った一切義成就菩薩は、色究竟天で不動三昧に入っている時、一切如来に策励され、密教の行へと進む。

また、『真実摂経』では、この後、一切如来により五相成身観を授けられて、成仏するのであるが、本文（p. 164）では天女の〝最勝滴女〟を召して夜半時に般若智灌頂を実際に灌頂して、勝義の光明を生起し、有学の双入の御身体を起こして成仏するストーリーとなっている。これについても、ツォンカパは次のように述べている。

無上瑜伽タントラのごとくならば、先に説明した道の二つの付加（光明と幻身）ともに、〔自〕相続に生起しなければ、成仏しえないのである。その二つは下の〔所作・行・瑜伽の〕三タントラの道に存在しないゆえに、

〔無上瑜伽タントラ〕以外の三タントラ部の道に入っている者も、〔光明と幻身の二つとも〕付加しなければならない。（同書 fol. 260A3～4）

もし、無上瑜伽タントラでの幻身や光明の次第を付加することがなければ成仏できないと考えるならば、『真実摂経』や『金剛頂タントラ』において、五相成身観で成仏すると説かれていることとの整合性をどう考えればよいのだろうか。ツォンカパは言う。

・『初会金剛頂経』の一切義成就菩薩の五相成身観との整合性

先に述べた〔十〕地の最後に至れば、月輪や金剛などの五相成身観に依って成仏すると〔『真実摂経』や『金剛頂タントラ』の〕二タントラに説かれたお考えは、『五次第』に生起次第で月輪や金剛などで真言身を生起するという〔次第の〕意味の含むところは、究竟次第で四空より極めて清浄な尊身を生起すると説かれたことをさす必要があることと同様である。そうであるなら、いずれかのお考えで説かれたことの意味は、無上瑜伽タントラ不共であるけれども、それを考えて、別の言葉で〔その意味を〕示した言葉が使われているということが、下のタントラ部にあることは、矛盾しない。こういう場合、多くにおいて経典の注釈がなくてはならないと思われる。（『五次第を明らかにする灯明』Toh No. 5302 fol. 260A4～B1）

このように、生起次第で月輪や金剛などで観想の身体である真言身（生起次第での尊身）を生起することが、究竟次第で四空から清浄な幻身を生起することに繫がっているように、『真実摂経』や『金剛頂タントラ』における、月輪や金剛など五相成身観で示される意味は、無上瑜伽タントラの光明や幻身に繫がっていくもので、それらを暗示しているものとするのである。

また、最勝滴女を召して、羯磨印として実際に灌頂することについて、ツォンカパは「『ヘーヴァジュラ』に〝燃え盛る炎の輪の曼荼羅を　よく建立して　金剛心髄の灌頂を与えるゆえに　最勝滴〔女〕を召すのみである〟

と説かれたことは、第十地の菩薩に実際の明妃に依って灌頂した典拠である。」（同書 fol. 256B4～5）としているため、第三灌頂の般若智の灌頂を授け、第四次第の勝義の光明次第から編入したと推察できる。

これは、この菩薩が三阿僧祇劫の福徳資糧を積んでいるので、その代替となる第三次第の幻身は不要となるためである。パンチェン・ロサン・チョゲンは、次のように述べている。

ある者が、波羅蜜乗の第十地の最後有の彼の者は、第三次第の幻身から密教の道に入ると主張することは不適切である。第三次第の幻身は、三阿僧祇劫の代替となるのが前提で、そのような仏子は、三阿僧祇劫の福徳資糧を積み終わっているからである。それゆえ、勝義の光明の次第から〔密教の道に〕入らねばならず、それに入らずして成仏できないからである。そうであろうか？　自ら〔の道には〕にない〔順行の顕明・増輝・近得の三顕現を〕波羅蜜乗自体の道の、空性を直観的に理解する般若〔智〕だけでは、〔顕明・増輝・近得の〕三顕現の微細な二元的現れを浄化し得ないが、勝義の光明は、それらを浄化し得るゆえに。（『五次第の心髄』Ota No. 10370 fol. 65A2～5）

先に注(31)で述べたように、「波羅蜜乗自体の道の、空性を直観的に理解する般若智」は、それがたとえ直観智であっても、粗大な通常の意識による空性理解であるため、微細な意識である顕明・増輝・近得で顕現する微細な二元的現れ、即ち微細な所知障を克服出来ないとしている。そして、そのためには、さらに微細な意識である勝義の光明を実現して、それを克服することが必要で、そのため「勝義の光明の次第から無上瑜伽タントラの道に入らねばならない」というのである。

・無上瑜伽タントラの道で即身成仏する修行者もまた、色究竟天で成仏するのか

最後に、無上瑜伽タントラの道で即身成仏する修行者もまた、色究竟天での成仏と考えればよいかについてである。これについてツォンカパは、次のように述べている。

〔無上瑜伽タントラ以外の波羅蜜乗等〕他の道の最後に、特別な密教の道を付加して、色究竟天で成仏することを無上〔瑜伽タントラ〕の成仏と主張するけれども、〔そのことと〕初めから無上瑜伽の道に入って即身成仏する彼の者が欲界の所依（身体）で成仏するという説明は矛盾しないのである。〔それは、〕無上瑜伽のやり方で成仏すると設定することと、無上瑜伽の道に初めから入って成仏することの二つは同義でないゆえである。（『五次第を明らかにする灯明』Toh No. 5302 fol. 310A1～3）

ツォンカパは、波羅蜜乗等の、無上瑜伽の道以外で修行した菩薩が、第十地の最後に色究竟天で無上瑜伽の要素を付加して成仏することを無上瑜伽の道で成仏したと言えるが、最初から無上瑜伽の道で修行した菩薩が欲界の所依、即ち、閻浮洲の人間として即身成仏することを設定することは「同義ではない」としている。

したがって、無上瑜伽の道をはじめから歩む者は、成仏に際し、色究竟天に赴く必要はないということになる。

波羅蜜乗やその他の瑜伽タントラ等より無上瑜伽タントラへの編入の次第を、ヤンチェン・ガロは「第四次第の勝義の光明の次第」注(32)としているが、この表現そのものはツォンカパの典籍に見られず、パンチェン・チョゲンのこの文（p. 174）が典拠となっているようである。

(34) **夜半に勝義の光明に入ったまま悟りを実現できるのか？**

ここでの前提は、波羅蜜乗等からの編入の菩薩が「夜半の勝義の光明から有学の双入の御身を起こさずに、等引（禅定）のままで無学の双入を実現したと主張することは理に適っていない。」ということについて論証する場面である。

もし、夜半に天女の〝最勝滴女〟を召して、勝義の光明を現前し、禅定を解くことなく、そのままで無学の双入、即ち、無上正等覚を獲得するとするならば、双入の身体である清浄な幻身をどのようにして獲得するのかという問いかけである。

有学最後の勝義の光明では、禅定から起きることはない。なぜなら、成仏して一切智者となったため、世俗諦と勝義諦を同時に理解することができるからである。したがって、勝義諦である空性を直観的に理解しながら、例えば、コップ等の世俗諦である諸々の事象を認識することが出来るとされている。

つまり、有学最後の勝義の光明に入ったら、その禅定から再び出る必要がないので、「有学最後の勝義の光明の風《ルン》は揺れない」とするのである。そのとき、双入の身体を起こすのに、風《ルン》が揺れるとするならば、揺れないとする前提と矛盾するし、揺れないならば、有学の双入の身体、即ち、清浄な幻身を先に獲得していないから、清浄な幻身という「同類の流れが前にはない無学の双入の御身」を、どうやって起こすのかと問うているのである。

もし、先に清浄な幻身を獲得せずに、即ち同類因なしに、風《ルン》を揺らさずに、無学の双入の身体が初めて起こせるなら、第四次第の勝義の光明からも、風《ルン》を揺らさずに、清浄な幻身を起こせてもよいことになるのではないか。したがって、この前提、即ち、波羅蜜乗等からの編入の菩薩は「夜半の勝義の光明から有学の双入の御身を起こさずに、等引（禅定）のままで無学の双入を実現したと主張することは理に適っていない。」というわけである。

○双入について

【1・2・2・4・5】第四次第の光明から有学の双入に移行する方法

第五は、第四次第の光明から有学の双入に移行する方法である。勝義の光明〔の禅定〕から逆行して起き始めたならば、その光明〔の禅定〕から風《ルン》がわずかに揺れると同時に、光明の乗物である五光の風《ルン》が質料因、光明の心が補助縁[14A]となったことで、清浄な幻身を起こすのである。その瞬間に、煩悩障を尽くし捨てた〝捨〟と、清浄な幻身の二つがともに入る〝捨の双入〟の身体が粗大な〔肉〕体から別に分かれて、本当に成就したのである。

それと同時に勝義の光明から逆行した近得を得たこと、阿羅漢となったこと、第二地に移行したこと、大乗の修道を得たことなどが同時である。その時、双入の中心である〝通達の双入〟はないけれども「双入を得た」と言わなくてはならない。『五次第を明らかにする灯明』には「双入と認定する方法は他にもあるので、いずれか双入を得た者は、その〔通達の〕双入を認定する方法で必ずしも双入と認定しなくてもよい。」（Toh No. 5302 fol. 273A1）と説かれている。また『五次第』の双入を、二十一あるいは二十三とする諸々の説明は、〝捨の双入〟と〝通達の双入〟に集約できる。そして、その〔近得の〕時には〝捨の双入〟を得るのである。[35]

それから〔光明の禅定からの〕逆行の近得から、順次〝陽炎〟に至るまでの諸々の兆候が生じて、後得〔の境地〕に起きるのである。

○通達の双入に移行する基準

〝通達の双入〟に移行する基準は、捨の双入の彼の者が再び〔14B〕空性に一心に等引する光明である倶生の智慧を現前した時に、清浄な身体である幻身と清浄な御心である勝義の光明の二つ、御身・御心が同一本性である双入の中心、〝通達の双入〟を得たことである。

それはまた、顕明、増輝、近得の三つのいずれかであるならば、分別であることで遍充する。〔ナーガールジュナの〕『経合集』に「顕明、増輝、近得の三つは分別がない」と説かれたのは、八十自性の妄分別と比較して風《ルン》と心の動きが非常に弱々しいので、〔主観と客観の〕二元的顕現の戯論（分別）がより小さいことを意図して「分別がない」と表現したのであって、名言（言葉から想起される概念）や共相（一般的イメージ）を識別する分別ではないと説かれているのではないのである。偉大な智者ティチェン・ガンワン・ニェンタク・ペルサンポは、「第四次第の勝義の光明から起き上がった直後の近得により、空性を共相の方法で理解するのである」とおっしゃっている。しかしながら、パンチェン・一切智者・ロサン・パルデン・イェーシェー・ペルサンポの御言葉には「第四次第の勝義の光明と、それ（光明の禅定）より起きる際の逆行の近得の二つは、空性の意味を直観的に理解するということは共通するが、認識の仕方に違いがある。〔15A〕光明の際は空性に集中して認識の仕方が緊張状態だが、近得の際は、先〔の集中状態に〕慣れたことで認識の仕方が緩和されたものになるのである。」としている。

そのような有学の双入の修行者は御修行の次第をどのようになさるのかと言えば、『五次第』に「双入の三摩地に住する者は、再び何も学ぶことはない。」（『金剛念誦次第』v. 6）というように、それ以前に学習していない道を新たに学ぶことはないが、学んだものを習熟させていかなくてはならない。それゆえ粗大な〔肉〕体に留まって所知障を捨てるために、〔塊取と随滅の〕二禅定の斂観の次第などを何度も観想したことで修道をさらに高めていく段階に至れば、三行のいずれかを学んだことで、機根の順に、半月、あるいは一か月、あるいは六か月以内において、無学の双入を成就する兆候を得る。即ち「粗大と微細の身体は軽く　遍満を正しく得る者は　妙なる明瞭を堅固にし自在力と　望み通りのものとなる」（Toh No. 1803 fol. 105B1）と『行合集灯』に説かれているように、自在の八功徳(36)を得ることや、他に『サンプタタントラ』の第十品に説かれている諸々の兆候を生ずるものとなるのである。

〝自在の八功徳〟と〝功徳の八自在(37)〟とは同義語ではない。前者の八つは有学の双入の修行者の相続にも存在するが、後者の八つは仏陀のみの功徳なのである。

そこにおいて「行」ということは〔15B〕〔どのようなことかといえば、〕一般の妙欲（五官の欲望）と特に明妃《みょうひ》の妙欲を、自性を知った（享受の方法を理解した）上で享受し、内に〔ある〕楽空の三摩地を特別に増強し、修行内容をさらに高めていく方便を行ずるということである。詳しく分ければ、〝有戯論〟と〝無戯論〟と〝甚だしい無戯論〟の三行があるのである(38)。

羯磨印とともに仮面や衣装などがあって(39)、サイン（བརྡ་ brda）とサインのやり取り等の所作の〝戯論〟を伴う行が、〝有戯論〟の行の特徴である。そのように〔羯磨印とともに仮面や衣装などがあって〕、サインとサインのやり取り等の所作の〝戯論〟と離れた行が、〝無戯論〟の行の特徴である。[40]外の全ての〝戯論〟を捨てて、〝智印〟と等引して、眠りの光明を観想して〔眠りに入る瞬間と光明の〕二つを結合して、楽空無別の智慧を集中して観想する行は、〝甚だしい無戯論〟の特徴である。[41]その三者には、生起次第の行と究竟次第の行の二つと、未だなかった道を新たに修道するため〔の行〕と、修行したものをさらに高めていくための行の二つがあり、さらに〝無戯論〟の行には広・中・略の三つがあるのである。

注

(35) **双入とは何か**

双入は、勝義の光明と清浄な幻身の二つが、本性無別の状態となったことが中心であるが、ここで述べられているように、大きく分けると、捨の双入と通達の双入となる。

・捨の双入——煩悩障を尽くし捨てた〝捨〟と清浄な幻身の二つが本性無別である理由

このうち、捨の双入とは、「煩悩障を尽くし捨てた〝捨〟と、清浄な幻身の二つがともに入る〝捨の双入〟」となる。この段階で、「阿羅漢となった」と述べられている。

ツォンカパは「双入の原語は **yuganaddha** の **yuga** は〝双〟で、**naddha** は〝不二〟、即ち二つが二つでないものとなったことである。」(『五次第一座円満赤註』Toh No. 5314 fol. 55B2)としている。

通常、捨の双入とは何かと訊かれたら、「煩悩障を尽くし捨てた〝捨〟と、清浄な幻身の二つを共に獲得すること」と答えるが、どうして、これが「二つが二つでないものとなった」ことになるのであろうか。

パンチェン・ソナム・タクパは、〝捨の双入〟を、「清浄な幻身と、輪廻の原因である煩悩を種子も含めて余すことなく捨てたことの、二つが本性無別である双入がその時、成就する」（『一切タントラの王吉祥秘密集会の生起次第・究竟次第の構造　智者の意楽と呼ばれるもの』p. 276, 2006, Library of Gashar〈ガンデン寺シャルツェ学堂図書館〉）としている。

双入である限り、二つの要素が本性無別となる筈である。パンチェン・ソナム・タクパの言う「清浄な幻身と、輪廻の原因である煩悩を種子も含めて余すことなく捨てたことの、二つが本性無別である」とは、いかなることなのだろうか。

これについて、少し考察してみたい。

まず、煩悩障を尽くし捨てた〝捨〟とは、滅諦に当たると思われる。滅諦は、自性により成立していないという自性清浄の側面と、客塵の汚れが浄化されているという側面がある。

ツォンカパは、「個別の有法において、法性も、〔自性〕清浄な側面だけでなく、〔煩悩障を滅する段階、所知障を滅する段階〕各々の段階の、〔煩悩障・所知障という〕客塵の汚れも各々浄化させなくてはいけないゆえに、それ〔自性清浄でそれぞれの段階の客塵も浄化された状態〕をさして、滅諦という」（『入中論広釈〝密意明解〟』Toh No. 5408 fol. 63A1〜2）と述べ、自性清浄だけでなく、煩悩障等と各々の段階での客塵の汚れを浄化した状態もさして、滅諦としている。ジャンヤン・シェーパ（一六四八―一七二二）の『大中観』は、次のように補足している。

法性〔空性〕を見ることに違いはなくても、垢が次第に浄化する時、法身に至る滅諦を自身の上に見る見方には違いが存在する。第一地において、自身の上の見〔道〕の捨の浄化の滅は見えても、〔一切の〕煩悩障浄化のそれ〔滅諦〕は見えず、第九地の時、大所知障の浄化の滅は見えても、小〔所知障〕の浄化の滅は見えない。仏地において二障全てを浄化するとき、完全な滅を見るのであるゆえに。（Ota No. 11551 fol. 67A4〜6）

空性を直観智で理解する聖者は、自身の心の自性清浄を直観するとともに、客塵の垢が各々の段階で浄化されていることを確認するのであろう。

第四次第の勝義の光明の禅定から起きた行者の身体は、清浄な幻身であり、同時に行者の心は、煩悩障を尽くし捨てた〝捨〟を確認するのである。この〝捨〟は滅諦であり、心の自性清浄と同一本性である。そしてまた心の自性清浄、即ち心の空性は心と同一本性である。ここでの心は勝義の光明の心なので、当然、非常に微細な根源的意識である。この意識とその乗物である風《ルン》は同一本性であり、それが、身体の姿となったものが清浄な幻身なので、この幻身と煩悩障を尽くし捨てた〝捨〟は同一本性の双入の状態と言えるのではないかと考える。

(36) **自在の八功徳**

自在の八功徳について、シェーラプ・センゲの『ティカ』には、次のようにある。

　自在の八功徳とは、チャグ翻訳官訳の『行合集灯』には、「①微細な姿、②軽い触、③遍充、④正しい会得のみ、⑤妙明のみ、⑥堅固、⑦自在自体、⑧所欲自在」とある。

　①微細な姿とは、清浄な有情（dag pahi bcud）を流出し、収斂すること、②軽い触とは、器世間を流出し、収斂すること、③遍充とは、心で思ったところに身体が行くことが出来ること、④正しい会得とは、その両方を流出し、収斂し得ること、⑤妙明とは、自身の光とオーラで、すべての鬼神を制圧し、彼らに、自身を供養させること、⑥堅固とは、どんなものでも望んだものが、思っただけで得ることが出来ること、⑦自在とは、諸々の有情を制伏し、教化する力があること、⑧所欲自在とは、世間の能力をほしいままに備えていることである。（『ティカ』ca fols. 40B5～41A2）

(37) **功徳の八自在**

身自在や語自在等、仏陀のみが持つとされる能力である。

(38) **三行の際の周辺のこと（1）——建物**

三行のうち、有戯論・無戯論の行を実行する際の、建物など周辺的な事柄について、ツォンカパは、次のように述べている。

そこで建物を準備する仕方は、レンガで出来た三階建ての本堂で、四角で、四門を備えており、様々な宝等で飾られたものにすべきである。また、土で出来た建物では、様々な飾りで装飾された堅固な囲いをすべきである。その二つは、優劣があるけれども、三階建てであることは等しいゆえに、後者では、地下を掘った三階建てではない。そこでの供養による荘厳の次第は、下（一階）は、様々な食物・飲料が多くあり、真ん中（二階）は、琵琶や歌、楽器等の支具を置く。上（三階）は、先に説明したように、宝の飾りや、ヤクの毛で出来た扇、天蓋等で荘厳し、吉祥なる、最高の様々な徳の高い瑜伽女や瑜伽行者が集まっている場所である。以上の内容は、〔有戯論・無戯論の〕二行ともに等しい。（『五次第を明らかにする灯明』Toh No. 5302 fol. 297B1～4）

このように三行実践の道場のうち、有戯論・無戯論の行に関しては、レンガで出来たものであろうと、土で出来たものであろうと、道場の建物は様々な飾りで飾られた三階建てで、一階には、飲料や食物、二階に楽器類、三階は修行場で、天蓋等で荘厳されているとする。

(39) 三行の際の周辺のこと（2）――仮面や衣装を着ける目的

ツォンカパは、有戯論・無戯論の行中、羯磨印とともに仮面や衣装などを着けることについて、次のように述べている。

〔『秘密集会タントラ』〕第十六品に、「諸々の身《しん》口《く》意《い》金剛を　身口意に観想することは　自己の姿をそうすべし　そうすれば悉地が得られるだろう（『秘密集会タントラ校訂梵本』第十六分 v. 91）」と説かれており、その注釈（『灯作明』）に〝自己の姿、即ち装束を変えること自体をすべきであって、観想のみではない〟とあるように、三金剛の瑜伽行者が、明禁戒の行をなす際、〔行者〕自身と〔羯磨〕印の両方をそのように説明するので

ある。(『五次第を明らかにする灯明』Toh No. 5302 fols. 297B6～298A1)

ここでツォンカパは、根本タントラの第十六品の『灯作明』の注釈を典拠にして、羯磨印とともに仮面や衣装などを観想するだけでなく、実際着ける必要性を説き、「そうすれば悉地が得られるだろう」とするのである。

ちなみに『灯作明複註』には、「自分と印女の両方が仮面や飾りや衣装等で本尊の装束に変わることで観想すべきであって、装束を変えずに心だけで観想のみをするのではない」(『灯作明複註』Toh No. 5282 fol. 413B3～4)とある。

仮面の素材について、ツォンカパは『行合集灯』等を典拠にして「金銀等の宝の鉱物と、人骨等の生物から取れるものや、木の根等で仮面を作りなさい。『灯作明』にも、木等から作るべきであると説かれている。作り方は、鋳造や、浮彫、打ち叩いて創作したり、模様を描いてもよい。」(『五次第を明らかにする灯明』Toh No. 5302 fol. 298A2～4)とし、鋳造した鉄製や、木彫りの木製のものとしている。

(40)　**有戯論と無戯論の行の違い**

有戯論・無戯論の行の違いについて、ツォンカパは次のように述べる。

そこで、有戯論は、曼荼羅の本尊の数と等しい男女の瑜伽行者が、それぞれの本尊の装束を着けた資糧の曼荼羅に住して、初加行等の三三摩地を成就し、羯磨最勝王の時に、手印と手印による返答や、歌舞と歌舞による返答等所作の広大な〝戯論〟を一日に四度、行ずるのである。

無戯論は、羯磨最勝王の時に、舞と舞による返答等の所作の〝戯論〟などを措いて〔歌と歌の返答等のみで〕五欲を享受するのである。(『五次第一座円満赤註』Toh No. 5314 fol. 56B3～4)

この文意によると、生起次第の初加行・曼荼羅最勝王・羯磨最勝王を観想してから、羯磨最勝王を観想する際に、手印のサインのやり取りや歌舞のやり取りの有無が、大まかに言うと、有戯論・無戯論の行の違いとなっていると思われる。

(41)　**三行の究極〝甚だしい無戯論〟の成就者の資格**

パンチェン・ロサン・チョゲンは〝甚だしい無戯論〟の成就者の資格について、こう述べている。

〝甚だしい無戯論〟の行を行ずる究竟次第実践者は、多くの特徴を兼ね備えていなければならない。転輪〔王〕の富や共の悉地をも追い求めない者、自利に芥子粒ほどもこだわらず、睡眠・食・大小便のために動く以外にすべての活動を放棄した者、〔行ずる〕儀軌の特徴として、智慧の地を観想してから三薩埵を重ね合わせるにいたるまでを先になして、〔その後に〕胸から発出した智印と等入して睡眠と結合し、眠りの光明を途切れることなく保持するのである。（『五次第の心髄』Ota No. 10370 fol. 73B3～5）

ここで述べられているのは、〝甚だしい無戯論〟の行を行ずる究竟次第者の場合の条件であるが、自利を僅かも求めず、利他を為し、そして最勝の悉地、即ち悟りの境地のみを求める者としている。そして、儀軌の特徴は、智慧の地を観想してから三薩埵を重ね合わせる段階、即ち、初加行三摩地の明妃の準備まで観想し、智印の明妃と抱擁して、眠りの光明を観想し、その後の行は夢の中で行う内容となっている。

『入菩薩行論』の著者シャンティデーヴァは、ナーランダ僧院に入門したが、熱心に学ぶ姿勢を表面的には示さなかったため、「寝て、食べて、排泄する」を意味する〝ブ・ス・ク〟という渾名が付けられていたという。しかし、実際はこの〝甚だしい無戯論〟の行者で、特殊な技能によって内面に集中する行を実践していたとされている。

○成仏について

第五は〔仏〕果を実現する方法である。

【1・2・2・5】仏果を実現する方法

それはまた一般的に、無上〔瑜伽〕の修道によって、成就者のこの蘊（肉体）を基にして成仏する方法に二つある。この異熟の蘊[16A]（肉体）を巧みな方便により尽くして、〔肉体を〕尽くすと同時に成仏する仕方と、この異熟の蘊（肉体）の中で成仏するやり方がある。前者は吉祥時輪派であり、後者は時輪以外の諸々の無上〔瑜伽〕の派である。無上〔瑜伽〕の道で、一生のうちに成仏する（即身成仏）と決定しているプドガラであるならば、閻浮洲の人間であることで遍充する。中有で成仏するという場合は、中有となる代わりに幻身を成就して、その身体で成仏するがゆえに六道のいずれでもない。〔他〕生を経て成仏する場合には、天・人の二つがあるのである。

これに関連して、有学の双入の修道者が、等引（光明の禅定）・後得（幻身による救済活動）の諸々の善行を行ったことによって、先に説明した諸々の兆候（〝自在の八功徳〟等）を生じたならば、黎明時の内外の方便（外：羯磨印と内：斂観）により導かれた二つの現等覚（外：黎明と内：光明）をもって勝義の光明を実現する。その光明の第一刹那は、有学の最後の光明であり、波羅蜜乗の最後有の無間道の代わりとなるものなのである。それによって所知障の直接の対治となる。その光明の第二刹那に所知障を捨てて、有学の双入の同類の後の流[16B]れは無学の双入の身体となって、〝和合七支〟の位を実現されて、輪廻の存在が尽くされるまで、〔等引の境地に〕不動に住されるのである。

〝和合七支〟と伴うということについてヴァーギーシュヴァラキールティ（Vāgīśvarakīrti）阿闍梨によれば、『七支』（Toh No. 1888）、①相好を円満すること、②〔明妃と〕抱擁し合うこと、③大楽、④無自性、⑤慈悲円満、⑥利生無間、⑦永住不滅、と説かれているごとくである。[42]

そのような二清浄（客塵の垢と自性の垢を浄化）と伴う認識対象の光明は無為の法身であり、認識主体の光明を智法身、または大楽の身体ともいうのである。その色身で、風《ルン》と心だけからできているものは受用身である。法身・色身の二つが同一本性であり、側面が別であるだけなので、その色身は不二の智身と言われている。

ガンターパーダ（Ghaṇṭāpāda）阿闍梨は、大楽の智慧と、無学の双入を自性身としている。したがって、密教では、自性身を滅諦《めったい》と無為により遍充することを承認はしないのである。また瓶灌頂・秘密灌頂・般若智灌頂の三つで、身語心の三金剛あるいは、変化身・受用身・法身などが成就すると説かれているが、そうであるなら〔受用身・変化身の〕色身全般を〝変化身〟とし、仏の御言葉を〝受用身〟とし、[43]御心を〝法身〟と設定〔17A〕しなくてはならない。

そうすると、相好によって飾られた受用身は、瓶灌頂で〝変化身〟が成就すると説かれた場合の変化身であっても、一般に変化身と承認してよいかどうか分析する必要があるだろう。

(42) 注

和合七支

ダライ・ラマ七世ケルサン・ギャムツォは、これらについて次にように述べている。

① 受用円満の支分

〝受用円満〟の支分とは、相好に飾られた色身である。それは、変化身と法身とも本性無別として存在することを象徴しているのである。〔『灌頂意義真実再明示』Toh No. 5826 fol. 411B4～5〕

受用円満の支分とは、相好に飾られた色身、即ち受用身のことで、それは変化身や法身とも本性無別の存在であることをさしている。

② 抱擁の支分

受用身それだけでは、波羅蜜乗にも説かれているゆえに、それとの違いを言うために、自分の心に現れた明妃と抱擁、もしくは等引しているゆえに、〝抱擁〟の支分である。〔同書 fol. 411B5〕

明妃と抱擁し合う姿は、『秘密集会タントラ』を初めとする無上瑜伽タントラの本尊の特徴である。これについて、ツォンカパは次のように述べている。

抱擁は、〔本尊〕それ自身と〔身色・持物が〕相応する明妃と等引することであって、単身の受用身のみは、波羅蜜〔乗〕でも説かれるがゆえに、それとの違いを際立たせるためである。

では、〝〔明妃を抱擁する〕その姿には、どんな必要性があるのか。なぜなら、〔無漏の楽が〕身体すべてに行き渡る心の歓喜の本性だけで、一切有情利益を成就するがゆえに〟と言うならば、欲界の有情で〔五官の欲望を〕特別に欲して享受〔するその〕者達に〔それらの嗜好に〕沿ったかたちで、摂化するために、勝者は〔明妃と〕等引〔抱擁〕する姿を示したのである。〔『秘密真言道次第』Toh No. 5281 fol. 270A3～5〕

有情利益するものは、「無漏の楽が身体すべてに行き渡る心の歓喜だけ」である。ツォンカパは、わざわざ本尊が男女抱擁の姿を取る意味は、あくまで欲界の五官の欲望が強い者達を教え導くため、その嗜好に沿った姿を示したとしている。

③　大楽の支分

身体の感受が楽な〔状態になった〕感覚器官と、心の感受の意楽により、大楽を経験していることが〝大楽〟の支分である。それはまた、広大で、無漏で、円満していて、輪廻がある限り存在するゆえに、大楽である。（『灌頂意義真実再明示』Toh No. 5826 fol. 411B5～6）

常に倶生の大楽が生起した状態にあることが、大楽の支分である。ツォンカパは、「広大で、無漏で、円満していて、輪廻がある限り存在する」ということを大楽の支分の特徴とするが、それはどのようなことなのだろうか。それは、「広大で、無漏で、円満していて、輪廻がある限り存在」しない状態を知ることで、逆説的に理解し得ると思われる。

ツォンカパは、般若智の灌頂で、実際に羯磨印と抱擁する恰好で実践しても、それは大楽の支分ではないとして、次のように述べている。

それ（大楽の支分）はまた第三灌頂（般若智の灌頂）には存在しない。それは、羯磨印の力で生じた刹那のみ〔の楽で、無漏ではなく〕有漏を伴うことと、羯磨印を強く抱く等の苦しみ〔がある〕ゆえ、円満ではない。宝の先（性器の先端）のみに留まるゆえに、身体全てを満たさないゆえに、広大でない。短時間しか留まらないから間断ないものでなく、羯磨印とのすべての結合は、無常であるゆえに、輪廻がある限り存在するものではない。（『秘密真言道次第』Toh No. 5281 fol. 272A5～B1）

この記述により、無漏とは、刹那的な有漏の楽でなく、円満とは、苦しみを僅かも伴わないもので、広大とは、楽が全身を満たす状態をさすものであることが想像できるのである。

④　無自性の支分

『般若経』に、「仏陀もまた幻のごとく、夢のごとくなり。涅槃より他に法があるなら、それもまた夢のごとく、幻のごとくなりと私は言う。」と説かれたごとく、仏陀もその本性は、実体として存在することが空であることが、〝無自性〟の支分である。その空もまた、虚空華や兎の角のごとくに全く存在しないという〔意味の〕空ではなく、瓶が実体として空であるというように、方便を離れた空性でもない。〔自身を仏と観想し、その仏身における空性は、〕布施等と受用身等の方便のすべての行相の最高のものを具えた空性であって、それらの方便がすべての行相の最高と言われるのは、瓶等の他のすべての行相より〔仏身が〕最高であるという理由によるのである。（『灌頂意義真実再明示』Toh No. 5826 fol. 412A1～3）

無自性の支分は、仏陀も、その本性は自性により成立したものとして、空であるという意味である。この際、虚空華は存在しないというような、全く存在しないという意味での空ではないのは勿論、瓶が自性によって成立したものとして空であるという、福徳資糧を積むための方便を離れた空でもない。例えば、注(5)の有相の瑜伽の説明にあったように、空性を深く観想した後、その意識の影響化で布施を実践すれば、布施行中に空性を観想しているわけではないが、その布施行には、あらかじめ観想していた空性理解の智慧が影響する。このような方便を伴った空性の様々な観想の中でも、特に仏身の空性観想は、仏陀の身体自体が、智慧資糧・福徳資糧の結集であるため、「すべての行相の最高のものを具えた空性であって、それらの方便すべての行相の最高」のものであるという意味である。

⑤　慈悲円満の支分

無縁の大悲は、如意宝珠のように無分別でありながら、一切有情の利益をなさるゆえに、慈悲が必ず満ち

ている支分である。（同書 fol. 412A4）

『入中論広釈〝密意明解〟』で、ツォンカパは、力強い職人が轆轤を回すならば、手を放した後も、その慣性の力で回り続けるように、先にした特別な祈願の力により、仏陀は無分別にして、有情利益を成就し続けるという。それはあたかも、如意宝珠が宝を生み出そうという意思の分別なくとも、宝を生じ続けることに等しいという旨を述べている。「衆生が水月の影のように、自性によって成立しているように見えてもそれが空〔である〕と理解し、それに対する慈悲」（『入中論広釈〝密意明解〟』Toh No. 5408 fol. 13B1〜2）を〝無縁の慈悲〟という。このように仏は無分別でありながら、〝無縁の慈悲〟に溢れて衆生済度し続けるのである。

⑥　無間の支分

受用身は、有〔輪廻〕にも〔自分のみ解脱する〕寂静〔涅槃〕にも偏って住しないゆえに、ある時はいて、ある時はいないのではなく、間を措かないゆえに、無間である。（『灌頂意義真実再明示』Toh No. 5826 fol. 412A4〜5）

受用身は、自分のなした業によって輪廻しているわけではなく、自分独りが解脱するという寂静涅槃でもなく、間断なく衆生済度を続けることが無間の支分である。

⑦　不滅の支分

輪廻がある限り涅槃の姿を示さず、住されるゆえに、〝不滅〟の支分である。では、〝〔利生〕無間〟と〝〔永住〕不滅〟の違いは何かと言えば、前者は、流れが輪廻のある限り間断がないというだけであって、それは変化身にもある。『現観荘厳論』に「牟尼の変化身は間断ない」と説かれたごとくである。後者の〔不滅の〕支分は、身体一つそれ自体の現れを収斂させずに、輪廻がある限り、住するのであって、変化身にはない特徴である。（同書 fol. 412A5〜B1）

このように、無間の支分とは、無住処涅槃で、常に間を措かず、衆生を済度し続ける境地で、受用身だけでなく変化身にもあるとされる。例えば、変化身としてチベットに生まれ、その変化身により済度が必要な衆生を救済した後、間を措かずに、日本に変化身を出現させる等、衆生済度の活動を間断なく、やり続ける。

これに対して不滅の支分では、一度成就した受用身は、その身体のまま、輪廻の続く限り衆生済度をするというもので、変化身のようにその時々に姿を変えるものではないので、受用身に限定されるのである。

(43)

瓶灌頂によって成就するとされる変化身は本当に〝変化身〟か

これに関連して、ダライ・ラマ七世ケルサン・ギャムツォは次のように述べている。

それはまた、この場合に瓶灌頂で変化身が成就すると説かれた〔場合の〕〝変化身〟は、色身を二つに分ける〔際の〕変化身だけ〔をさすの〕ではなく、〔受用身・変化身の両者を意味する〕色身全般自体〔を意味するの〕である。秘密灌頂で受用身が成就すると説かれた〔場合の〕〝受用身〟は、密教の一般的な用語において、如来の御言葉を〝受用身〟に設定すると説かれたそれである。したがって相好に飾られた受用身は、瓶灌頂で成就すると説かれた変化身を逸脱することはない。（『灌頂意義真実再明示』Toh No. 5826 fol. 352 A5〜B1）

そしてこう解釈することについて、ケルサン・ギャムツォは次のように三つの理由をあげている。

①『大秘密真言道次第』に「〝秘密灌頂で受用身が成就する〟と説かれた〔場合の〕〝受用身〟は、仏の御言葉に設定する」と説かれた直後に、「そうであるなら、変化身は仏の色身であるゆえに、それに続くのに相応しい因である生起次第と、それに象徴される究竟次第の場合の諸々の本尊瑜伽で成就するのである」と説かれた際の、「そうであるなら」という言葉がさし示している内容からと、②〔変化身に〕続くのに相応しい因である生起次第と究竟次第の場合の諸々の本尊瑜伽で成就しなければならないその色身は、瓶灌頂で変化身が成就すると説かれた〔場合の〕〝変化身〟の具体例として説明されたことで理解し得るからである。③〔また〕

瓶・秘密・般若智灌頂の三つの灌頂により、順に身口意の三金剛が成就すると説かれた際の身金剛も、色身全般のみと主張しなければならないことでも分かるからである。（同書 fol. 352 B1～5）

纏めると、ケルサン・ギャムツォは、以下の三点を根拠としている。

①〝受用身〟は、仏の御言葉を設定する。そうであるなら、変化身は仏の色身であるという場合、この変化身は仏の身体全般をさすと解釈できること。

②変化身に続くのに相応しい因として、生起次第と究竟次第の本尊瑜伽をあげているが、これらにより成就されるものはまさに色身全般で、それをここでいう〝変化身〟の具体例としていること。

③瓶・秘密・般若智灌頂の三灌頂で、順に仏の身口意の三金剛が成就するとするなら、瓶灌頂で成就する身金剛は色身全般をさすと考えられること。

しかし、実際にチベットの灌頂を受けた際に、瓶・秘密・般若智灌頂の三灌頂で、順に変化身・受用身・法身獲得の習気を置くと説明される。その際の説明は、ここに取り上げたものと同様である場合や、あるいは、そのまま通常の変化身・受用身・法身獲得の習気を置くと説明される場合など、阿闍梨様それぞれであり、統一されていないように感じる。

【2】十地等と五道の設定方法

第二に十地等と五道の設定方法である。【2・1】タントラと注釈に説かれた方法と【2・2】要略して示したものの二つである。

【2・1】タントラと註釈に説かれた方法

第一〈タントラと注釈に説かれた方法〉は波羅蜜乗では、聖者の有学地の初地歓喜地から第十地法雲地に至る十〈地〉が説かれる。その上に無学地の善光地を合わせて十一〈地〉、あるいは衆生地の信解行地を合わせて十二〈地〉とする。一部の経典には、衆生地の信解行地と初発心地〈資糧道〉の二つを〈合わせて十二と〉説かれるのである。〈無上瑜伽〉密教の地の設定について、根本タントラ・釈タントラと、注釈の論などには地の数を十、十一、十二、十三、十四、十五、十六と説かれたものがあり、地名の名付け方なども共通のものや、独自のものと様々あるのである。

それについて、『秘密集会』の根本タントラ第十一品には「十地などに住する菩薩と、彼の者はなる」と十地という名称だけが説かれているのである。この意味について『灯作明』には[17B]「十地は十風を言う」と説明されている。釈タントラ『金剛鬘』には瓶灌頂には十一と上の三灌頂と合わせて十四と、「灌頂各々に地（名）が各々あるなり」（Toh No. 445 fol. 212B4）と、十四地の数だけで、名前も意味もはっきりとは説かれていないのである。〔釈タントラ〕『密意授記タントラ』には「諸仏がいずれか依止をなす　地となった彼のものは第十三」というように、第四次第の勝義の光明を第十三地と説いた以外に地の名称も意味もいずれも説かれていないのである。『五次第』には「初業の瑜伽の　第八地を得たものとなる　三顕現を見た者達は　第十地によく住する」（「心清浄次第」v. 79）とある。『行合集灯』にも「この金剛乗における生起次第を学んでから第八地を得て」（Toh No. 1803 fol. 90A7～B1）とあり、また「身と語と意を現前に悟ってから第十地を得る」（同書fol. 90B1）とある。〔『五次第』と『行合集灯』の〕双方共通して、初業の瑜伽たる生起次第を第八地としており、「身語意を現前に悟る」とは〝定寂心〟〔をさすの〕であるゆえに、それは第十地に相当すると説かれたのである。『秘密集会』の根本タントラ・釈タントラと聖者父子の典籍には、地の設定は以上のようにあるのみで〔それ以外は〕明瞭には説かれていないのである。

『ヘーヴァジュラ〔タントラ〕』（Toh No. 417 fol. 8A3～4）と『サンプタタントラ』第五品（Toh No. 381 fol. 102B7）には「聖地と、隣接の聖地と、〔18A〕国と同様に隣接の国、チャンドーハ（Chandoha）、隣接のチャンドーハ、集合と同様に隣接の集合と、寒林と隣接の寒林、絶飲（Pilava）と隣接の絶飲自体、これらは十二地であって」と言うように、波羅蜜乗と命名の仕方が異なる十二地を説いたのである。同じく『サンプタタントラ』のその品（第五品）（Toh No. 381 fol. 103A7～B1）と『チャクラサンヴァラ〔タントラ〕』根本タントラ第五十品には「〝聖地〟は歓喜地であり、同様に〝隣接の聖地〟は離垢であり、この〝国〟は、発光と知るべきである。〝隣接の国〟は焔慧であり、〝チャンドーハ〟は難勝で、〝隣接のチャンドーハ〟は現前である。〝集合〟は遠行である。〝隣接の集合〟は不動であり、〝寒林〟は善想、〝隣接の寒林〟は法雲である。」というように〝聖地〟など十のものは十地であると説かれている。

『サンプタタントラ』と『アビダーナ続タントラ』（Toh No. 369）には、「チャンドーハは現前のそのゆえに隣接のチャンドーハは難勝なり」とあるが、その注釈『要門苞《ようもんほう》』の第十七房（品）には「〝望みの分別〟は甚だ難勝と関係して」（Toh No. 1198 fol. 54B4）といい、また「現前の地は隣接の望みの分別なり」（同書 fol. 54B7）としているようにチャンドーハ（Chandoha）のチャンダ（Chanda）は〝望み〟をさし、ウーハ（ūha）は〝分別〟を意味するのである。同様に第十七房（品）には「絶飲は信解行地なり」（同書 fol. 55B1）「第十二地、普光は隣接の絶飲なり」（同書 fol. 55B2）と絶飲を信解行地、隣接の絶飲[18B]を普光地と説明している。『金剛心髄荘厳タントラ』には「普光地は大なり」というところから「十二を各々我は理解する」にいたるまで〔の文〕によって普光と、甘露光と、虚空光と、金剛光と、宝光と、持蓮華と、羯磨光と、無喩と、喩と離れたことと、般若光と、一切智者と、自ら我性を知る地と（いうように）、異なる名が命名された十二地を説かれたのである。『アビダーナ続タントラ』第三十品には「歓喜と離垢」（Toh No. 369 fol. 316A1）を初めとする十地の上に「無喩と智慧具足　そのように地は十二なり」（同書 fol. 316A2）とあり、「金剛地は十三番目」（同書 fol. 316A1）と十三地を説かれたのである。

『大印の明点』第二品には「阿闍梨の灌頂は十一に分ける　秘密灌頂は十二番目なり　般若智は十三番目なり　同様に〝そのごとく〟〔の言葉の灌頂〕は十四番目なり　灌頂各々が地であって彼らは地の自在主なり」（Toh No. 420 fol. 67A4）と、『金剛鬘』と共通して説かれているのである。

『智慧の明点』の第十八品には「初地は信解行地　第二地は歓喜　第三は無垢　第四は発光　第五は焔慧　第六は難勝　第七は現前　第八は遠行　第九は不動[19A]第十は善慧　それらは菩薩の地なり　法雲は仏地　普光は無上正等覚の地　一切顕明・増光は吉祥金剛薩埵世尊の変化身の地　一切顕明・得光は受用円満身の地　不可説無量は大楽の地　それら〝一切〟〔の付いた一切光（普光）、一切顕明・増光、一切顕明・得光の三者〕は歓喜の分類であって、地とすべてを名付けた」（Toh No. 422 fol. 126A2~5）と説かれている。また同じく〔『智慧の明点』の第十八品〕には「常に変化身により　地は十一番を想起する　受用円満身により十二番　法身により十三番　大楽は十四番　いずれか第十五地となる彼のものは智慧地といわれる　第十六番は名付けていない」（同書 fol. 126A1~2）とまた説かれているのである。即ち〔初地の〕信解行地は、加行道の〝煖〟など四者を説いたように衆生の地であり、残り〔第二地以降〕は聖者の地である。そしてまた第十地法雲を仏地といっても、無上正等覚の地ではないと説かれているのは、『般若経』や『現観荘厳論』の考え方である。[44] それは信解行地を初地とした十一番目なのである。次に普光を、三身（法身・受用身・変化身）と大楽の身の四つに分割して、なおかつ各々を[19B]〔一つと〕数えて十五としたり、あるいは三身、大楽の身、智身など各々を〔一つと〕数えて、歓喜〔地〕を初地としたら十五だけれども、信解行地を初地としたことに依るならば十六である。それゆえ『智慧の明点』の注釈にも十六地と説かれているので、この体系（密教）では十五地より多い場合もあるのである。

注

(44) **第十地の〝仏地〟は、〝仏地〟と命名されているが、まだ菩薩の境地であると示す典拠**

これに関連してギャルツァプ・ジェは次のように述べている。

『〔般若〕経』で超えるべき第九地のすぐ後に言う仏地、有法。第十地であり、大乗の地であることを前提として、汝（第十地の仏地）に住することを中心に第十地において菩薩を、仏とだけ呼ばれるけれども、無上正等覚者ではないのであると、あるからである。『〔般若〕経』に「須菩提よ　大菩提の第十地は何かといえば（中略）菩薩地を正しく超えている。須菩提よ　そのように大菩提の九地を超えて仏地に住している。須菩提よ　それは大菩薩の第十地なり」とある。（『波羅蜜解説蔵荘厳』Toh No. 5433 fols. 144B5～145A2）

『現観荘厳論』第一章には次のようにある。

九地を超えた智慧、いずれか仏地に住する者　彼の者は菩薩の地　十番目と知るべきである。（Toh No. 3786 fol. 4B5）

【2・2】要略して示したもの

○十地に関して

第二に、上に述べたように、密教の場合には地の数を十に分化する際には『サンヴァラ』の根本タントラと『サンプタタントラ』などに説かれたように、聖者の有学の地を基準にして十とするのである。「〝聖地〟は歓喜地」から「〝隣接の寒林〟は法雲である。」(p. 195-196 参照)にいたるまでの経文によって、波羅蜜と〔地の〕命名の仕方が共通の場合と異なる場合の二つを説いていても、その二者は同じ意味だと知るべきである。

○十一地に関して

十一地を考える場合は、上の十地に仏地の普光を加えるのである。〔『要門苞』の〕第二房〔品〕には「ますます功徳の依処となるゆえに歓喜」から「法雲と普光というものを十一地等と見るべきである。」(Toh No. 1198 fol. 31A1~2)と説かれているのである。

○十二地に関して

十二地〔の場合〕は、その十一地に信解行地を加えた十二である。『ヘーヴァジュラ』と『サンプタタントラ』には聖地から隣接の絶飲までの名前を付けていて、[20A]『ヘーヴァジュラ』には「これらは十二地なり」と意味〔説明がある。〕『金剛心髄荘厳タントラ』に見られる「普光地」と「甘露光」など、異なる名を命名された十二地もまた上の地（聖地から隣接の絶飲）と順に符合すると、『秘密真言道次第』（Toh No. 5281 fols. 435B4～436A5）と、『一切密義明示』（Toh No. 5316 fol. 220A6～B1）（ツォンカパのチャクラサンバラの註釈）などに説かれたのである。

○十三地に関して

十三地の考え方は『要門苞』に二種説明されている。衆生の地を初発心地と信解行地の二地として、その上に歓喜地など十一をともなう考え方と、『アビダーナ続タントラ』にあるように、歓喜〔地〕など十の上に特別の道の本性（第十地の後得智）たる〝無喩の地〟と、無間道の本性（最後有の勝義の光明、金剛喩定）たる〝智慧具足地〟と、普光の本性たる〝金剛地〟の十三地を想定する方法の二つが説かれたのである。〔『要門苞』の〕第二品には「そのようであるなら、諸々の十一地は、信解行地とともなって十二であり、初発心地とともなって十三など〔となる〕なり。あるいは特別の道の本性たる無喩の地とともなって十二であり、仏地の無間道の本性たる智慧具足地とともなって十三である。」（Toh No. 1198 fol. 33B1～2）と説かれたのである。

この場合の前者は衆生と聖者双方の地を基準にしている。後者は聖者のみの地を基準にして、[20B]第十地を単に第十地全般、あるいは第十地を得たばかりのものと、無喩の地、即ち第十地の特別の道と、智慧具足地、即ち相続最後の無間道との三者に分類することが『アビダーナ続タントラ』の意図である。『密意授記タントラ』には、第四次第の勝義の光明を十三地と説明している。そのことは『行合集灯』の註釈と『五次第』のある註釈に、加行道の〝煖〟など四つを小・中・大の三つずつに分けて十二地とすることに依って〔第四次第の勝義の光明を〕第十三地に置くのである。『行合集灯』の註釈には「いずれか最後の〝煖〟となってから〝忍〟〝世第一法〟と考えて加行道を大・中と十二にして、歓喜は十三番目である。」（Toh No. 1834 fol. 278A3）とある。これに依れば、有学の双入は第十四地に想定されると知るべきである。

加行道を十二地に設定する方法について、その〔『行合集灯』の〕註釈には金剛念誦によって第八地、加行道の〝忍〟の中・大の二つを得て、定寂心によって〝世第一法〟の小・中を〔得る。〕幻身によって〝世第一法〟の大を得ると説かれている（Toh No. 1834 fols. 277B6~278A1）。それゆえ生起次第によって〝煖〟の小・中・大の三〔地〕と加行道の〝頂〟の小・中・大の三〔地〕と、〝忍〟の小の、即ち、七〔地〕を得ると設定しなければならない。あるいは、『密意授記タントラ』[21A]の御主張を、『行合集灯』においては、定寂心は第十地に相当するので、幻身は第十一地、勝義の光明は第十二地〔に相当することになるのだが、〕それ（勝義の光明）を、信解行地を初地としたことで第十三地とするという意味なのである。

○十四地に関して

十四地を設定する方法は〔次のようである。〕水・宝冠・金剛・鈴・名・真言灌頂・授記と安心の二つを一つにして、金剛戒・行戒・不退転の金剛阿闍梨灌頂・許可灌頂の瓶灌頂の十一の灌頂と秘密灌頂・般若智灌頂・第四灌頂の上の三灌頂と合わせて十四とし、『金剛鬘』と『大印の明点』にはそれら灌頂各々と結びつけて十四地としたが、〔この際の十四地は、〕『アビダーナ続タントラ』

で説かれた〔歓喜地などの〕十三地の前に信解行地を加えた十四地〔に相当すると〕言うのである。では十四の灌頂を十四地とする意味を、代替〔出来ること〕とみなすならば、大変な論理矛盾となってしまう。いかなることかと言えば、『五次第を明らかにする灯明』に各々に共通する類似点から結びつけると説かれているからである。(45) しかしながら多くの他の典籍にはそれらの灌頂を受けたことは種々の地を得たことと等しい福徳があるとし、また〔灌頂を受けることが〕その地を得る可能性や習気を置くことになるとも説かれているので、それらの説は〔『五次第を明らかにする灯明』と〕同一の考え方であると言うべきだと思うが、[21B] 検討してほしい。

○十五地と十六地について

十五地と十六地の設定の仕方は、『智慧の明点タントラ』に先に引用したごとく、信解行地を初地として法雲に至る十一地に加えて、無学の地を普光と一切顕明・増光（変化身）と一切顕明・得光（受用身）と不可説無量（大楽智身）に四分して、各々〔一地と〕数えて十五地とする。そしてその〔後者四つ〕を法身・変化身・受用身と大楽身等に順に設定するのである。あるいは歓喜地を初地として、第十一地普光を変化身・受用身・法身・大楽身・智身の五つに分けて十五地とする。この場合、二つの清浄を備えた真実性を法身、通達の智法身を智身とするのである。智法身を智慧地というのは、信解行地から数えて第十六地である。ヴァジュラグフヤ阿闍梨の〔『智慧の明点タントラ』の〕難処釈には「信解行地など十六地と結びつくのである。」と説かれているのである。それゆえ『智慧の明点』の意図のごときであるなら、無学道を四つあるいは五つの地に設定するのである。以上のように密教の場合、波羅蜜乗に比べ地の名称が同じもの、異なるものと様々であり、地の数もはるかに多く説かれているが、衆生地と聖者の地、有学・無学とともに分類・集約の仕方[22A]だけで、それら〔の様々な地の設定〕が矛盾するものではないので、どれであっても問題はないのである。インドの多くの賢聖のタントラの義釈には、第十一地普光より上の地が存在するとは述べていないので、波羅蜜乗の第十一地普光と密教の第十三地の執金剛の地の二つは、同義であると知るべきである。

○十地と二次第を代替の点から結びつける方法

そのように説かれた十地と二次第を代替の点から相当させる方法は、聖者父子のお考えのようならば、相続を異熟させるために観想する生起次第と第七地以下を相応させているが、七地各々との相応する仕方については説かれていない。相続を異熟しおわった微細と粗大の生起次第を成満した者は第八地を得た瞬間と相応する。究竟次第の定寂身と定寂語の二つは第八地の後半と第九地の二つに相応する。定寂心と幻身の二つは第十地の前半と相応する。光明と有学の双入の二つは第十地の後半と相応する。無学の双入は第十一地普光地と設定するのは『行合集灯』のお考えである。[22B]

それはまた、生起次第と三定寂、幻身など、波羅蜜乗や無上〔瑜伽〕密教自体の種々の地の内実は少しもないけれども、その二つは〔以下のように〕同等の特性の点でそれら種々の地の代替として設定するのである。相続を異熟しおわった微細と粗大の生起次第を成満することが、第八地と相応するには理由はある。〔それは〕第八地の清浄仏国土の瑜伽を得たことと、生起次第の成満の二つは、自らが、いずこか仏陀となる特殊な仏国土を成就する能力を得るという点で特性が同等なのである。定寂身と定寂語が第九地と相応するには理由がある。波羅蜜乗の第九地で、法を示す言葉を清浄にする智慧を得たことは、定寂語の場合に言葉の根本である風《ルン》を自由にする力を得たことと特性が同等であるからである。定寂心が十地と相応するには理由がある。波羅蜜乗の第十地で心を自由にする力に類似したものを得ることと、定寂心の場合に心を自由にする力を得たこととは特性が同等であるからである。幻身が第十地と相応するには理由がある。波羅蜜乗の第十地で大光輝の灌頂を受けるごとく、幻身の修道者が諸仏から灌頂を受けることの二つは特性が同等であるからである。

　光明と有学の双入の二つは第十地の後半と相応するには理由がある。波羅蜜乗の第十地の後半においては広大な方便[23A]によって裏打ちされたことで所知障を捨てる強力な能力〔を持ち〕、他の道を新たに学ぶ必要がない。同様に第四次第の勝義の光明は、広大な方便によって裏打ちされたことで所知障を捨てることについて最高の能力〔を持ち〕、有学の双入の場合に他の道を新たに学ぶ必要がない。〔このように両者は〕特性が同等であるからである。また波羅蜜乗の最後有の修行者は、この光明・双入の道に入道しなくてはならないからである。

○二つの道次第を本性の点から五道に設定する方法

　二つの道次第を本性の点から五道に設定する方法がある。共通の道で〔心の〕相続を浄化して、無上瑜伽タントラと結び付いて、大乗の発心をなしてから究竟次第の境地に達するまでの諸々の道が、無上瑜伽タントラのみを学ぶ者達の資糧道である。究意次第の境地に達してから第四次第の勝義の光明を獲得するまでの道は、無上瑜伽タントラの加行道である。第四次第の勝義の光明は無上瑜伽タントラの見道であり、初地と同位なのである。

有学の双入から無学の双入を獲得するまでの道は、無上瑜伽タントラの修道であって、この道において残りの九地の設定がなされるのである。無学の双入は無上瑜伽タントラの無学道であり、波羅蜜乗で説かれている第十一地[23B]普光地と、密教で説かれる第十三地執金剛の地の二つと同位であるとされている。次に生起次第はすべて資糧道であり、究竟次第の道は、加行道・見道・修道の三者に分類するのである。密教の場合は、修行道で捨てるべき中心的なものは〝凡庸な顕現と執着〟の二つである。そして凡庸〔なものとして〕捉える認識を煩悩障、凡庸〔なものとして〕の顕現を所知障と説いたのである。[46]その捨て方は、ギュメ寺の教科書には「第四次第の勝義の光明で煩悩障をすべて同時に捨てるように、有学の究極の光明もまた所知障を一時に捨てるのである。それゆえ捨てるべき障害の点で、有学の双入を修道の九地として設定しない。しかし勝義の光明が所知障を捨てる能力を備えたものとなるには、福徳資糧を積まなくてはならないから、そのような資糧を大・中・小の三つに分け、さらにそれら各々をまた大・中・小に分け、修道の九つの地として設定する」[47]と説かれている。中央チベット（ラサ）のギュトゥ寺の教科書によれば、ケートゥプ・ジェの『瑜伽遊戯《ゆがゆげ》の喜筵《きてい》』で、〝〔金剛杵《こんごうしょ》によって〕象徴されている本当の意味の金剛〟[24A]を説明する文[48]を根拠になさって、有学の双入の九段階の修道によって、所知障を大中小等に九つに類別して、順に捨てると御主張されている。無上瑜伽密教のこの場合には、これらの〝地〟の設定は、認識主体の倶生の大楽が、認識対象の空性を理解する点からなされるのである。倶生の大楽のそれぞれの段階を各々〔地として〕設定することについて、「それら一切は歓喜の分類であって、〝地〟とすべてを名付けた」と明確に説かれているからである。

以上のようならば、また真実性を理解する世間の知の段階を加行道、真実性を直観的に新たに理解することを見道、理解してからそれ（空性理解）を習熟させていくことを修道として設定することなどは、下の〔三〕タントラや他の〔波羅蜜〕乗でも同様である。

それはまた、道の主要な点を中心として〔そのように設定したの〕であって、それらの道に属するもの〔すべて〕が真実性の意味を理解するものとは限らないのである。

ケートゥプ・ジェの『〔二十一〕小著』には、「それはまた秘密集会を先に〔頭で〕理解したら、諸々の他〔のタントラ〕を理解することに苦労しない。その逆ならば、より小さな意味しかないので、まず秘密集会に学ぶのである。」（Toh No. 5521 fol. 14B1～2）とされている。それゆえここでは、吉祥秘密集会聖者流に沿って説明したのである。『灯作明』に、「これは成就者の最高の支分　すべてのタントラの意味を集めたもの」[24B]（Toh No.1785 fol. 1A5）と生起次第を第一にして、生起次第、心を認識する次第、幻身、光明、双入、即ち秘密集会のこの五つの道次第の中に、一切のタントラの意味が集約されていると説かれている。[(49)]〔その〕組み入れ方は、下の三タントラのすべては秘密集会の五つの次第に所作の点から集約される。[(50)]カーラチャクラの六支ヨーガは代替の点から集約される。他の無上〔ヨーガタントラ〕の諸道はこの〔秘密集会〕に本性の点で集約されるのである。[51]

そこにおいて、他の無上〔ヨーガタントラ〕の生起次第と、この〔秘密集会の〕生起次第とは完全に等しいものではないけれども、究竟次第を完全に生起するための善根を異熟させるものとなると知るならば、同義なのである。ここで説かれた定寂心・幻身・光明・双入など〔の概念〕は、直接その名称を用いても用いなくとも、〔実態において〕他の究竟次第にも用いられると理解しなくてはならない。他〔のタントラ〕で説かれたトゥモや「滴」のヨーガなどは、ここで説かれた定寂語に集約されるし、〝胸の奥〔の「滴」に風《ルン》を〕集中する前に、身体の他の箇所に〔風《ルン》を〕集中する〟と説かれていることなどは、定寂身に集約されるのである。それゆえ、吉祥秘密集会の道を〔頭で〕よく理解してから、他の無上〔ヨーガ〕タントラの諸々[25A]の道がそこに集約されるあり方を知るならば、すべてのタントラの意味に対して、恐れをなすことがない最高の無畏を得るのである。文殊の守護者たるラマ〔ツォンカパ〕は「いずれか理解するならば、すべての説法に対して恐れをなすことのない最高の無畏を施す秘密集会の道」（『五次第を明らかにする灯明』Toh No. 5302 fol. 1A5）と説かれているからである。

ヤンチェン・ガロによるあとがき

全ての仏教の最高の頂点である金剛乗　いずれかその〔密教という〕名を聞くだけでも利得と
〔され〕どんな時でも得難い甚深の中でも甚深なる宝　前世になした千万もの福徳により獲得した

もの　先天的資質も学ぶ力も劣った知恵の蓮華の地　依怙尊文殊（ツォンカパ）の善説の日光に育てられたことで　喜んで開く要訣の蜜の醍醐　妙徳の蜂の宴は今日　ここに成就した
しかしながら　智慧の劣った私如きが甚深なる論を　大声でお話するには相応しくないけれども信心と精進と広大な伺察で真理を追究する者が熱心に促すので　利他の心で著しました
この善業によって〔何度生まれ変わろうとも〕すべての世において　似て非なる道により如何なる場合も引きずられずに　全てを具えた顕密双修の素晴らしい道の　聞思修を難無く成満出来ますように
ということは、信心と精進と広大な伺察のケシャトゥの比丘タッパチュウサンが、度々たいへん熱心に勧めたのに対し、聖なる多くの智慧ある成就者の御足の塵を頭飾りとして得た凡人〔25B〕のヤンチェン・ガウェー・ロトゥが自他の利益を思い、役目と考えて著しましたゆえ、**sarve hitan tu**（自他ともに利益がありますように。）

注

(45)　**『五次第を明らかにする灯明』で十四の灌頂を十四地とする典拠**
『五次第を明らかにする灯明』には、「もし〝地〟の結び付け方がそうであるならば、生起次第等が各々の場合のその道を成満したならば、歓喜〔地〕等それらの境地の功徳をすべて完全に獲得しているのか、もしくは、十四灌頂を各々〝地〟に結び付けたり、一回の成就法〔の様々な部分〕を五道に結び付けたり、特別な信解により光明に収斂する〔次第〕等、三身と結びつける〔三身修道〕の如く、各々に共通する類似点から結びつけるものであるかというならば」(Toh No. 5302 fol. 266B4~6)とあるように、十四灌頂を各々〝地〟に結び付けることを「各々に共通する類似点から結びつけるもの」として紹介しているが、いかなる点からそう定義できるかについて、ツォンカパは言及していない。

(46)

凡庸な顕現は所知障なのか?——法王のお答え

種智院大学での講義中、受講生の一人から、「凡庸なものとしての顕現を所知障とするならば、幻身を獲得した後は、凡庸な顕現はないわけだから、所知障は無いことになるのではないか?」という質問を受けた。答えに窮した私は、ギュメ寺を訪問した際、何人ものゲシェーに意見を求めたが、誰も即答できなかった。そこで、二〇一三年十一月、法王に謁見した折、質問をさせていただいた。

その際、法王は、次のようにお話しになった。

「ギャルツァプ・ジェは、凡夫の私が仏であるとして慢を起こすことは邪智であるとおっしゃっている。邪智は、正しい果を生じることはない。量(正しい認識)が善い果を生じるのである。凡庸な者が、凡庸のまま、自身を持金剛と思うなら、それは邪智である。目的があって自身を持金剛なりと信解するだけであって、自分を本当に持金剛だと認識してしまうなら、それは邪智である。凡庸な者が自身を凡庸と思うことは、量である。量であるならば、煩悩障と設定するのはおかしいのではないだろうか。煩悩障であるなら邪智である筈だ。密教において必要に応じて仮に煩悩障とか所知障という言葉を使うことがあったとしても、それは、通常用いられる煩悩障や所知障の内実を満たしていない。まず空性を観想し、空性を直観的に理解していると信解し、自分も本尊も自性によって成立していない本尊であることは変わりがないと考え、その空性を確信している意識そのものが、無垢なる法身だと信解する。この場合も、信解でなく実際の法身と思うなら、これも邪智となる。

あくまでも信解であるが、強く信解して、その法身が次に手やお顔を具えた姿となったと観想し、それに対して目的をもって信解による慢を起こすのだ。これについて、ギャルツァプ・ジェがカーラチャクラの注釈で述べているし、ケートゥプ・ジェ全集の中に、パソ・チュー・キ・ギャルツェンが、これについて、考察しているから見てみなさい。」

まず、法王は、「凡庸なものとして捉える認識を煩悩障、凡庸なものとしての顕現を所知障」とすることについて、正しい意味での煩悩障や所知障ではないとおっしゃった。その時は失念していたが、ロサン・ガンワン先生から伝授していただいた際の伝授録を見ると、ジェツン・ロサン・タヤン（rJe btsun blo bzaṅ rta dbyaṅs）の『カーラチャクラ概論』から記述として以下のようにある。（なお、二〇一七年、ギュメ寺を訪問した際、この典籍の閲覧を求めたが、ギュメ寺の図書館にはなかった）。

（前略）凡庸なものとして捉えるその認識は、密教独自の煩悩障であっても、一般的な煩悩障ではないゆえに。そうであろうか？　真言乗に依っての煩悩障に関して、一般的な〔意味での〕煩悩障である必要がないゆえで、大乗に依っての捨てるべきものであるなら、捨てるべきものとして遍充しないのであるゆえである。

(da fol. 17A)

これに従えば、凡庸なものとして捉える認識や顕現は密教独自の煩悩障・所知障であっても、一般的な意味での煩悩障・所知障として遍充しないということになる。つまり、幻身を獲得しても所知障を克服したことにはならないのである。実際、「凡庸なものとして捉える認識を煩悩障、凡庸なものとしての顕現を所知障」という概念は、先に引用したジェツン・ロサン・タヤンを除いては、ヤンチェン・ガロのこの著作以外では見られない。ヤンチェン・ガロの直弟子であるガンワン・パルデンもこれについて、何も述べていない。受講者の疑問のような矛盾点を含むため、ゲルク派において、この説は広く普及した考え方ではなかったものと思われる。

・凡庸なものとしての認識と顕現を克服する目的

先のジェツン・ロサン・タヤンの言葉に「大乗に依っての捨てるべきものであるなら、捨てるべきものとして遍充しないのであるゆえである。」とあった。例えば、波羅蜜乗における菩薩戒の違反の第四条に、「菩薩は食事等の招待を受けたら、特段の事情がない限り必ず行かねばならない」というものがある。これは声聞の比丘にとっては、招待に応じずとも、戒律違反にはならないが、菩薩にとっては重大な過失となる大乗の菩薩独自のものである。

これと同様に、凡庸なものとしての顕現を凡庸なものとして捉える認識と、凡庸なものとしての顕現は、三阿僧祇劫という気の遠くなる期間を経て成仏を目指す波羅蜜乗の菩薩にとっては、何の問題もない。しかし、今生において即身成仏を目指す密教の修行者にとって、「煩悩障と所知障」と表現するかは措くとしても、間違いなく克服されねばならない密教独特の課題である。

次にこの凡庸なものとしての認識と顕現の克服について、法王がご指摘になったギャルツァプ・ジェとにパソ・チュー・キ・ギャルツェンの主張に沿って見てみよう。

まず、法王がご指摘されたように、ギャルツァプ・ジェは次のように述べている。

〔凡夫の〕私が仏であると思ったり、仏そのものが凡夫の時点の私であると思うこと等は、すべての点で不適当であって、縄を蛇だと思い込むような、認識対象を錯誤した邪智となってしまい、凡庸な認識と顕現を破壊し得ないのである。（『時輪二次第大楽道』Toh No. 5422 fol. 25B5～6）

ギャルツァプ・ジェは、凡夫の我々がそのまま本尊そのものという考えは邪智であるとしている。そして、邪智では、凡庸な認識と顕現を破壊し得ないとするのである。

ここで、二人の学匠の典籍を見るまえに、ゲルク派が採用している中観帰謬論派のプドガラとしての〝私〟の定義を確認したい。中観帰謬論派における私の定義は、五蘊のいずれかを〝私〟と命名するための基盤として、それに依って名付けられた〝私〟となる。これを「五蘊のいずれかを命名処として、仮設した〝私〟」という言い方をする。

ギャルツァプ・ジェは〝私〟を仮設する命名処について、次のように言う。

〝私だ〟と思って認識するその対象（命名処）には、〝虚構のもの〟と〝本性のもの〟の二つがある。前者は縄を蛇だと思うような邪智によって生起して、その原因の対治法を究極まで習熟することで、捨て尽くし去ることが出来るものである。それはまた凡庸な蘊界處にプドガラを仮設するそれ自体〔をさすの〕である。そしてそれは、プドガラや〔五〕蘊を実体ありと固執する誤った見解によって動機づけされて、業を積んで生じたものである。これは、大きな福徳資糧に裏打ちされた〔空性の〕見解によって実体ありとする固執を捨て尽くし去ることで、不浄な〔五〕蘊などを〔再び〕生じないようにし得るものだから、〝虚構のもの〟と呼ぶ。（同書 fol. 26A1～3）

凡庸な五蘊等、凡夫の命名処は、実体有りと認識する邪智により、業を積んで出来ているものである。したがって、空性を理解し、実体有りとの邪智を克服することが出来れば、その結果である不浄な有漏の五蘊を享受する輪廻の再生をすることはなくなるという。それゆえ、凡庸な五蘊等、我々の自分自身の命名処は、誤った邪智により生じたもので、邪智を克服すれば、再び生じないようにすることが出来るため、ギャルツァプ・ジェは〝虚構のもの〟と呼んでいる。

これに対して〝本性のもの〟、これは仏身のことである。この命名処については、次のように述べている。

後者（本性のもの）は、プドガラを仮設する対象（命名処）それ自体が、原因も含めて壊すことの出来る対処法は存在せず、それを実現できたら、輪廻の続く限り、流れを断つことなく存在し、過失なく、すべての功徳を円満するものである。それは受用身の相好と等引（光明）などの寄り集まったもの、即ち、それを、プドガラを仮設する対象（命名処）とする、〝本性のもの〟と言うのである。（『時輪二次第大楽道』Toh No. 5422 fol. 26A4～5）

先に現在の有漏の肉体は、我執・我所執という煩悩障により対象を正しく認識していない邪智によって、業を積んで輪廻して受けることになったものだから、〝虚構のもの〟としたことに対して、煩悩障と所知障を克服したことで獲得した仏身は、原因も含めて壊すことの出来る対処法は存在せず、成就したら、他の有情の輪廻の続く限り、流れを断つことなく存在する〝本性のもの〟であるとする。先の注(42)の不滅の支分で説明した通りである。

ギャルツァプ・ジェは言う。

本尊を観想する時、アーリヤデーヴァ阿闍梨がおっしゃったように、「私は、無始よりの錯誤のせいで、この転倒〔した見解によって生じた五蘊〕を〝私〟と思って固執したことで、望まない様々なものを生じて、望んでいる目的を達成しえない」〔と〕いうように考えて、自分が獲得するべき受用身そのものを、決定心の対象として姿をイメージしてから、それが〝私なり〟と慢を起こすのである。（同書 fol. 26A5～B1）

〝虚構のもの〟である現在の五蘊を命名処とせず、〝本性のもの〟、即ち、やがて自分が成就する仏身を観想して、それを命名処として、私なりという慢を起こすのである。

したがって、本尊瑜伽は、現在の自分がそのまま仏というわけではないが、存在しないものをイメージするというよりは、むしろ本性的なもの、本来的にそうあるべき姿を具体的に思い描いて、それが自分であるという慢を起こし、その過程で加持を受け、仏の境地に近づけていこうとするものと言える。

こうした本尊瑜伽について、パソ・チュー・キ・ギャルツェンは次のように述べている。

〔前略〕自らの心が空性を理解する般若の本性として生起したら、実際は、自分の心が楽の本性に生起していなくても、信解によって、自分の心である大楽智が、空性に対して、〔認識対象と認識主体の〕二つが、〔対立して〕顕現することが僅かもなく、〔空性を直観的に理解する境地に至った時のように〕水に水を重ねるごとくに再び禅定から起きることのない恰好で、等引する法身となったという慢を起こす。そしてその〔意識の〕側面では、世俗の顕現と〔それを捉える〕認識を滅して、そこに心を置くのである。そしてそのうえで、自分の心が楽空の智慧、法身の本性となったそれ自体が、蘊界處を浄化した本尊と宮殿などの行相を起こすと観想することが、浄化対象において、命名処の蘊界處等が実体あるように顕現してその通り捉える認識への対治法を観想することである。

次に間を措かず、楽空の智慧の本性が本尊の行相を現〔して曼荼羅の様々な本尊を〕順に、それらを命名処として、〝私だ〟と思う慢を起こすことは、浄化対象の不浄な〔五〕蘊等が実体有るように顕現し、〔その通り〕捉える認識するものを命名処として〝私なり〟と思って捉える認識への対治法を観想することである。

〔パソ・チュー・キ・ギャルツェン『時輪成就法白蓮口訣に対する偏見を除く書』Toh No. 5480 fols. 56B4～57A1〕

パソ・チュー・キ・ギャルツェンの説明する本尊瑜伽は、三段階に分けることが出来る。

① 空性を理解する自分の智慧が、まず、大楽の本性になったとイメージする。次にその大楽智が、空性と本性無別になったとイメージして、禅定から再び起きることなく、永遠に禅定状態になる法身を獲得したと思い、自分自身が法身であると慢を起こす。

② 次に、法身の本性となった自身の心が、そのまま浄化された本尊や曼荼羅の姿を取ったと観想する。これが凡庸なる顕現と、凡庸な認識への対治法である。

③ 次に、観想した本尊を命名処として、それに仮設したものが〝私〟であると慢を起こす。これが、凡庸な五蘊を自分であると捉える認識への対治法である。

・**成就者が自分を本尊として観想することへの抵抗感について**

さて、逆に悟っていない段階で、自身を仏、本尊と対等であると観想することに抵抗感がある場合について、ツォンカパは「〔『密意授記タントラ』に〕〝この道は、私の徳では足らないと言って、自嘲する。そんな《誹謗の仕方で》自嘲するならば、一切仏を誹謗するものとなる。一切仏を誹謗したら、涅槃より他、《〔涅槃に〕背を向ける方へ》行くものとなる。〞と説かれたのであって、〔これは〕了義である。」（『灯作明複註』Toh No. 5282 fol. 180A2～4《　》内はツォンカパにより加えられた説明）としている。

シェーラプ・センゲは、これに関連して、さらに踏み込んで次のように述べている。

自分の身口意と本尊の身口意とを混ぜ合わせる生起次第者が、心で自身を劣ったものとし、曼荼羅の本尊が最高に素晴らしいものゆえに、自身の身口意の三者と本尊の身口意とを無別とするのは相応しくないと考える思いそれだけ、もしくは、〔その〕思いを持って身と言葉で、仏菩薩と縁覚と声聞の実物、もしくはそれらの像に礼拝するならば、不適切である。〔礼拝等が〕必要な場合には、そのような〔自身の身口意と仏の身口意を差別する〕思いを伴わずに、身と言葉で礼拝することには、過失はないのである。（『ティカ』ca fol. 90A6～B1）

ここでは、自分が劣った者であり、曼荼羅の諸々の本尊は素晴らしい最高のものであるから、行者自身の身口意の三者と本尊の身口意を無別とするのは相応しくないと考える、そのことだけでも不適切で、そういう気持ちで、仏菩薩や、仏像に礼拝することも、不適切な行為と戒めている。

通常、自身は劣ったものであるから、仏と自分が無別などとおこがましく相応しくないとする態度は、謙虚で当然の態度と言えそうだが、密教ではなぜ否定するのだろうか。

三昧耶戒の金剛乗根本堕罪の第八番目に、五蘊は五仏の自性であり、それを誹謗する（粗末に扱ったりする）ことは根本堕罪であるとされる。自分を卑下して、仏と観想するに相応しくないと考えるだけで根本堕罪となるのである。

この根拠について、先に、ギャルツァプ・ジェが「〔凡夫の〕私が仏であると思ったり、仏そのものが凡夫の時点の私であると思うこと等は、すべての点で不適当であって、縄を蛇だと思い込むような、認識対象を錯誤した邪智となってしまい、凡庸な認識と顕現を破壊し得ないのである。」（Toh No. 5422 fol. 25B5～6）と述べていることを引用した。したがって、自分を凡夫そのままの状態で仏と思うことは邪智とされており、これはそのような見解をさすのではない。

凡夫の時点における自分を仏そのものと考えることが邪智であるならば、行者自身の五蘊は五仏の自性と考えなければならない理由は何だろうか。

自分の五蘊を五仏の自性とするとは、五蘊等プドガラの構成要素を仏として生起する身体曼荼羅の観想をさすと思われる。

・身体曼荼羅とは何か？

身体曼荼羅について、ケートゥプ・ジェは次のように述べている。

身体曼荼羅を観想するという意味は、身体の各々の箇所に尊格を観想するだけではなく、身体の部分部分を尊格それぞれの成就基盤としてから観想することをいうのであって、そうでなければ、〔所作・行・瑜伽等無上瑜伽タントラ〕以下の諸タントラ部にも、多くの身体曼荼羅の観想が説かれることになってしまうのである。

（『生起次第の悉地の海』Toh No. 5481 fol. 104A3～4）

ケートゥプ・ジェは、身体曼荼羅を「身体の各々の箇所に尊格を観想するだけではない」として、その類の観想は、所作・行・瑜伽等無上瑜伽タントラ以下の諸タントラ部にも多く存在するとしている。二〇一一年十一月に高野山大学で勤修されたダライ・ラマ法王の「金剛界マンダラ灌頂」で私は通訳をさせていただいたが、後半、受者の身体に金剛界三十七尊を布置する観想次第があった。その際、ダライ・ラマ法王は、わざわざ「これは身体曼荼羅ではない」とおっしゃった。

身体曼荼羅は「身体の部分部分を尊格それぞれの成就基盤としてから観想すること」とする。例えば、真鍮製の立体曼荼羅は、無論、真鍮で出来ているわけだが、同じように、身体曼荼羅は、身体の部分を成就基盤として、身体のそれぞれの部分で出来ている曼荼羅と考えてよいだろう。ケートゥプ・ジェは、身体曼荼羅では「例えば、眼根が転変してタリム字〔地蔵菩薩の種字〕に変わり、それが転変して地蔵となったと観想するのであって、はじめにタリム字を意識で〔成就〕基盤なしに生起して、それを地蔵として生起してから、その後、地蔵を自分の眼根と不二であると信解するだけではだめだ」（同書 fol. 105A2～3）としている。

・自分の五蘊等を仏として生起する観想――身体曼荼羅の目的

次に身体曼荼羅の目的を考えてみよう。

ケートゥプ・ジェは「身体曼荼羅こそが、創作された外《げ》の〔砂絵曼荼羅と絵の曼荼羅の〕二曼荼羅より優れている」（『生起次第の悉地の海』Toh No. 5481 fol. 104B3）として、その理由を次のように述べている。

最勝の悉地の因の中心は、身体において〔意識を集中する等して〕要訣を加えて観想したことで〔大楽等が〕生じる究竟次第だけである。今、身体全ての部分を本尊として生起して、加持することを何度も繰り返して、身体の脈管や風《ルン》、滴等が中用の状態〔行をするのに適した状態〕となって、〔中央脈管に意識を集中させ、風《ルン》を入れる等〕身体に要訣を加える観想をする場合、究竟次第の境地を容易く生じうる特別な異熟因になる。しかし、砂絵や絵画〔の曼荼羅〕等を本尊として生起して加持しても、福徳資糧と灌頂等の役目を果たし得ることは、身体曼荼羅と等しいが、砂絵や絵画〔の曼荼羅〕に要訣を加えて観想することで、〔楽空無別の〕智慧を生じ得ることはないゆえである。（同書 fol. 104B4～6）

無上瑜伽タントラの立場では、究竟次第の境地を開くことなく、成仏することはない。

身体曼荼羅を修習して五蘊等を本尊に生起して繰り返し加持することで、風《ルン》の流れや脈管の通りがよくなり、行を成就するために適した状態になっていく。これを中用というが、その状態で、「身体に要訣を加える観想をする場合」、即ち、眉間や秘処等に微細な滴の観想等をするなら、「究竟次第の境地を容易く生じうる特別な異熟因になる」とするのである。

したがって、行者自身の五蘊等を仏として生起する身体曼荼羅の観想を継続して実践することは、自身の身体を、行を成就するために適した中用の状態に加持することを意味し、加持された身体は、微細な滴の観想等をなせば、究竟次第の境地を容易に現出する特殊な異熟因となる。この目的のために、無上瑜伽タントラ独特の、身体曼荼羅が必要なのである。

そう考えるならば、行者自身の身体に対する劣等意識は、身体曼荼羅等の観想の大きな妨げとなり、ひいては究竟次第の境地を引き出す妨げとなるため、根本堕罪としたと思われる。

これに関連して、ツォンカパは「自分自身の〔五〕蘊等を本尊として観想してから供養する等によって、悟りを速やかに与えるけれども、外の本尊を観想してから、供養する等に執着すれば、そのようには成就しない」（『灯作明複註』Toh No. 5282 fol. 439A 3~4）と述べている。

弘法大師の『般若心経秘鍵』に「夫れ　仏法遥かに非ず　心中にして即ち近し　真如外に非ず身を棄てて何にか求めん」とあるが、まさにそれを彷彿とさせる。行者自身の五蘊等を本尊と生起する観想をしてから、自身に供養することは、自分以外の本尊を供養するより遥かに迅速に成仏する因となるとするのである。

(47) **所知障を一度に断滅するという主張のギュメ寺の教科書について**

タクポ・ナムカ・タクの『タクポの究竟次第』に以下の記述がある（ギュメ全集第八巻）。

第四次第の勝義の光明がすべての煩悩障を一度に捨て去るように、最後の金剛喩定《こんごうゆじょう》がすべての所知障を一度に捨て去るのである。ゆえに、捨てるべき障害の点から修道を九つの地に設定はしないけれども、その勝義の光明（最後の金剛喩定《ゆじょう》）は、〔福徳資糧を積み重ねて〕所知障を捨て去る力を具えるように成就しているので、福徳資糧の積み様の状況から修道を九つの地に設定したのである。（kha fol. 55A1～3）

ヤンチェン・ガロが引用したギュメ寺の教科書とは細部が異なり、こちらの方が、説明が簡素であるが、文章の構成から、ここで典拠とされているギュメ寺の教科書は、このタクポ・ナムカ・タクの『タクポの究竟次第』と考えてよいだろう。

(48)
所知障を段階的に断滅する場合のケートゥプ・ジェ説の典拠

ケートゥプ・ジェが、『瑜伽遊戯の喜筵』（Toh No. 5500）の中で『サンプタタントラ』（Toh No. 381）よりの引用文を修道の説明として解説する箇所である。

ケートゥプ・ジェは次のように述べている。

修道を中心に考えたならば、〔『サンプタタントラ』より引用のうち、最後の〕残りの三句（〝顕現の面を得るすべての金剛成就を　金剛の本性と示したのである〟）は、即ちそれはまた、空性の直観的理解を妨げる闇と伴う側面と、それがないことを顕現する側面の二つのうち、等引におけるそのような〔空性を直観的に理解する空性の〕顕現の側面を、獲得する無二の智慧金剛を何度も習熟したことで、能力がますます〔向上し、その度ごとに〕成就した境地全てにおいて、各々役割分担としての捨てるべき障害となった二元的顕現の錯誤の習気〔所知障〕を順番に滅していくという、金剛の本性を示したのであるという意味である。そのような修道のそれらの智慧が、修道を中心に考えた際の、象徴されるべき本当の金剛である。（Toh No. 5500 fol. 169A4～7）

ここで「成就した境地全てにおいて、各々役割分担としての捨てるべき障害となった二元的顕現の錯誤の習気

（所知障）を、順番に滅していく」とあるので、これを根拠に、所知障を順番に滅すると解釈したと思われる。

(49) **『秘密集会タントラ』には一切のタントラ部の意味が集約する、とされているということ**

ツォンカパは次のように述べている。

『灯作明』に「これは成就者の最高の支分　すべてのタントラの意味を集めたもの」と、第一次第とともに五次第ともここで「すべてのタントラの意味を集めたもの」と説かれたことは、〔秘密〕集会タントラのすべてというのみではなく、すべてのタントラを言わなくてはならない。それ自体（『灯作明』）に「〔秘密〕集会は全てのタントラ部の根本で、すべての顕教部の器」と説かれているからである。（『五次第を明らかにする灯明』Toh No. 5302 fol. 82A6〜B1）

・成就法とタントラの本文、どちらを先に学ぶべきか？

これについて、ツォンカパの『灯作明複註』には次のようにある。

《〔秘密〕集会タントラの説法の聴聞に入っていく方法はどのようかというならば、先に諸々の聖者父子の小さな典籍に説明されているような、》密教《の身、〔即ち〕生起次第》と、心《を縁ずる次第（定寂心）》と、《幻》身《次第》、極清浄《な光明の次第》と、《二諦の》双入の次第の五次第で集約した意味《の諸要点をよく》知って《から、その後に、》〔了義・未了義、密意語釈・非密意語釈、如義語・非如義語の〕六辺《を持つ〔秘密集会〕根本タントラ説法の聴聞》に入る《べきである。先にタントラ各々の二次第の口訣をよく伝授され、理解ができてから、その後にタントラに入るということの順番は、大口訣を与えたのである。》（『灯作明複註』Toh No. 5282 fol. 4B2〜4《　》内はツォンカパにより加えられた説明）

このように、『秘密集会タントラ』を学ぶ場合は、聖者父子の小さな典籍から出来た生起次第や究竟次第のテキストを学んでから、タントラの本文の勉強に入るべきだとしている。無論「六辺を持つ」とあることから、『灯作明』の注釈に基づく根本タントラの勉強をさす。

実際、私も、このヤンチェン・ガロの『秘密集会タントラ概論』を学んだ後に、パンチェン・ロサン・チョゲンの『五次第の心髄』『生起次第の心髄』を学んで概略を摑んでから、ツォンカパの『五次第を明らかにする灯明』とケートゥプ・ジェの『生起次第の悉地の海』の二次第を学び、その後、根本タントラの注釈である『ティカ』の伝授に入った。ガンワン先生はこの順番でなければならないとおっしゃっていたが、ツォンカパの言葉と符合する。

ちなみに、二〇〇八年五月二十五日に『ティカ』の伝授が終わった時、ガンワン先生から、「これで私はお前の〝三つの御恩をいただいたラマ〟になった」とおっしゃっていただいた。灌頂を受け、二次第を伝授され、タントラの伝授を受けたラマのことを〝三つの御恩をいただいたラマ〟と呼び、特別なラマとするのである。

(50) **所作の点から集約される**

二〇一三年に、チャド・リンポーチェが金剛界次第の伝授のために高野山大学にお見えになった際のお答えである。例えば、空性から種字に転変し、さらに本尊に転変する観想は、下の三タントラにもあるが、無上瑜伽タントラでは、それを法身・受用身・変化身の三身修道の観想と解釈する。このような解釈は、下の三タントラにはないが、種字等の観想の所作はあるので、所作の点から集約するとしているのである。

(51) **他の無上瑜伽タントラの諸道は、秘密集会に本性の点で集約されること**

これについて、ガンワン・パルデンは次のように述べている。

ある者が、「不浄の幻身を獲得するためには、定寂心を先に獲得しておくことで遍充するのではないか。〔なぜなら〕『五次第を明らかにする灯明』に、〝そのような幻身を成立せしめる基体である風《ルン》と心は（中略）、定寂心の三智を生起する心とその乗物である風《ルン》であるから、幻身の前に定寂心が先行しなくてはならない。〟と説かれているからである。」と主張するならば、それは遍充しない。〔なぜなら〕幻身の前に定寂心、定寂心の前に定寂語、金剛念誦が先行しなくてはならないと説かれているのは、秘密集会より導かれるべき所化の道の進み方を中心にしたことであって、母タントラの所化の道の進み方〔も〕同様と決めることはできない。〔『五次第を明らかにする灯明』〕それ自体に「金剛念誦の風《ルン》により定寂心を引導する代わりこそが〔臍の熱を観想する〕トゥモの瑜伽である。定寂心の代わりが、トゥモを観想したことで風《ルン》を〔アヴァ〕ドゥーティーの中に入れ、溶け込ませたことで生じた大楽、即ち四歓喜である。以上の二つは瑜伽母タントラのみに説かれる。」と説かれているのである。それゆえヤンチェン・ガロが『サ・ラム』（『秘密集会タントラ概論』）の中で、「他の無上瑜伽タントラの諸々の道は、秘密集会の『五次第』の本性の点から秘密集会に集約される」と説かれているのは〝〔秘密集会〕自体の方法で集約する〟というのではなく、なすべき所作が相応しているという点から集約することを考えてのことである。（『大秘密四タントラ概論』fol. 18A6〜B5）

「『五次第』の本性の点から秘密集会に集約される」とは、秘密集会自体の道の中に集約されるという意味ではなく、母タントラで、トゥモの瑜伽により、風《ルン》を中央脈管に入れることが出来るとあり、それが定寂心の代替となるように、作用の点から秘密集会と同様の効果があることを意味している。

・ツォンカパの想定した「譬えの光明」から「無学の双入」成就までの過程

①　定寂心の最後に成就した「譬えの光明」（「勝義の光明」の疑似体験）に等引する。

←

②　その「譬えの光明」より起きると同時に、「譬えの光明」を補助縁、「譬えの光明」の乗物である風《ルン》を質料因として、「不浄の幻身」を元の体から体外離脱して達成する。

←

③「勝義の光明」に等引すると同時に「不浄の幻身」は虹が消えるように消滅する。

←

④「勝義の光明」より起きると同時に、「勝義の光明」を補助縁、「勝義の光明」の乗物である風《ルン》を質料因として「清浄なる幻身」の実現、煩悩障を捨て尽くした〝捨〟を達成し、行者は阿羅漢となる。

〔煩悩障を捨て尽くしたことと「清浄なる幻身」の達成を合わせて〝捨の双入〟という。〕

（以後、「清浄なる幻身」は、仏陀の色身の同類因として流れを断つことなく移行していく）

←

⑤再び「勝義の光明」に等引すると、既に実現している「清浄なる幻身」と合わせて〝通達の双入〟（仏陀の法身と色身に流れを断つことなく移行していく同類因）を達成する。

←

⑥所知障を滅するとともに「無学の双入」を達成して仏陀の位を得る。

【影　印】

吉祥秘密集会聖者流と随順する密教の〔十〕地・〔五〕道の構造の妙徳なる善説の桟橋

ヤンチェン・ガロ著（平岡宏一所蔵本）

影印に使用したチベット語経典は、本書訳注に使用した原本で、一九八八年七月十一日から二十五回にわたってロサン・ガンワン師に伝授していただいた際に用いたものである。一九七二年にダラムサラのダライ・ラマ法王のナムゲル寺で五百部刷られたもので、ギュメ寺の正式の教科書であったことを示す押印がある。ガンワン師から伝授していただいたあと、ギュメ寺より拝領した。サインは二〇一六年十一月のチッタマニターラ尊の灌頂会の際にダライ・ラマ法王にいただいたものである。

ギュメには、初めからギュメ寺で密教を中心の修道をするケリム・パ（生起次第者の意味）というコースと、セラ・デプン・ガンデンの三大寺の六学堂で顕教を学んでゲシェー位（仏教博士）を獲得した者が、最後に密教を修道するためにギュメ寺もしくはギュトゥ寺に入門するチュウ・ト（chos thog）と呼ばれるコースの二つがある。どちらのコースにおいても、密教を本格的に学ぶ際に、最初に必ず伝授されるのが、この通称『秘密集会タントラ概論』（サ・ラム）である。

[1B]

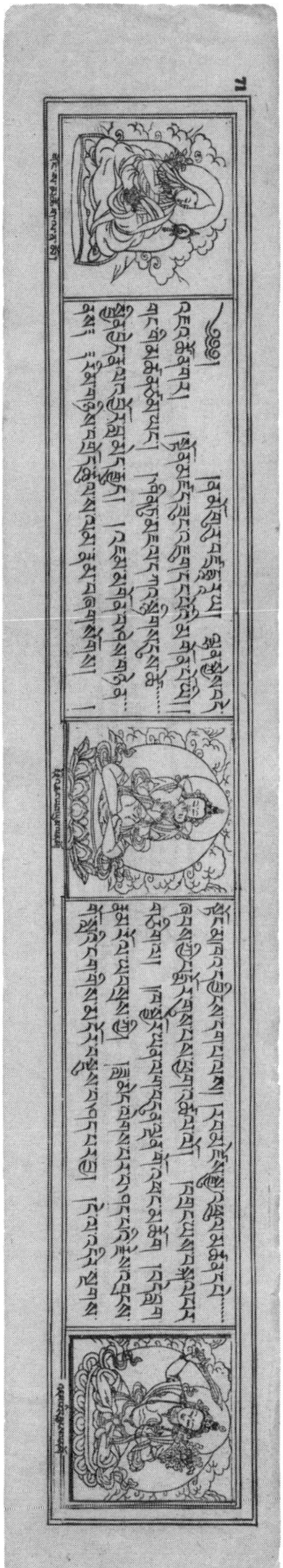

[1A]

[2A]

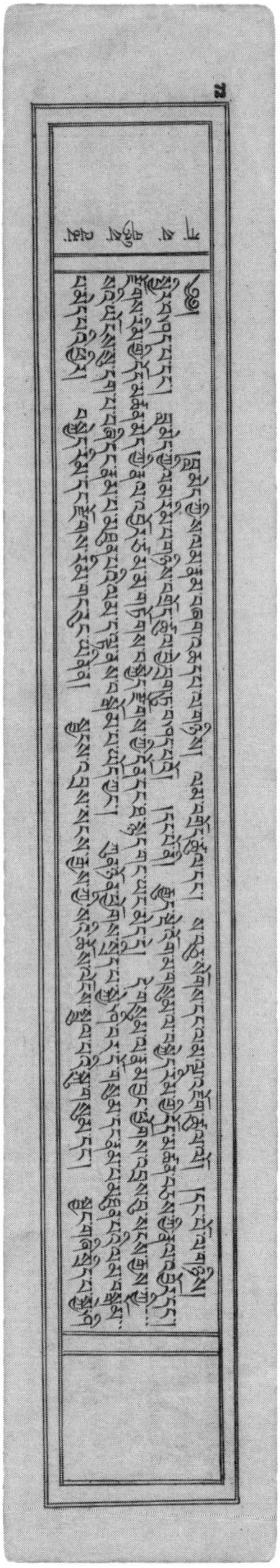

[2B]

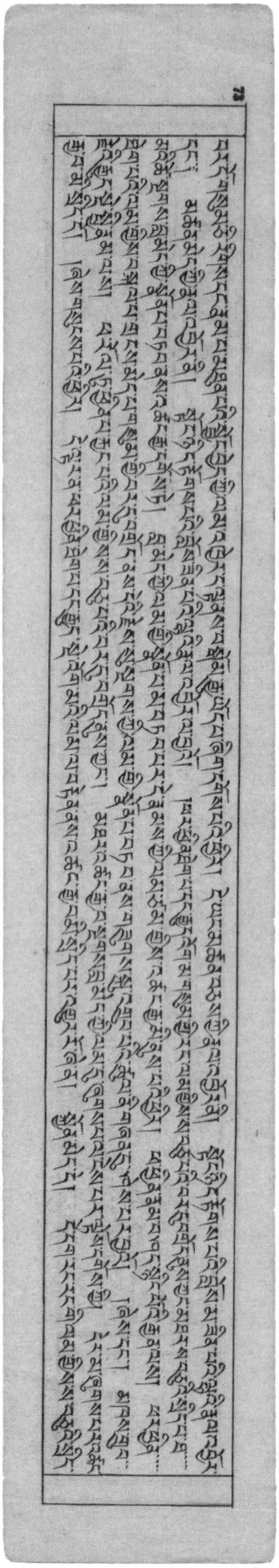

[3A]

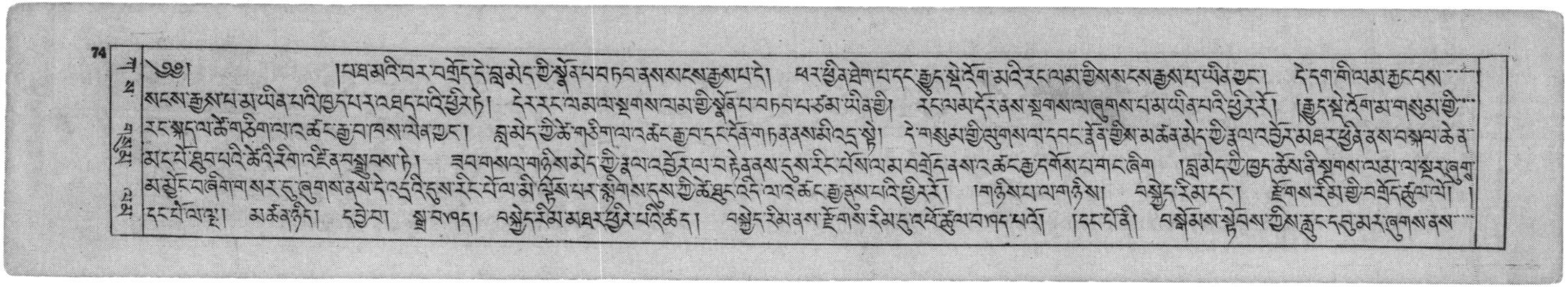

[3B]

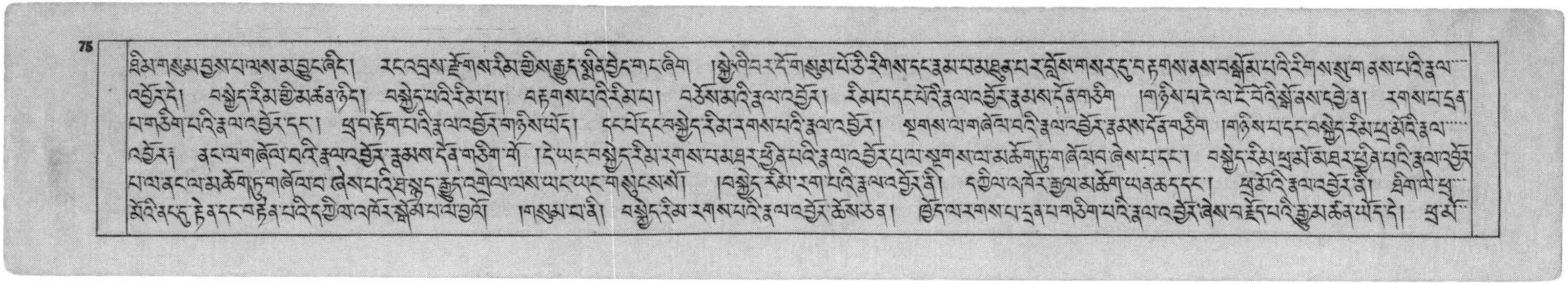

[4A]

76

ཀ་ ཞ བཞི [illegible]

༄༅། །ལས་དམིགས་རྟེན་རགས་ཤིང་རང་ལྷན་གཅིག་ཏུ་དྲན་པའམ་གཅིག་ཏུ་ལྷ་དྲན་པའི་རྣལ་འབྱོར་ཡིན་པས་དེ་ལྟར་བརྗོད་པའི་ཕྱིར། བསྐྱེད་རིམ་ཕྲ་མོའི་རྣལ་འབྱོར་ཆོས་ཅན། ཕྱིད་ལ་སྤྲབ་རྟོག་
པའི་རྣལ་འབྱོར་ཞེས་བརྗོད་པའི་རྒྱུ་མཚན་ཡོད་དེ། བསྐྱེད་རིམ་རགས་པ་ལས་དམིགས་རྟེན་ཕྲ་ཞིང་རྟོག་པས་བརྟགས་ནས་བསྒོམ་པའི་རྣལ་འབྱོར་ཡིན་པས་དེ་ལྟར་བརྗོད་པའི་ཕྱིར། དེ་ལྟ་བུའི་རིམ་པ་དང་པོའི་རྣལ་འབྱོར་
ལ་བསྐྱེད་རིམ་ཞེས་བྱ་སྟེ། སྦྱང་གཞི་སྐྱེ་ཤི་བར་དོ་གསུམ་དང་རྣམ་པ་མཐུན་པར་སྐུ་གསུམ་གྱི་རྣལ་འབྱོར་དུ་བློས་བཅོས་ཤིང་བསྐྱེད་པའི་བློ་ནས་བསྒོམ་པར་བྱ་བའི་རིམ་པ་ཡིན་པས་དེ་ལྟར་བརྗོད་པ་ཡིན་པའི་ཕྱིར། བཞི་པ་ནི།
གང་ཟག་གཅིག་ཉིད་ལ་ལམ་རྒྱུད་ལ་སྐྱེས་པའི་རིམ་པའི་སྒོ་ནས་དབྱེ་ན། ལས་དང་པོ་པ་དང་། ཡེ་ཤེས་ཅུང་ཟད་བབས་པ་དང་། ཡེ་ཤེས་ལ་ཅུང་ཟད་དབང་ཐོབ་པ་དང་། ཡེ་ཤེས་ལ་ཡང་དག་པར་དབང་ཐོབ་པ་དང་བཞི་
གསུངས་པའི་དང་པོ་གཉིས་དང་། གསུམ་པའི་ཕྱོགས་གཅིག་ནི་བསྐྱེད་རིམ་གྱི་སྐབས་དང་། གསུམ་པའི་ཆ་ཤས་གཅིག་དང་བཞི་པ་ནི་རྫོགས་རིམ་གྱི་གནས་སྐབས་སུ་འཇོག་གོ །དེ་ཡང་བསྐྱེད་རིམ་ཐོག་མར་སྒོམ་པ་
ནས་བཟུང་རགས་པའི་རྟེན་དང་བརྟེན་པའི་དཀྱིལ་འཁོར་རིམ་གྱིས་གསལ་བཏབ་ནས་གསལ་བར་འཆར་ཡང་ཡུད་ཙམ་གྱིས་དུས་གཅིག་ལ་དེ་ལྟར་འཆར་མི་ནུས་པའི་བར་ནི། ལས་དང་པོ་པ་དང་། རགས་པ་ལ་ཡུད་ཙམ

[4B]

77

རེས་དུས་གཅིག་ཏུ་གསལ་ལ་སྣང་བ་བརྟན་པོ་འཆར་ཡང་སྐྱེ་མཆེད་ཀྱི་ལྷ་ཕྲ་བ་ལ་དེ་ལྟར་གསལ་ལ་སྣང་བ་བརྟན་པོ་མི་འཆར་བའི་བར་ནི། ཡེ་ཤེས་ཅུང་ཟད་བབས་པ་དང་། ལྷ་ཕྲ་བ་ཐམས་ཅད་ཀྱང་ཡུད་ཙམ་གྱིས་མངོན་སུམ་པ་
ལྟར་གསལ་ལ་སྣང་བ་བརྟན་པོ་ཤར་བ་ཐོབ་པ་ནས་ཡེ་ཤེས་ལ་ཡང་དག་པར་དབང་ཐོབ་པ་མ་སློབ་ཀྱི་བར་ནི། ཡེ་ཤེས་ལ་ཅུང་ཟད་དབང་ཐོབ་པ་ཞེས་པ་ཡིན་པས། འདི་ལ་བསྐྱེད་རྫོགས་གཉིས་ཀའི་ཆ་ཡོད་ཅིང་། མཚམས་
འདི་ནས་བསྐྱེད་རིམ་རགས་པ་ལ་བརྟན་པ་ཐོབ་པར་འཇོག་གོ །ཡེ་ཤེས་ལ་ཡང་དག་པར་དབང་ཐོབ་པ་ནི། བསྐྱེད་རིམ་མཐར་ཕྱིན་ནས་རྫོགས་རིམ་ལ་ནུས་པ་ཐོབ་པའི་སྐབས་ཡིན་ནོ། །དེས་ན་འདི་ཡིན་པ་ཇི་ལྟར་
བཏང་བ་བཞིན་རྟེན་དང་བརྟེན་པའི་དཀྱིལ་འཁོར་རིམ་གྱིས་གསལ་བཏབ་པ་ན་ཚོད་དེ་ལས་ལྷག་ཆད་མེད་པར་གསལ་ལ་སྣང་དང་ལྷའི་ང་རྒྱལ་དང་གིས་སྤྲུལ་པའི་བཅོས་མིན་གྱི་སྣང་བ་ནམ་ཐོབ་པ་ན། བསྐྱེད་རིམ་གྱི་རྟགས་
པ་ཐོག་མར་སྐྱེས་པས་གང་ཟག་དེ་བསྐྱེད་རིམ་པར་འཇོག་པ་ཡིན་ལ། བསྐྱེད་རིམ་ཕྲ་རགས་ལ་བརྟན་པ་ཐོབ་པ་དང་། དེ་མཐར་ཕྱིན་པའི་ཚད་རྣམས་སོ་སོར་བཞག་ཏུ་ཡོད་དོ། །རགས་པའི་རྟེན་དང་བརྟེན་པའི་དཀྱིལ་
འཁོར་གསལ་བ་བཏབ་པའི་ཚེ། དེའི་ཆ་ཕྲ་རགས་ཐམས་ཅད་མ་འདྲེས་པར་སྐད་ཅིག་གིས་གསལ་ལ་མི་རྟེ་ཡང་རབ་ལ་ཕྱིར་བཅོད་དང་བྲལ་བར་ཉིན་ཞག་གཅིག་གི་དྲུག་ཆ་འབྱོངས་ཐོབ་པ་ནི། བསྐྱེད་རིམ་རགས་པ་ལ

[5A]

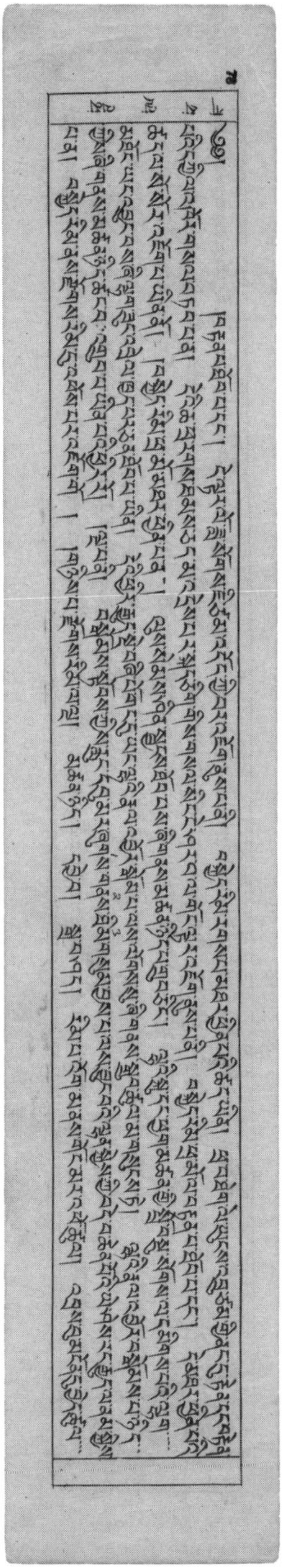

[5B]

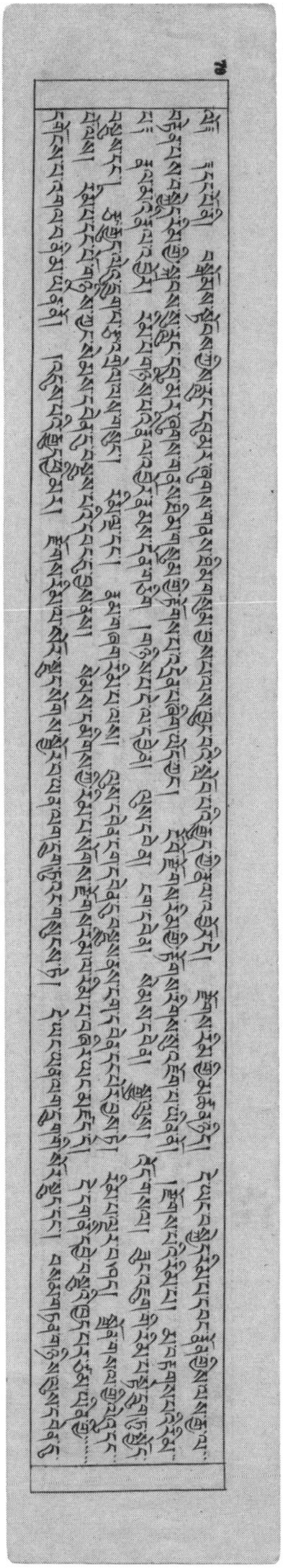

[6A]

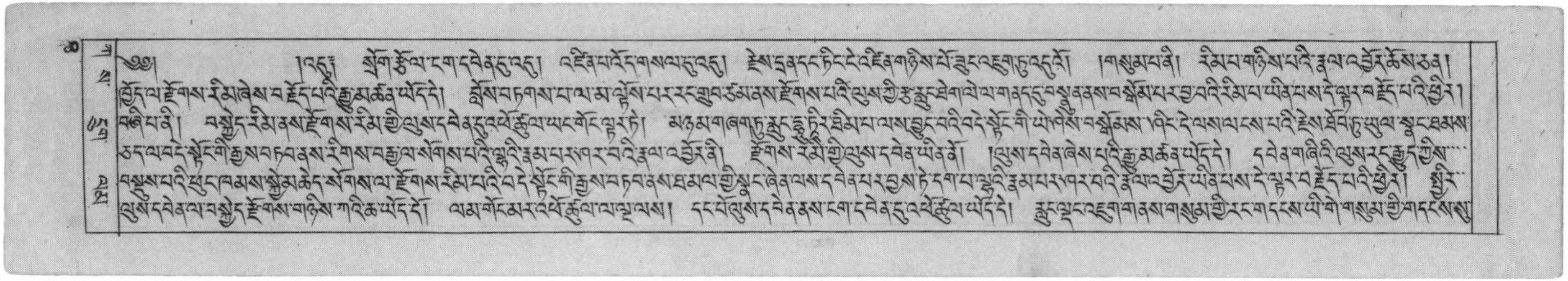

[6B]

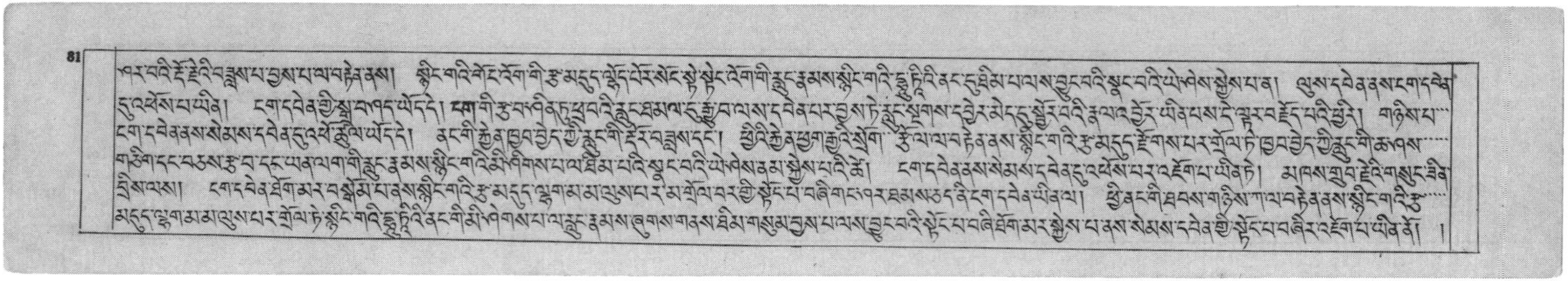

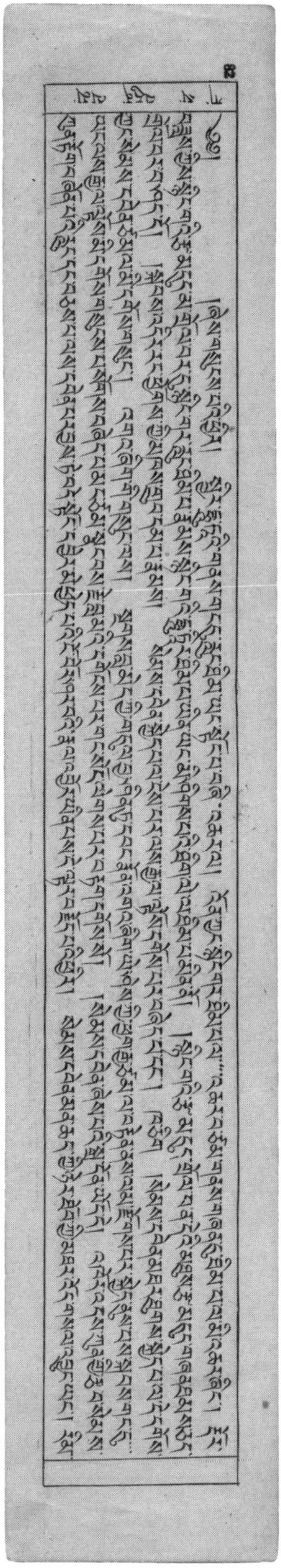

[7A]

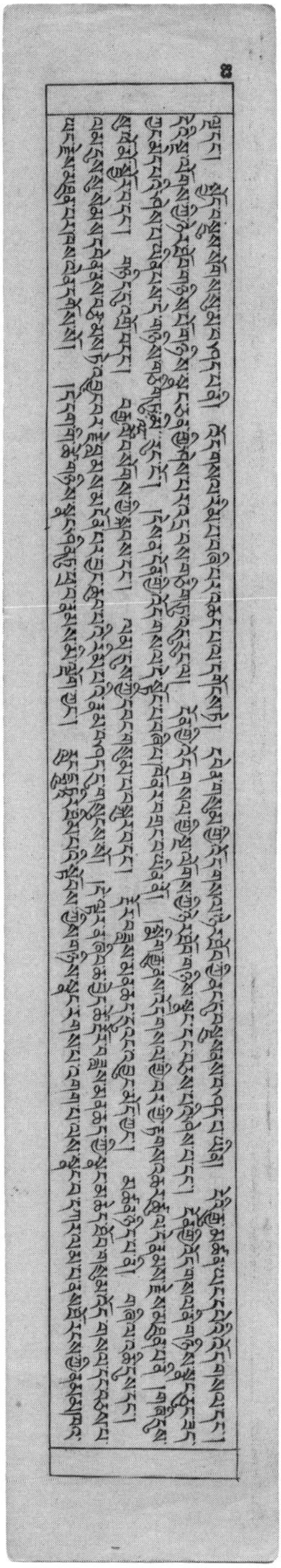

[7B]

[8A]

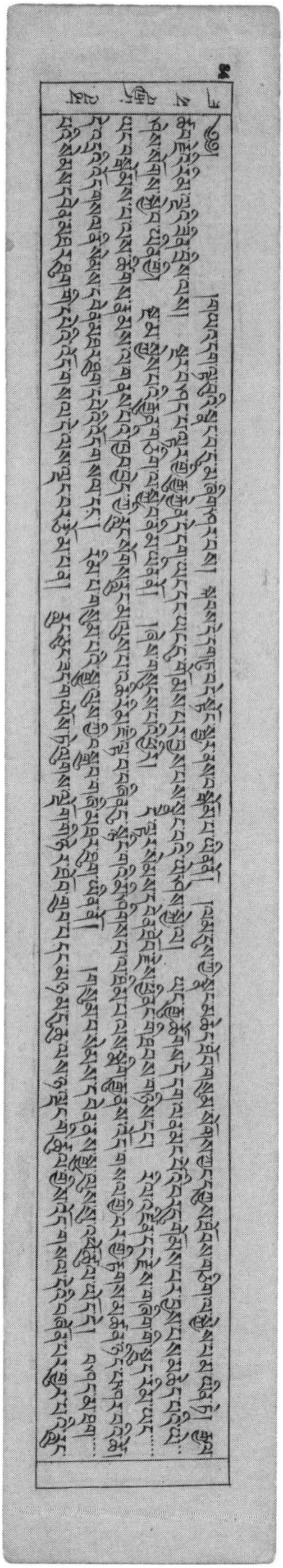

[8B]

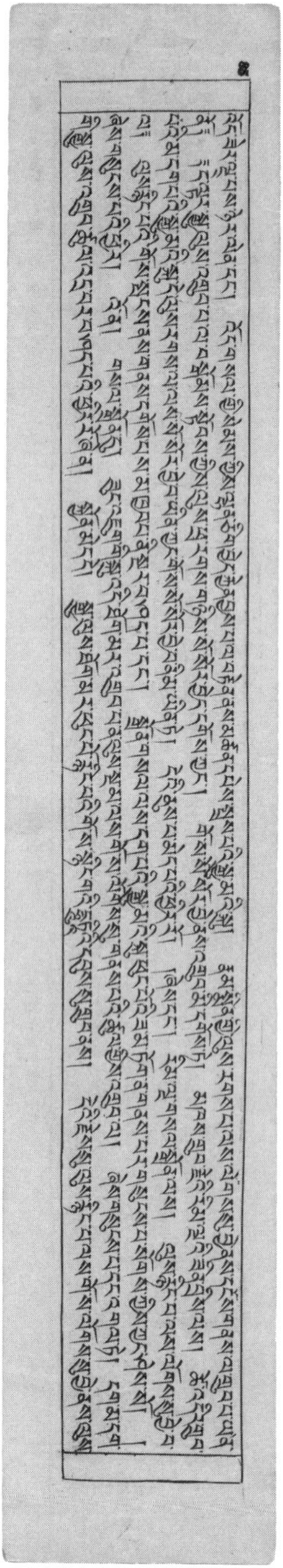

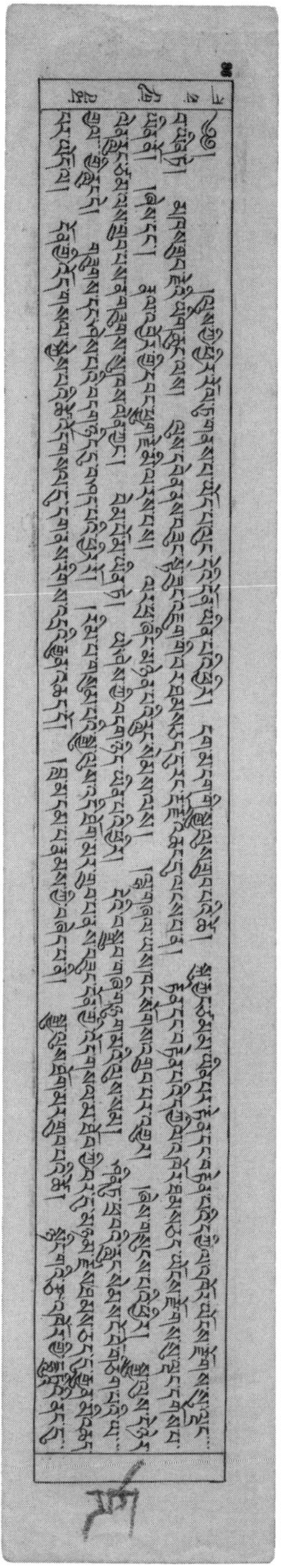

[9A]

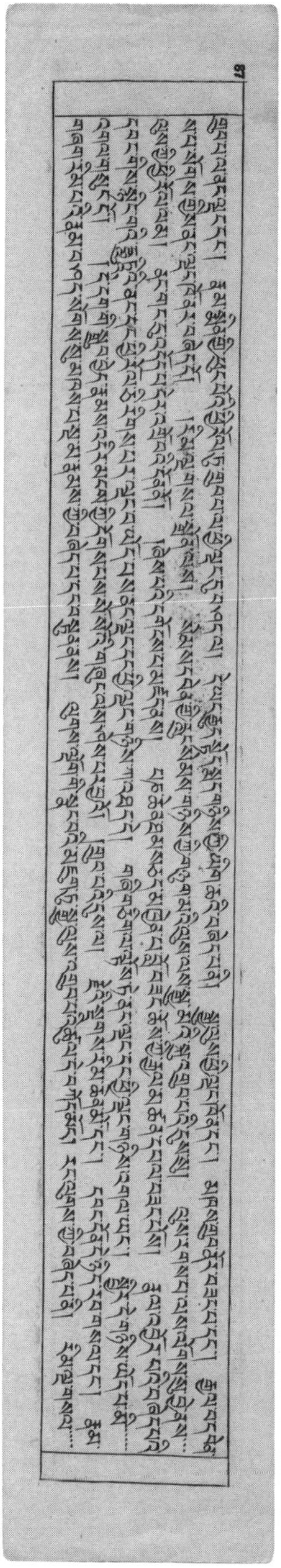

[9B]

[10A]

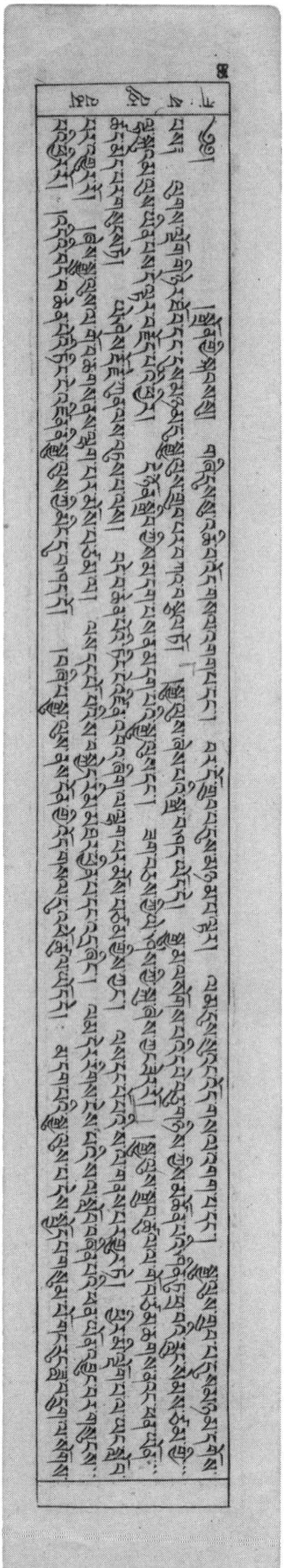

[10B]

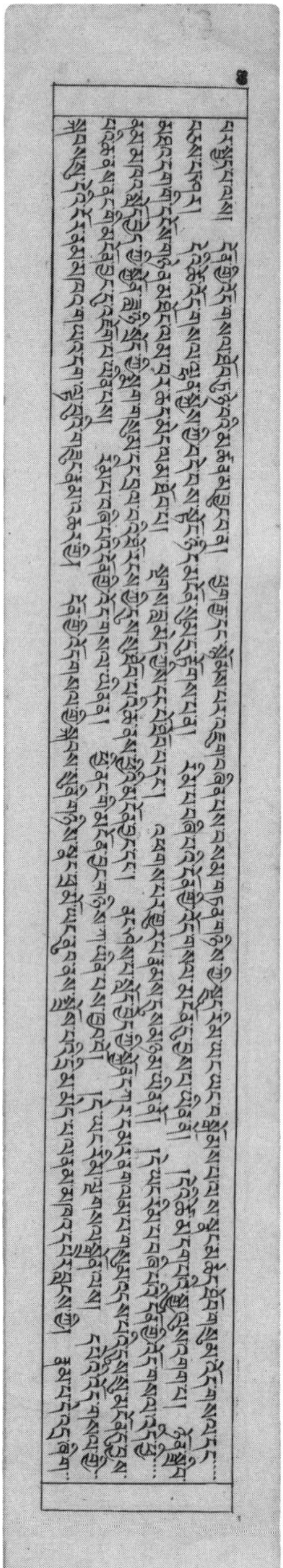

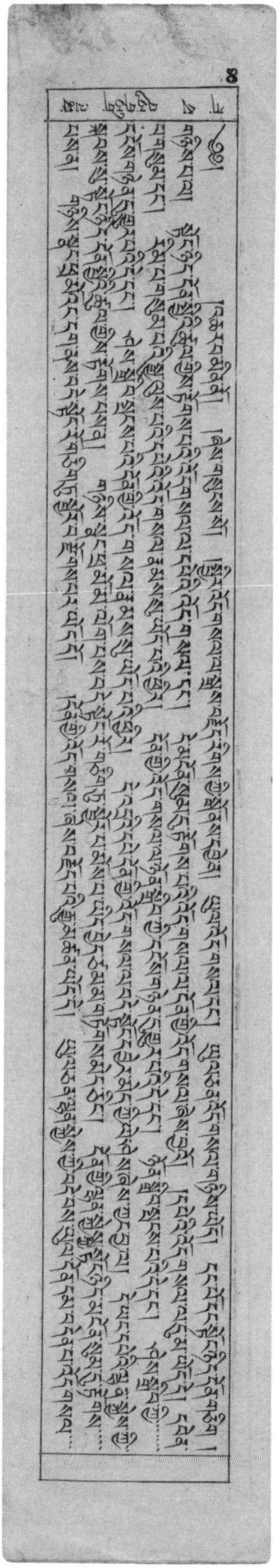

[11A]

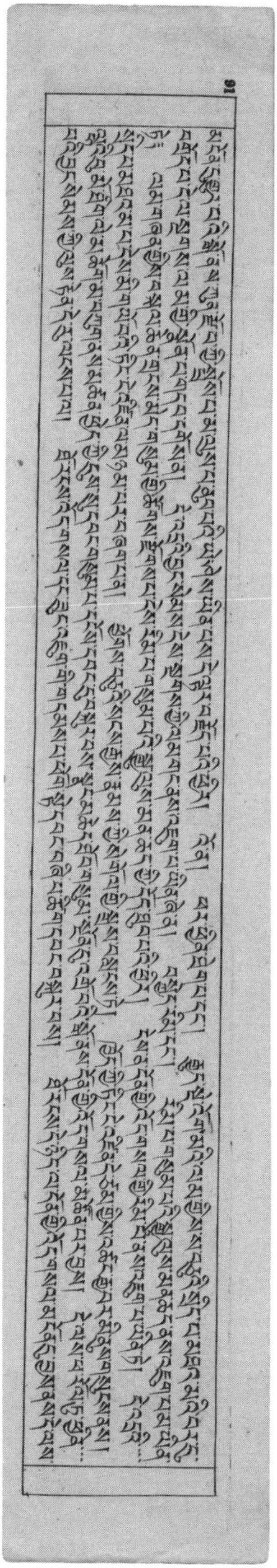

[11B]

[12A]

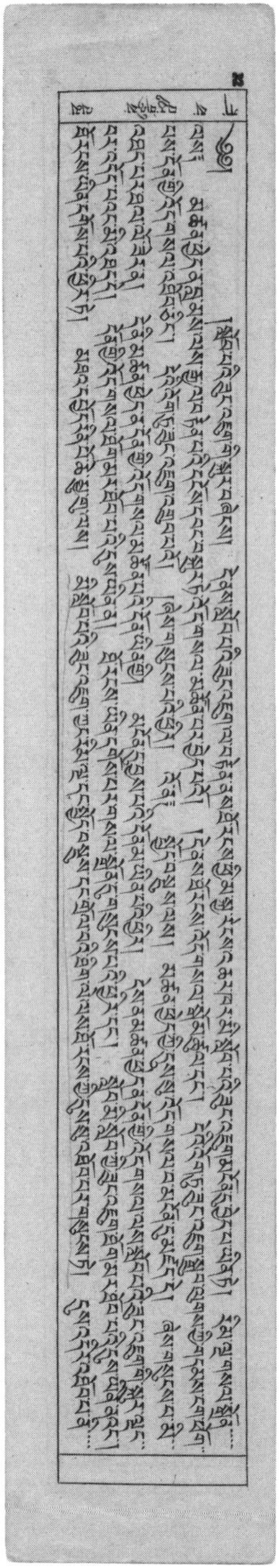

[12B]

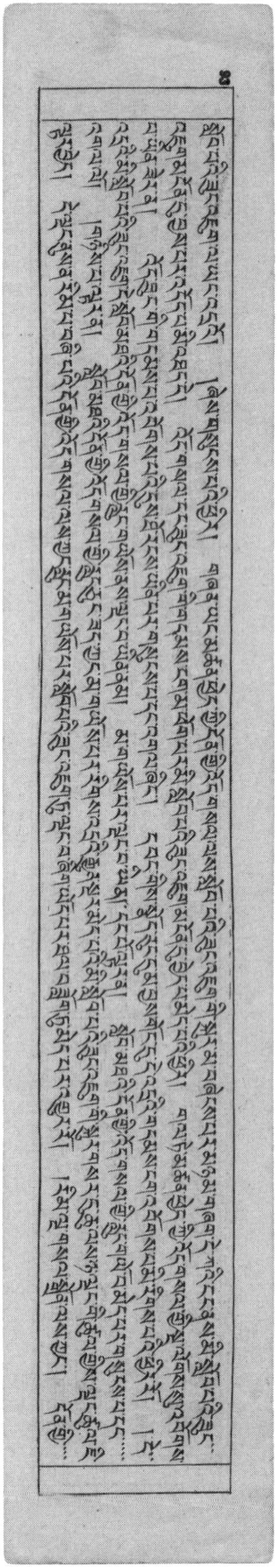

[13B]

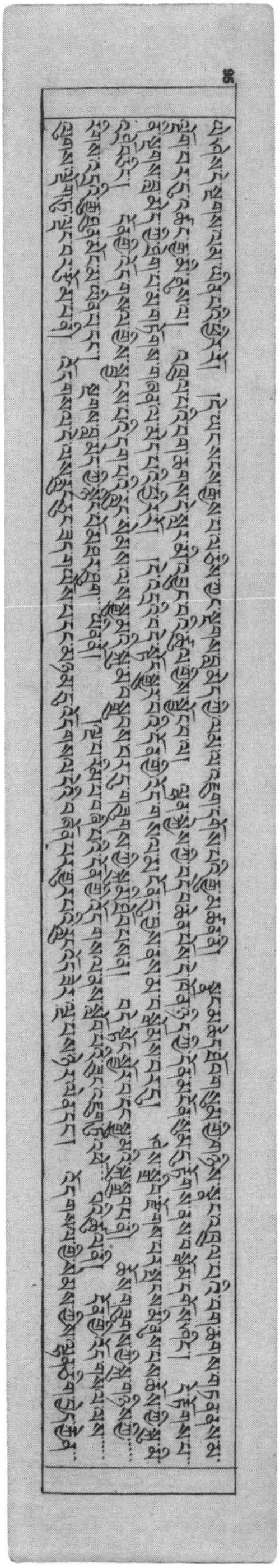

[13A]

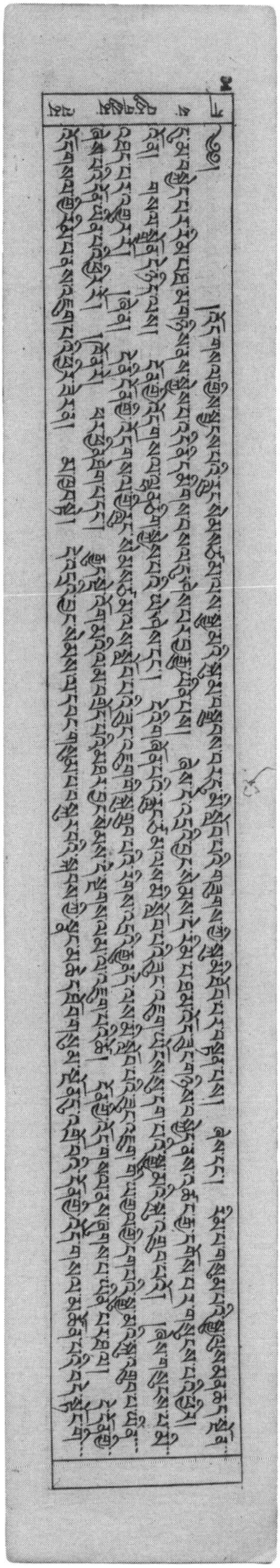

[14A]

96

༄༅། །ཐུས་པ་ལ་བརྟེན་ནས་དག་པའི་སྒྱུ་མའི་སྐུར་བཞེངས་མཐུག་པའི་ཚེ། ཉོན་སྒྲིབ་ཟད་པར་སྤྲངས་པའི་སྤྲངས་པ་དང་། དག་པའི་སྒྱུ་མའི་སྐུ་གཉིས་ཟུང་དུ་འཇུག་པའི་སྤྲངས་པ་ཟུང་འཇུག་གི་སྐུ་
ལུས་རགས་པ་ལས་ལོགས་སུ་ཕྱེ་ནས་དངོས་གནས་ལ་སྒྲུབ་པོ། །དེ་དང་དུས་མཉམ་དུ་དོན་གྱི་འོད་གསལ་ལས་ལུགས་ལྡོག་གི་ཉེར་ཐོབ་གྲུབ་པ། དོན་གྱི་འོད་གསལ་འགགས་པ། ཉོན་སྒྲིབ་སྤྲངས་པའི་རྣམ་གྲོལ་
ལམ་ཐོབ་པ། དགྲ་བཅོམ་པ་རུ་གྱུར་པ། ས་གཉིས་པར་འཕོས་པ། ཐེག་པ་ཆེན་པོའི་སློབ་ལམ་ཐོབ་པ་རྣམས་དུས་མཉམ་ཡིན་ནོ། །དེའི་ཚེ་ཟུང་འཇུག་གི་གཙོ་བོ་རྟོགས་པ་ཟུང་འཇུག་མེད་ཀྱང་ཟུང་འཇུག་ཐོབ་
པར་འཇོག་དགོས་ཏེ། རིམ་ལྔ་གསལ་སྒྲོན་ལས། ཟུང་འཇུག་ཏུ་འཇོག་ཚུལ་གཞན་ཡང་ཡོད་པ་ལ། ཟུང་འཇུག་ཐོབ་པ་གང་ཡིན་ལ་འཇོག་ཚུལ་དེས་ཟུང་འཇུག་ཏུ་བཞག་མི་དགོས་སོ། །ཞེས་གསུངས་པའི་
ཕྱིར་དང་། རིམ་ལྔ་ལས། ཟུང་འཇུག་ཉེར་གཅིག་གམ་ཉེར་གསུམ་བཤད་པ་རྣམས་སྤྲངས་པ་ཟུང་འཇུག་དང་། རྟོགས་པ་ཟུང་འཇུག་གཉིས་སུ་འདུས་པ་གང་ཞིག །དེའི་ཚེ་སྤྲངས་པ་ཟུང་འཇུག་ཐོབ་པའི་
ཕྱིར་རོ། །དེ་ནས་ལུགས་ལྡོག་གི་ཉེར་ཐོབ་ནས་རིམ་གྱིས་སྨིག་རྒྱུའི་བར་གྱི་རྟགས་རྣམས་བྱུང་སྟེ་ཐོག་ཏུ་ལང་ངོ་། །རྟོགས་པ་ཟུང་འཇུག་ཏུ་འཕོས་པའི་ཚད་ནི། སྤྲངས་པ་ཟུང་འཇུག་པ་དེས་སླར་ཡང་

[14B]

97

སྤྲངས་པ་ཟུང་འཇུག་པ་དེས་སླར་ཡང་སྟོང་ཉིད་ལ་རྩེ་གཅིག་ཏུ་མཉམ་པར་བཞག་པའི་འོད་གསལ་ལྷན་ཅིག་སྐྱེས་པའི་ཡེ་ཤེས་མངོན་དུ་གྱུར་པའི་ཚེ། སྐུ་དག་པ་སྒྱུ་མའི་སྐུ་དང་། ཐུགས་དག་པ་དོན་གྱི་འོད་གསལ་
གཉིས་སྐུ་ཐུགས་སུ་ངོ་བོ་གཅིག་པའི་ཟུང་འཇུག་གི་གཙོ་བོ་རྟོགས་པ་ཟུང་འཇུག་ཐོབ་པ་ཡིན་ནོ། །དེ་ཡང་སྣང་མཆེད་ཐོབ་གསུམ་གང་རུང་ཡིན་ན། རྟོག་པ་ཡིན་པས་ཁྱབ། མདོ་བསྡུས་ལས། སྣང་མཆེད་
ཐོབ་གསུམ་རྟོག་མེད་དུ་གསུངས་པ་ནི། རང་བཞིན་བརྒྱད་ཅུའི་ཀུན་རྟོག་ལ་ལྟོས་ནས་རྟོག་སེམས་ཀྱི་གཡོ་བ་ཤིན་ཏུ་ཞན་པས་གཉིས་སྣང་གི་སྤྲོས་པ་ཆུང་བ་ལ་དགོངས་ནས་རྟོག་མེད་དུ་བཤད་ཀྱི་སྒྲ་དོན་འཛིན་པའི་རྟོག་
པ་མ་ཡིན་པར་གསུངས་པ་མིན་ནོ། །དེས་ན་མཁས་པའི་དབང་པོ་ཁྲི་ཆེན་དག་དབང་སྐྱན་གྲགས་དཔལ་བཟང་པོས། རིམ་པ་བཞི་པའི་དོན་གྱི་འོད་གསལ་ལམ་ལངས་མ་ཐག་པའི་ཉེར་ཐོབ་ཀྱིས་སྟོང་ཉིད་དོན་སྤྱིའི་ཚུལ་
གྱིས་རྟོགས་པ་ཡིན་གསུང་། དོན་ཀྱང་པཎ་ཆེན་ཐམས་ཅད་མཁྱེན་པ་བློ་བཟང་དཔལ་ལྡན་ཡེ་ཤེས་དཔལ་བཟང་པོའི་གསུང་ལས། རིམ་པ་བཞི་པའི་དོན་གྱི་འོད་གསལ་དང་། དེ་ལས་ལངས་པའི་ལུགས་ལོག་གི་
ཉེར་ཐོབ་གཉིས་སྟོང་པ་ཉིད་ཀྱི་དོན་མངོན་སུམ་དུ་རྟོགས་པར་མཚུངས་ཀྱང་འཛིན་ཚུལ་ལ་ཁྱད་པར་ཡོད་དེ། འོད་གསལ་གྱི་ཚེ་སྟོང་ཉིད་ལ་བསྒྲིམས་ཏེ་འཛིན་ཚུལ་དམ་ཞིང་། ཉེར་ཐོབ་ཀྱི་ཚེ་སྔར་གོམས་པའི་སྟོབས་

[15A]

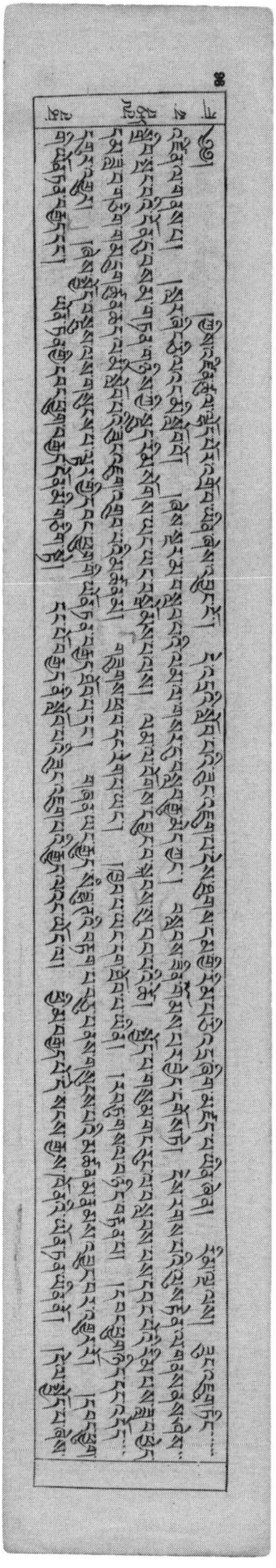

[15B]

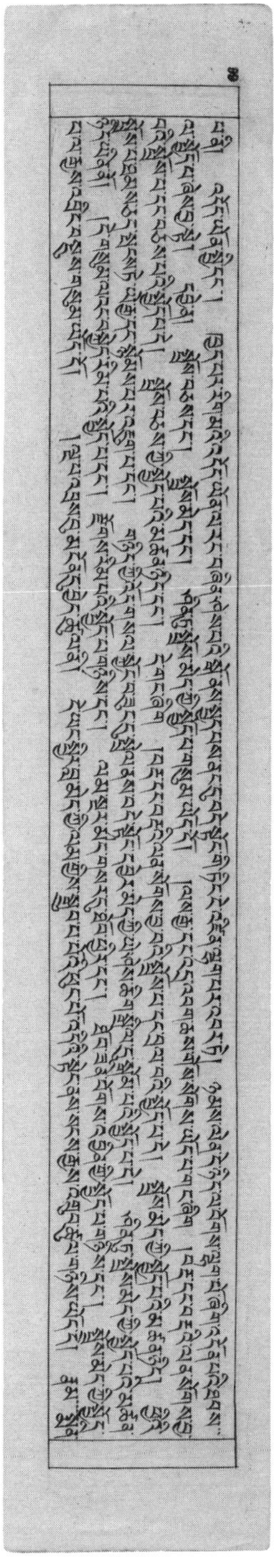

[16A]

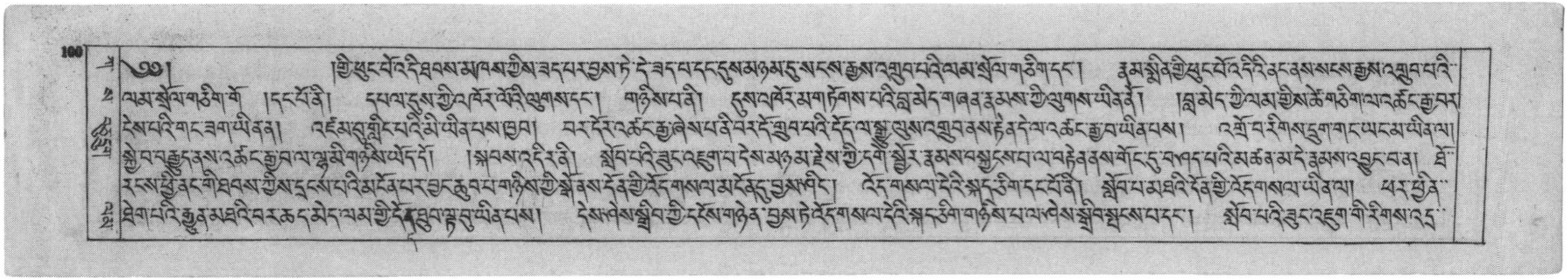

100

༄༅། །ཕྱི་ཕུང་པོའི་དེ་ཐབས་མཁས་ཀྱིས་ཟད་པར་བྱས་ཏེ་དེ་ཟད་པ་དང་དུས་མཚམས་སུ་སངས་རྒྱས་འགྲུབ་པའི་ལམ་སློབ་གཅིག་དང་། རྣམ་སྨིན་གྱི་ཕུང་པོའི་དེའི་ནང་ནས་སངས་རྒྱས་འགྲུབ་པའི་
ལམ་སློབ་གཅིག་གོ །དང་པོ་ནི། དཔལ་དུས་ཀྱི་འཁོར་ལོའི་ལུགས་དང་། གཉིས་པ་ནི། དུས་འཁོར་མ་གཏོགས་པའི་བླ་མེད་གཞན་རྣམས་ཀྱི་ལུགས་ཡིན་ནོ། །བླ་མེད་ཀྱི་ལམ་གྱིས་ཚེ་གཅིག་ལ་འཚང་རྒྱ་བར
ངེས་པའི་གང་ཟག་ཡིན་ན། འཛམ་བུ་གླིང་པའི་མི་ཡིན་པས་ཁྱབ། བར་དོར་འཚང་རྒྱ་ཞེས་པ་ནི་བར་དོ་སྒྲུབ་པའི་དོན་ལ་སྒྱུ་ལུས་འགྲུབ་ནས་རྟེན་དེ་ལ་འཚང་རྒྱ་བ་ཡིན་པས། འགྲོ་བ་རིགས་དྲུག་གང་ཡང་མ་ཡིན་ལ།
སྐྱེ་བ་བརྒྱུད་ནས་འཚང་རྒྱ་བ་ལ་ལྷ་མི་གཉིས་ཡོད་དོ། །སྐབས་འདིར་ནི། སློབ་པའི་ཟུང་འཇུག་པ་དེས་མཉམ་རྗེས་ཀྱི་དགེ་སྦྱོར་རྣམས་བསྐྱངས་པ་ལ་བརྟེན་ནས་གོང་དུ་བཤད་པའི་མཚན་མ་དེ་རྣམས་འབྱུང་བ་ན། ཐོ་
རངས་ཕྱི་ནང་གི་ཐབས་ཀྱིས་དྭངས་པའི་མངོན་པར་བྱང་ཆུབ་པ་གཉིས་ཀྱི་སྒོ་ནས་དོན་གྱི་འོད་གསལ་མངོན་དུ་བྱས་པའི། འོད་གསལ་དེའི་སྐད་ཅིག་དང་པོ་ནི། སློབ་པ་མཐའི་དོན་གྱི་འོད་གསལ་ཡིན་ལ། ཕར་ཕྱིན་
ཐེག་པའི་རྒྱུན་མཐའི་བར་ཆད་མེད་ལམ་གྱི་དོད་ཐུབ་པ་ལྟ་བུ་ཡིན་པས། དེས་ཤེས་སྒྲིབ་ཀྱི་དངོས་གཉེན་བྱས་ཏེ་འོད་གསལ་དེའི་སྐད་ཅིག་གཉིས་པ་ལ་ཤེས་སྒྲིབ་སྤངས་པ་དང་། སློབ་པའི་ཟུང་འཇུག་གི་རིགས་འདྲ་

[16B]

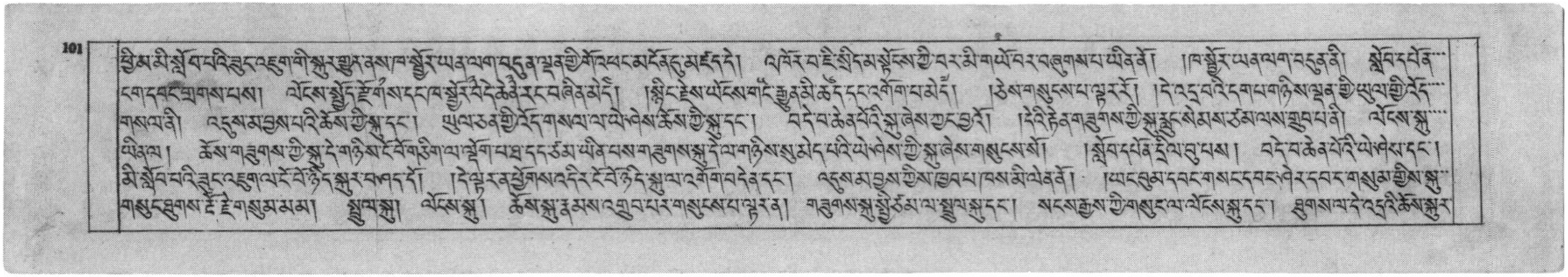

101

ཕྱིས་མི་སློབ་པའི་ཟུང་འཇུག་གི་སྐུར་སྐྱེས་ནས་ཁ་སྦྱོར་ཡན་ལག་བདུན་ལྡན་གྱི་གོ་འཕང་མངོན་དུ་མཛད་དེ། འཁོར་བ་ཇི་སྲིད་མ་སྟོངས་ཀྱི་བར་མི་གཡོ་བར་བཞུགས་པ་ཡིན་ནོ། །ཁ་སྦྱོར་ཡན་ལག་བདུན་ནི། སློབ་དཔོན་
ངག་དབང་གྲགས་པས། ལོངས་སྤྱོད་རྫོགས་དང་ཁ་སྦྱོར་བདེ་ཆེན་རང་བཞིན་མེད། །སྙིང་རྗེས་ཡོངས་གང་རྒྱུན་མི་ཆད་དང་འགོག་པ་མེད། །ཅེས་གསུངས་པ་ལྟར་རོ། །དེ་འདྲ་བའི་དག་པ་གཉིས་ལྡན་གྱི་ཡུལ་གྱི་འོད་
གསལ་ནི། འདུས་མ་བྱས་པའི་ཆོས་ཀྱི་སྐུ་དང་། ཡུལ་ཅན་གྱི་འོད་གསལ་ལ་ཡེ་ཤེས་ཆོས་ཀྱི་སྐུ་དང་། བདེ་བ་ཆེན་པོའི་སྐུ་ཞེས་ཀྱང་བྱའོ། །དེའི་རྟེན་གཟུགས་ཀྱི་སྐུ་རྡུལ་སེམས་ཙམ་ལས་གྲུབ་པ་ནི། ལོངས་སྐུ
ཡིན་ལ། ཆོས་གཟུགས་ཀྱི་སྐུ་དེ་གཉིས་ངོ་བོ་གཅིག་ལ་ལྡོག་པ་ཐ་དད་ཙམ་ཡིན་པས་གཟུགས་སྐུ་དེ་ལ་གཉིས་སུ་མེད་པའི་ཡེ་ཤེས་ཀྱི་སྐུ་ཞེས་གསུངས་སོ། །སློབ་དཔོན་དྲིལ་བུ་པས། བདེ་བ་ཆེན་པོའི་ཡེ་ཤེས་དང་།
མི་སློབ་པའི་ཟུང་འཇུག་ལ་ངོ་བོ་ཉིད་སྐུར་བཤད་དོ། །དེ་ལྟར་བསྒྲུབས་པ་འདིར་ངོ་བོ་ཉིད་སྐུ་ལ་འགོག་བདེན་དང་། འདུས་མ་བྱས་ཀྱིས་ཁྱབ་པ་ཁས་མི་ལེན་ནོ། །ཡང་བུམ་དབང་གསང་དབང་ཤེར་དབང་གསུམ་གྱིས་སྐུ
གསུང་ཐུགས་རྡོ་རྗེ་གསུམ་མམ། སྤྲུལ་སྐུ། ལོངས་སྐུ། ཆོས་སྐུ་རྣམས་འགྲུབ་པར་གསུངས་པ་ལྟར་ན། གཟུགས་སྐུ་སྤྱི་ཙམ་ལ་སྤྲུལ་སྐུ་དང་། སངས་རྒྱས་ཀྱི་གསུང་ལ་ལོངས་སྐུ་དང་། ཐུགས་ལ་དེ་འདྲའི་ཆོས་སྐུར

[17A]

102

༄༅། །འཇོག་དགོས་པ། དེ་ལྟར་ན་མཚན་དཔེས་སྤྲས་པའི་ལོངས་སྐུ་ནི། བུམ་དབང་གིས་སྤྲུལ་སྐུ་འགྲུབ་པར་གསུངས་པའི་སྤྲུལ་སྐུ་ཡིན་ཡང་། ཕྱིར་སྤྲུལ་སྐུ་ཡིན་པར་ཁས་མི་ལེན་ནམ་དཔྱད་
པར་བྱའོ། །གཉིས་པ་ས་བཅུ་སོགས་དང་ལམ་ལྔ་འཇོག་ཚུལ་ནི། རྒྱུད་དང་དགོངས་འགྲེལ་ལས་གསུངས་ཚུལ་དང་། དོན་བསྡུས་ཏེ་བསྟན་པ་གཉིས། དང་པོ་ནི། བར་ཕྱིན་ཐེག་པར་འཕགས་པ་སློབ་
པའི་ས་ལ་ས་དང་པོ་རབ་ཏུ་དགའ་བ་ནས་ས་བཅུ་པ་ཆོས་ཀྱི་སྤྲིན་གྱི་བར་བཅུ་གསུངས་ཤིང་། དེའི་སྟེང་དུ་མི་སློབ་པའི་ས་ཀུན་ཏུ་འོད་དང་ས་བཅུ་གཅིག་གམ། སོ་སྐྱེའི་ས་མོས་སྤྱོད་ཀྱི་ས་དང་བཅས་ན་བཅུ་གཉིས་དང་།
གཞུང་འགའ་ཞིག་ཏུ་སོ་སྐྱེའི་ས་ལ་མོས་སྤྱོད་ཀྱི་ས་དང་། ལས་དང་པོ་པའི་ས་གཉིས་སུའང་གསུངས་སོ། །སྔགས་བླ་མེད་ཀྱི་ལུགས་ཀྱི་ས་འདི་རྣམ་གཞག་ལ་རྩ་བཤད་ཀྱི་རྒྱུད་དང་། དགོངས་འགྲེལ་གྱི་བསྟན་བཅོས་
རྣམས་སུ་སའི་གྲངས་ལ་བཅུ་དང་། བཅུ་གཅིག་དང་། བཅུ་གཉིས་དང་། བཅུ་གསུམ་དང་། བཅུ་བཞི་དང་། བཅོ་ལྔ་དང་། བཅུ་དྲུག་ཏུ་གསུངས་པ་རང་ཡོད་ཅིང་། ས་འདི་མིང་འདོགས་སོགས་ཀྱང་མཐུན་མི་མཐུན་
དུ་མ་ཞིག་འབྱུང་ངོ་། །དེ་ལ་འདུས་པའི་རྩ་རྒྱུད་ལེའུ་བཅུ་གཅིག་པ་ལས། ས་བཅུ་དག་ལ་གནས་པ་ཡི། །བྱང་ཆུབ་སེམས་དཔའ་དེ་འགྱུར་རོ། །ཞེས་ས་བཅུའི་མིང་ཙམ་གསུངས་པ་ལ། འདིའི་དོན་སྒྲོན་གསལ་དུ།

[17B]

103

ས་བཅུ་ནི་རྒྱུད་བཅུ་ལ་ཕྱེད་པར་བཤད་དོ། །བཤད་རྒྱུད་རྡོ་རྗེ་འཕྲེང་བ་ལས། བུམ་དབང་བཅུ་གཅིག་དང་། དབང་གོང་མ་གསུམ་སྟེ་བཅུ་བཞི་པོ་ཡི། དབང་བསྐུར་རེ་རེ་ས་རེ་རེའོ། །ཞེས་ས་བཅུ་བཞིའི་གྲངས་ཙམ
མ་གཏོགས་མིང་དོན་གང་ཡང་གསལ་བར་མ་བཤད། དགོངས་པ་ལུང་སྟོན་ལས། སངས་རྒྱས་རྣམས་ཀྱིས་གང་བརྟེན་པ། །ས་རྒྱུར་དེ་ནི་བཅུ་གསུམ་པ། །ཞེས་རིམ་པ་བཞི་པའི་དོན་གྱི་འོད་གསལ
ས་བཅུ་གསུམ་པར་བཤད་པ་ཙམ་ལས་སའི་མིང་དོན་གང་ཡང་མ་གསུངས་སོ། །རིམ་ལྔ་ལས། དང་པོ་ལས་ཀྱི་སྦྱོར་བ་ཡིས། །ས་བརྒྱད་པའི་ཕྱིན་པར་འགྱུར། །སྣང་བ་གསུམ་པོ་མཐོང་བ་དག །ས་བཅུ་
པ་ལ་རབ་ཏུ་གནས། །ཞེས་དང་། སྤྱོད་བསྡུས་ལས་ཀྱང་། རྡོ་རྗེ་ཐེག་པ་འདི་ལ་བསྐྱེད་རིམ་ལ་བསླབས་ནས་ས་བརྒྱད་པ་ཐོབ་སྟེ། ཞེས་དང་། སྐུ་དང་གསུང་དང་ཐུགས་མངོན་པར་རྟོགས་ནས་ས་བཅུ་ཐོབ་པ། ཞེས
གཉིས་ཀ་མཐུན་པར་དང་པོ་ལས་ཀྱི་སྦྱོར་བ་བསྐྱེད་རིམ་ས་བརྒྱད་པ་དང་། སྣང་བ་གསུམ་མཐོང་བའམ་སྐུ་གསུང་ཐུགས་མངོན་པར་རྟོགས་པ་ནི་སེམས་དབེན་ཡིན་པས་དེ་ས་བཅུ་པ་དང་སྦྱར་བར་གསུངས་སོ། །འདུས
པའི་རྩ་བཤད་ཀྱི་རྒྱུད་དང་། འཕགས་པ་ཡབ་སྲས་ཀྱི་གཞུང་ལས་སའི་རྣམ་གཞག་དེ་ཙམ་ལས་གསལ་བར་བཤད་པ་མ་བྱུང་ངོ་། །ཀྱེ་རྡོར་དང་། སཾ་པུ་ཊ་ཞི་བརྟག་པ་ལྔ་པ་ལས། གནས་དང་ཉེ་བའི་གནས་དང་ནི།

[18A]

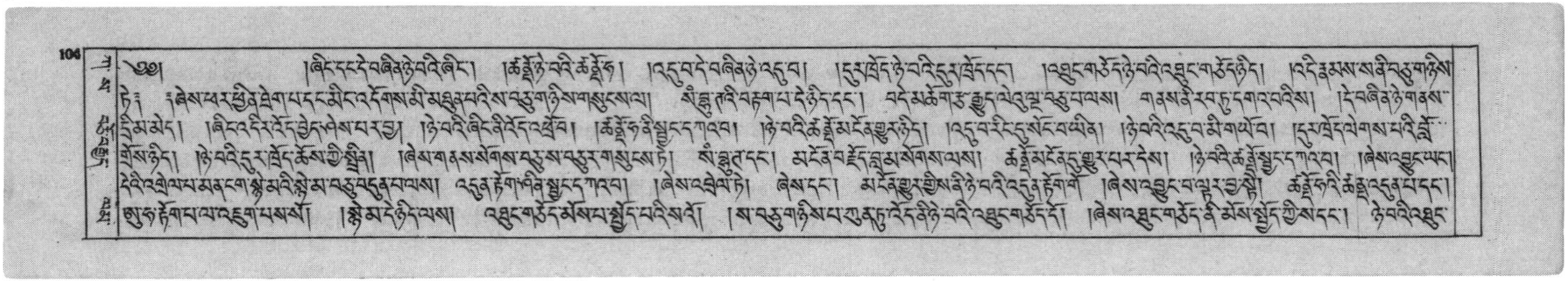

[18B]

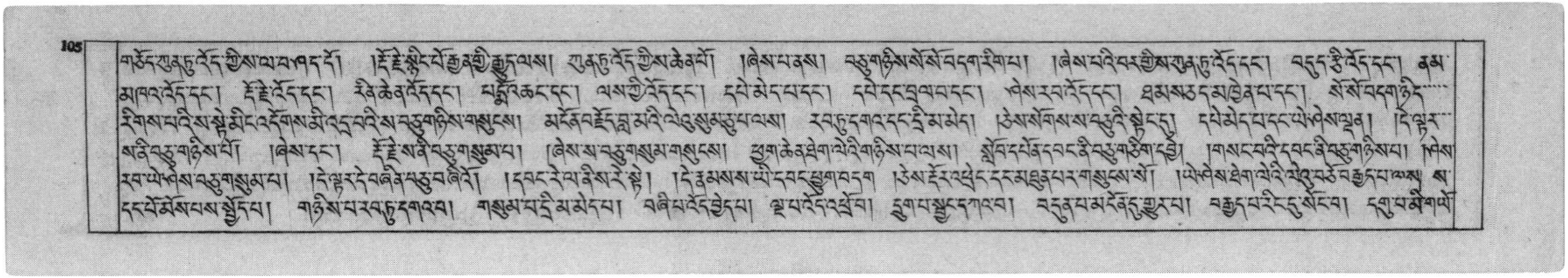

[19A]

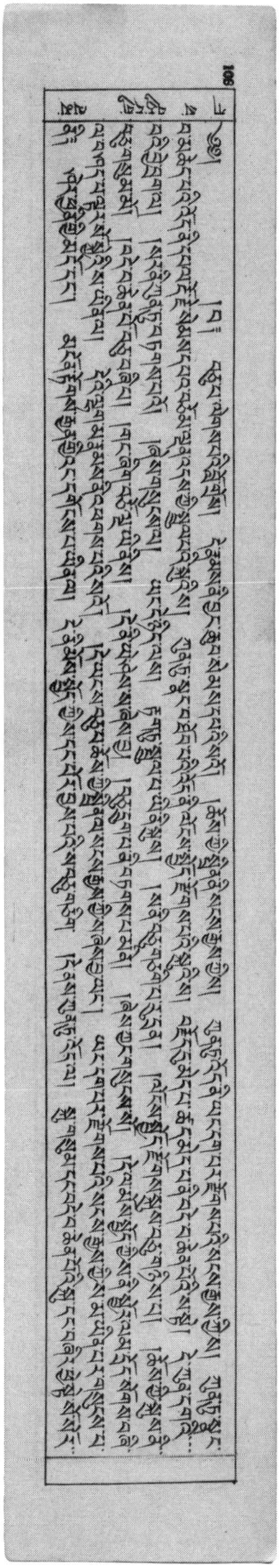

[19B]

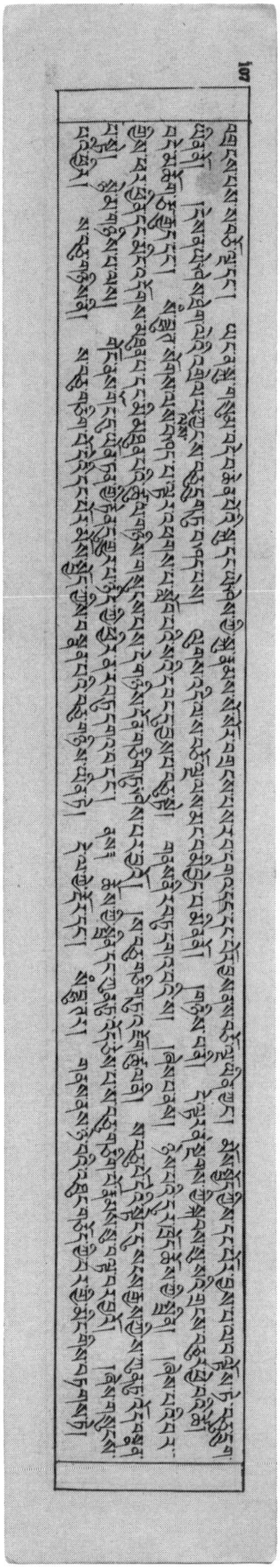

[20A]

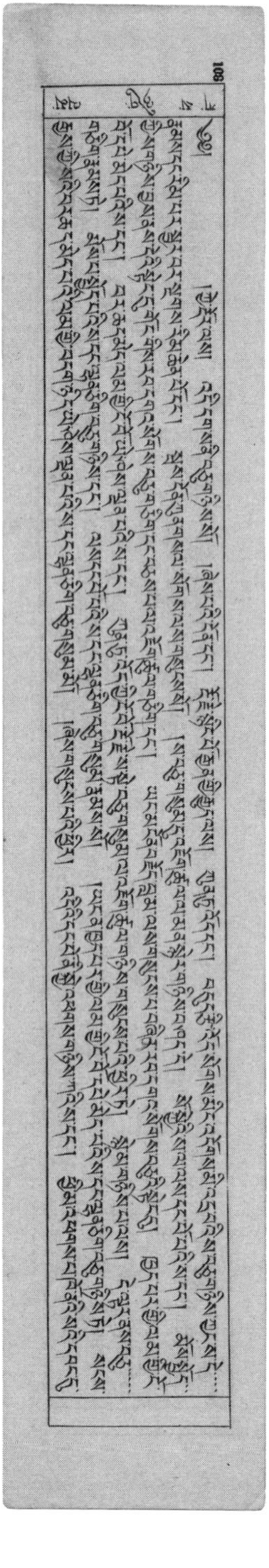

[20B]

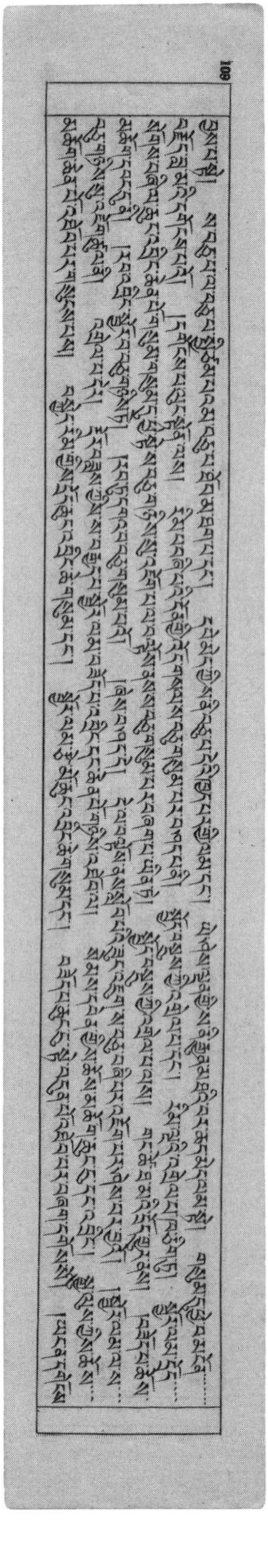

[21A]

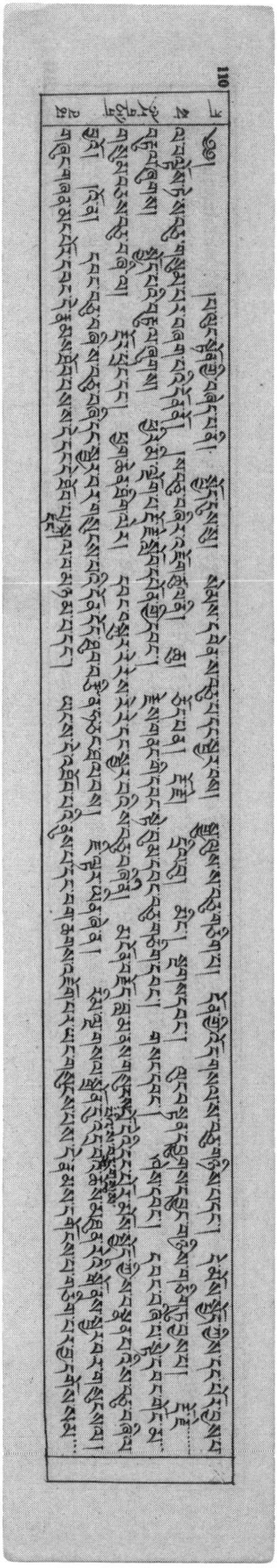

[21B]

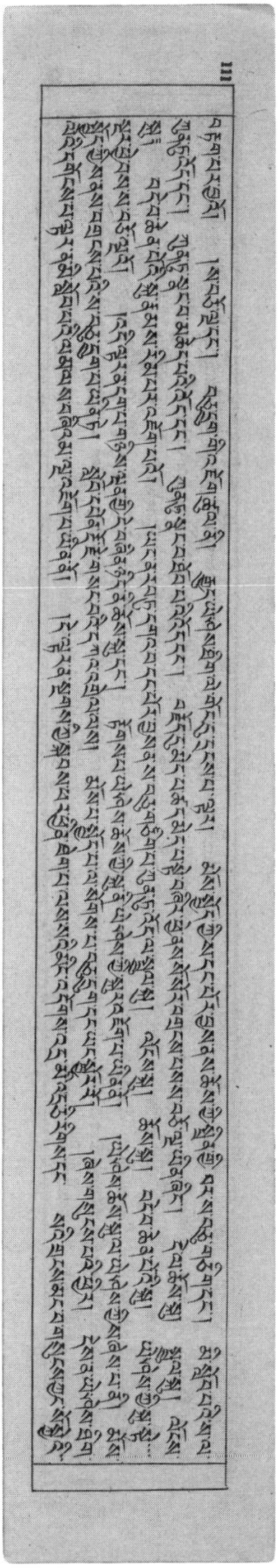

[22A]

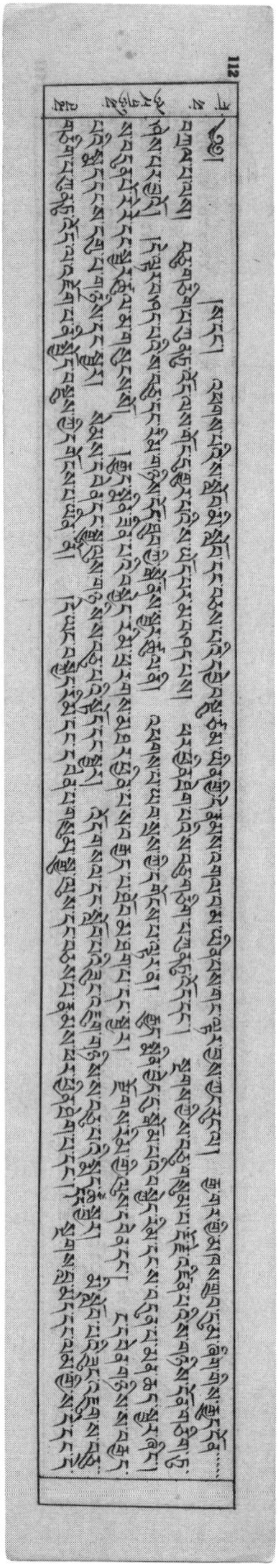

[22B]

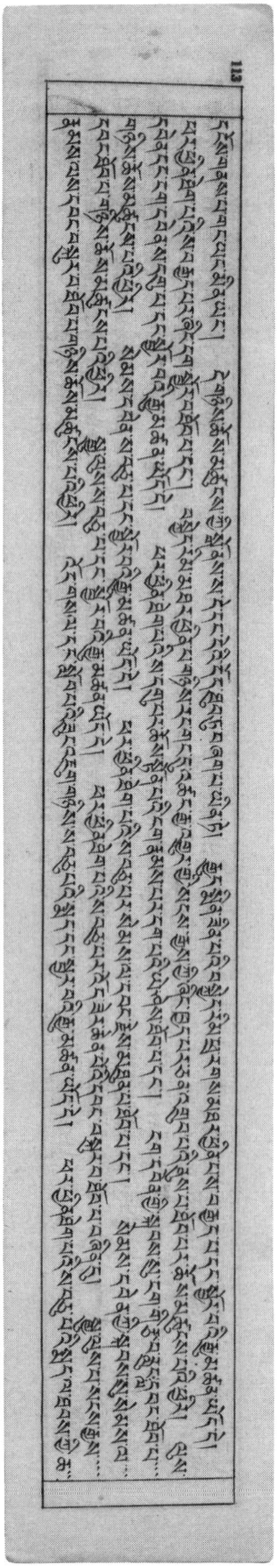

[23A]

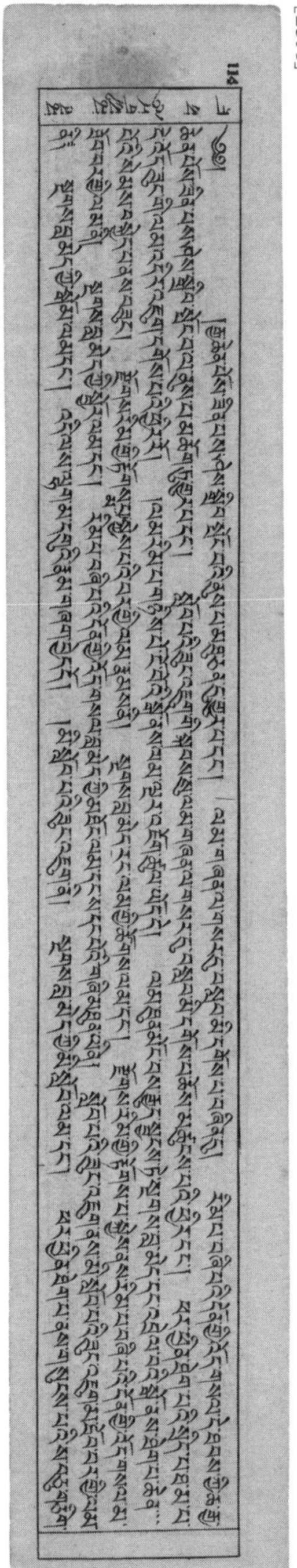

[23B]

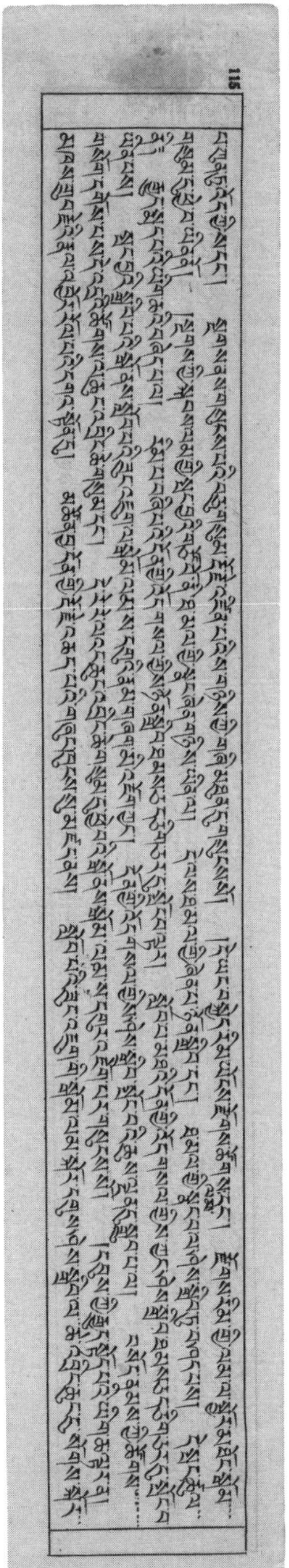

[24A]

116

ཀ ས ཉེར་བཞི ལམ་

༄༅། །དགུ་ཟླ་མ་ཏེ་རིམ་གྱིས་སྒྲང་བར་བཞེད་དོ། །སྔགས་བླ་མེད་ཀྱི་སྐབས་འདིར་སའི་རྣམ་གཞག་འདི་རྣམས་ནི། ཡུལ་ཅན་ལྷན་སྐྱེས་ཀྱི་བདེ་བ་ཆེན་པོས་ཡུལ་སྟོང་པ་ཉིད་དུ་རྟོགས་པའི་
སྟེང་ནས་འཇོག་པ་ཡིན་ཏེ། ལྷན་སྐྱེས་ཀྱི་བདེ་ཆེན་གྱི་བྱེ་བྲག་སོ་སོ་ལ་ས་སོ་སོར་འཇོག་པ་ནི། དེ་ཀུན་དགའ་བའི་བྱེ་བྲག་ལ། སར་ན་ཀུན་ཏུ་བཏགས་པའོ། །ཞེས་གསལ་བར་གསུངས་པའི་ཕྱིར་རོ། །
དེ་ལྟར་ནའང་དེ་ཁོ་ན་ཉིད་རྟོགས་པའི་འཇིག་རྟེན་པའི་སྒོམ་ལམ་ཆུང་གི་གནས་སྐབས་ལ་སྦྱོར་ལམ་དང་། དེ་ཁོ་ན་ཉིད་མངོན་སུམ་དུ་རྟོགས་པ་ལ་མཐོང་ལམ་དང་། རྟོགས་ཟིན་དེ་གོམས་པར་བྱེད་པ་ལ་སྒོམ་ལམ
དུ་འཇོག་པ་སོགས་ནི། རྒྱུད་སྡེ་འོག་མ་དང་ཐེག་པ་གཞན་དང་ཡང་འདྲའོ། །དེ་ཡང་ལམ་གྱི་གཙོ་བོའི་དབང་དུ་བྱས་ཀྱི་ལམ་དེ་དག་གིས་བསྡུས་པ་ལ་དེ་ཁོ་ན་ཉིད་ཀྱི་དོན་རྟོགས་པའི་ངེས་པ་མེད་དེ། །མཁས
གྲུབ་རྗེའི་ཡིག་ཆུང་ལས། དེ་ཡང་གསང་འདུས་ལ་སྔོན་དུ་གོ་བ་ཆགས་ན་གཞན་རྣམས་ལ་གོ་བ་འབད་མེད་དུ་འཆགས། དེ་ལས་བཟློག་ན་དེ་ཙམ་དུ་ཕན་རྒྱུ་ཆུང་བར་ཡོད་པས་སྔོན་ལ་འདུས་པ་ལ་ཁྲིད་
པ་ཡིན། ཞེས་གསུངས་པས་འདིར་ནི་དཔལ་གསང་བ་འདུས་པ་འཕགས་ལུགས་ཀྱི་དབང་དུ་བྱས་ནས་བཤད་པ་ཡིན་ཞིང་། སྒྲོན་གསལ་ལས། འདི་ནི་སྒྲུབ་པའི་ཡན་ལག་མཆོག །རྒྱུད་ཀུན་གྱི

[24B]

117

ཉི་དོན་བསྡུས་པའོ། །ཞེས་བསྐྱེད་རིམ་དང་པོར་བྱས་ཏེ་བསྐྱེད་རིམ། །སེམས་དམིགས་ཀྱི་རིམ་པ། སྒྱུ་ལུས། འོད་གསལ། ཟུང་འཇུག་སྟེ། འདུས་པའི་ལམ་རིམ་པ་ལྔ་པོ་འདིར་རྒྱུད་སྡེ་ཐམས
ཅད་ཀྱི་དོན་བསྡུས་པར་གསུངས་སོ། །འདུ་ཀྱུ་ལ་ནི། རྒྱུད་སྡེ་འོག་མ་གསུམ་གྱི་ལམ་ཐམས་ཅད་འདུས་པའི་རིམ་པ་ལྔ་པོ་འདིར་བྱེད་ལས་ཀྱི་སྒོ་ནས་འདུས་ལ། དུས་འཁོར་གྱི་སྦྱོར་བ་ཡན་ལག་དྲུག་དོན
དྲུག་གི་སྒོ་ནས་འདུས་ཤིང་། བླ་མེད་གཞན་གྱི་ལམ་རྣམས་འདིར་ངོ་བོའི་སྒོ་ནས་འདུས་སོ། །དེ་ལ་བླ་མེད་གཞན་གྱི་བསྐྱེད་རིམ་རྣམས་འདིའི་བསྐྱེད་རིམ་དང་ཇི་བཞིན་མི་འདྲ་ཡང་རྫོགས་རིམ་རྫོགས
པར་སྐྱེ་བའི་དགེ་རྩ་སྨིན་བྱེད་དུ་འགྲོ་བར་ཤེས་ན་དོན་འདྲའོ། །འདིར་བཤད་པའི་སེམས་དབེན་སྒྱུ་ལུས་འོད་གསལ་ཟུང་འཇུག་རྣམས་ནི། དེ་དག་གི་ཐ་སྙད་དང་དོན་ཀུན་བཤད་མ་བཤད་གང་ཡིན་ཀྱང་རུང་།
བླ་མེད་གཞན་གྱི་རྫོགས་རིམ་ལ་འང་སྦྱོར་ཤེས་དགོས་ཤིང་། གཞན་དུ་བཤད་པའི་གཏུམ་མོ་དང་ཐིག་ལེའི་རྣལ་འབྱོར་སོགས་ནི་འདིར་བཤད་པ་ལྟར་གྱི་ངག་དབེན་དུ་འདུས་ལ། སྙིང་གར་གནད་དུ་བསྣུན་པའི་སྔོན
དུ་ལུས་ཀྱི་གནས་གཞན་དུ་གནད་དུ་བསྣུན་པར་གསུངས་པ་རྣམས་ནི། འདིའི་ལུས་དབེན་དུ་འདུས་སོ། །དེས་ན་དཔལ་གསང་བ་འདུས་པའི་ལམ་ལ་གོ་བ་ལེགས་པར་ཆགས་ནས་བླ་མེད་ཀྱི་རྒྱུད་གཞན་གྱི་ལམ

[25A]

118

ཀ ༤ ཤེར་ཕྱིན་[illegible] ལས

༄༅། །ཉམས་དེ་ར་སྨྲུད་རྩོལ་ལ་ཞེས་ཉ་རྒྱུད་དོན་ཀུན་ལ་མི་འཇིགས་པའི་སྤོབས་པ་མཆོག་འཐོབ་པ་ཡིན་ཏེ། འཇམ་མགོན་བླ་མས། གང་ཞིག་རྟོགས་ནམ་མཁའ་དག་གསུང་རབ་ལ། །མི་འཇིགས་སྤོབས་བློ
པ་མཆོག་སྟེར་འདུས་པའི་ལམ། །ཞེས་གསུངས་པའི་ཕྱིར།། ༎སྐབས་པ། གསུང་རབ་ཀུན་གྱི་ཡང་རྩེ་རྡོ་རྗེ་ཐེག །གང་གི་མཚན་སྙན་ཙམ་ཡང་བགོ་སྐལ་དཀའ། །ནམ་ཡང་འཐོབ་དཀའི་ཟབ་ལམ་ཆེས་ཟབ
ནོར་དེ། ༈ སྨོན་བསགས་བཟང་པོ་ནམས་ཁྱེ་བའི་ཟིང་གིས་ཁྱབ། །སྐྱེས་སྐྱུངས་དམན་པའི་བློ་གྲོས་འདབ་བརྒྱ་ཞིས། །འཇམ་མགོན་ལེགས་བཤད་ཉི་ཟེར་གྱིས་བྲུ་ནས། །ཚིག་ཚབ་ཞིང་པའི་ཀ་དང་དོན་སྙིང་རྩེ་འདུག །
སྐལ་བཟང་བུང་བའི་དགའ་སྟོན་དེ་ང་འདིར་བསྒྲུབས། །འོན་ཀྱང་བློ་དམན་བདག་འདྲས་ཟབ་བརྗོད་ཀ་ཏམ། །མ་གྲིབ་པ་བརྟགས་ཏེ་སྨྲ་བའི་ངེས་མིན་ཡང་། །དང་བཅོམ་ནམ་དཔྱོད་ཡངས་པའི་དོན་གཉེར་ཅན། །
ནའི་གྱིས་བསྐྱུལ་ཕྱིར་གཞན་ཕན་སེམས་ཀྱིས་བཀོད། །དགེ་བ་འདི་ཡིས་ཚེ་རབས་ཐམས་ཅད་དུ། །ལྷུར་སྟུང་ལམ་གྱིས་ནམ་ཡང་མི་བཀྲི་བར། །ཡོངས་རྫོགས་མདོ་སྔགས་ཟུང་འབྲེལ་ལམ་བཟང་ལ། །ཕྱོགས་
བསམ་སྤྲོ་མ་པ་ཀེ་སུ་མེད་མཐར་ཕྱིན་ཤོག །ཅེས་པ་འདི་ནི་དང་བཅོན་ནམ་དཔྱོད་ཡངས་པ་ཞི་ཁ་ཐུ་ཨི་དགེ་སློང་གྲགས་པ་ཆོས་བཟང་གིས་ཡང་ཡང་ནན་ཏན་ཆེ་བའི་ངོར། མཁས་གྲུབ་དམ་པ་མང་པོའི་ཞབས་རྡུལ་སྤྱི་བོར་རྒྱན་དུ་ཐོབ་པའི་གྱི

[25B]

119

ནས་དཔྱངས་ཅན་དགའ་བའི་བློ་གྲོས་ཀྱིས་རང་གཞན་ལ་ཕན་པའི་བསམ་པས་ག་ཡར་ཐུབ་ཏུ་སྨྲ་བས་ས་རྟེ་ཧི་ཏཾ།། ༀ ༎ཟབ་གསང་གསང་བ་འདུས་པའི་ལམ་གཞུང་། །ཐབས་འཕྲུལ་འཕྲུལ་དཔར་ལམ་ནས་དྲངས
པའི་དགེས། །ཕྱག་སྟེས་རྗེས་ཆགས་སྦྱིན་རླབས་གཟིགས་དབང་དེས། །རྗེ་སྲིད་སྲིད་པའམ་སྟོངས་པར་དུ་སྐྱོངས། ། །ཞེས་པ་འདི་ནི [illegible] ལོར [illegible]
སྐབས་སུ་ཀྱི་སློབ་གཉེར་བའི་ཆེད་དུ་མཚན་ཉིད་སློབ་གཉེར་པོ་དུས་དང་། སློབ་ཚན་ [illegible] ཞུས་ཏེ་ [illegible] མཁན་མེད་གྲོ་བཟང་ཉི་མ་ནས་བྲིས་པ་དགེའོ།། ༎
ས་རྣ་མ་ཅ་ལཾ། །ཤུདྷཾ། དགེའོ། དགེའོ། དགེའོ།

あとがき

一九八八年九月、ようやく少しずつチベット語が分かるようになってきた私に、当時、ギュメ寺の副管長でいらっしゃったドルジェ・タシ師はこうおっしゃった。

「まずは、仏教の基本的な構造を勉強しよう。それが基礎になるから。」

選んで頂いたテキストは、クンチョク・ジクメ・ワンポ（一七二八―九一）が著した『学説規定摩尼宝鬘』だった。これは、説一切有部・経量部・唯識派・中観自立論証派・中観帰謬論派の見解の要点をまとめたものだ。一九八八年九月三日から十二月七日まで、ドルジェ・タシ師からほぼ毎日講義していただいた。噛んで含めるような説明であった。例えば、三苦の中の〝行苦〟について、色々説明する私に、ドルジェ・タシ師は「そうじゃない。〝行苦〟はこれだ。」と言って、ご自分の腕を叩かれた。行苦とは、徐々に老いていき、いつ病気になるともわからないこの肉体に依ってしか、生きていけないという意味だった。また、唯識の章が終わり、副管長のお部屋を出て自室に戻る際に、遠くに見える山も、道端に咲く草花も、自分の阿頼耶識に薫習された習気が覚醒し、自分にしか感じられない独自の姿を現しているように感じて、とても不思議な気分になったことがあった。

次に就いたのは、デプン寺ロセルリン学堂のゲシェー・ガンワン・フントゥプ師であった。師には、十二月十九日から一九三日かけて、ツォンカパの『入中論広釈〝密意明解〟』を読んでいただいた。最後の日、全ての講義が終了した後、先生はもう一度最初のページを数行読まれた。これは、また他の阿闍梨に読んでいただく機会があるようにとの祈願のためであった。

その祈願が叶ったのか、あまりに難解であったので、当時ギュメに密教の勉強のためにいらっしゃっていた、ミスター入中論こと、ロサン・デレ師に就いて、この『入中論広釈〝密意明解〟』の全体の六八パーセントを占める第六地に相当する部分を七十日かけて復習していただいた。

また、帰国後、東洋文庫に在籍されていたデプン寺ゴマン学堂の元管長テンパ・ゲルツェン師に就いて、一九九二年から五年かけて、月に一回ないし二回のペースで、この『入中論広釈』全体を、再び伝授していただく機会を得た。土曜日の午後七時に着いて十時まで。翌日また午前十時に行かせていただいて、午後四時まで伝授していただいた。その際、ロサン・デレ師の説明の通りに解釈して答えたら、テンパ・ゲルツェン師から「えらい深い読みが出来ている。」と何度も感心されたが、今となっては笑い話である。

さて、このような顕教の勉強を基礎にして、一九八九年七月十日より、ロサン・ガンワン先生から、『秘密集会タントラ』を、ほぼ毎日休みなく一三〇日以上かけて伝授していただいた。内容的には、この秘密集会の概論書を初めとして、パンチェン・ロサン・チョゲンの著した秘密集会聖者流生起次第と究竟次第の伝授等であった。これがご縁となって、ロサン・ガンワン先生に、以降二十年にわたってご指導を受けることとなる。留学を終えて帰国する際に、ギュメ寺の本堂で、「ツォンカパの『五次第を明らかにする灯明』とシェーラプ・センゲの『ティカ』を、今生で伝授していただく機会に恵まれますように」と祈願したが、その祈願通り、それぞれ二〇〇三年と二〇〇八年にどちらもガンワン先生から伝授していただいた。また、二〇〇五年には、ケートゥプ・ジェの『生起次第の悉地の海』を伝授していただく機会を得たが、その最中の二〇〇五年四月十八日に、ダライ・ラマ法王に京都駅の貴賓室で、ガンワン先生とともに謁見する機会をいただいた。その際、注にも書いたように、法王様から「研究だけでなく、成就法の実践も毎日するように」とご指導をいただいた。謁見後、ガンワン先生が「成就法の実践をしなければラマに背いたことになる。必ず実践しなければならない」とおっしゃった。

五月三日、四日にガンワン先生が清風学園で秘密集会の灌頂を勤修されたのち、五月八日に始めてから今日まで、毎朝秘密集会の生起次第の成就法をすることが日課となった。一年後、来日されたガンワン先生に、「一日も休まず、生起次第の成就法を実践しています。」と報告したら、「お前の積んだ功徳は、眼には見えないが、大阪中を満たしている。」とおっしゃったので、俄然やる気になった。未整理であった観想領域をもう一度整理していただいて、はじめの段階の〝初加行三摩地〟のみを実践することになった。二〇〇六年十一月、ダライ・ラマ法王が清風学園を訪問された帰りの新大阪駅の貴賓室で、生起次第の成就法を実践していることを報告したら、「(〝初加行三摩地〟だけでなく)全部実践しているのか」とお尋ねになった。〝初加行三摩地〟のみとお答えし、その時は「厳しいな」と思ったが、本書の注⑽の「生起次第の観想領域について　初心者はどうすべきか?」の項目に、初心者は全部観想しなければならないとあり、このことをさしておられたのではないかと今は思っている。

二〇〇七年二月に、ガンワン先生が胃癌に罹られたという連絡をいただいて以降、自分の怠惰のせいでそうなったのではと感じたりして、全部、毎日実践するようになった。二〇〇八年六月、『ティカ』の伝授を終えた時、毎日の生起次第の成就法が一時間以内で出来るようになった。我が家で療養中であったガンワン先生に相談させていただき、先生のご指導で、二〇〇八年六月一日に加行を始めた。最後の護摩はギュメ寺で焚いていただき、二〇〇八年八月、秘密集会の成就法の加行を成満した。二〇〇九年一月二十九日午後九時四十五分、ガンワン先生が遷化された。遷化された日、ガンワン先生は、主な弟子を集められて遺言をされ、自分の葬式の手順も全て指示され、その夜、弟子に対し自分に袈裟を掛けるように頼まれた。「自分は釈尊に続く比丘としての生涯に誇りを感じている。その誇りを胸に最期の時を迎えたい。」とおっしゃった。弟子が袈裟をお掛けしたら、ほとんど間をおかずに遷化されたという。弟子達の話によると、秘密集会の成就法の最後の祈願に「死に際しては、心に歓喜が生じるように」という文があるが、まさに故郷に帰るような、先生に相応しい、立派な最期であったという。

先生が遷化されて後には、ロサン・デレ先生（ミスター入中論）をお招きして、ツォンカパの『灌頂意義真実妙明示』等の伝授を受けた。二〇一〇年、デレ先生とともに、法王様を大阪のホテルの玄関でお待ちしていた折、法王様にお声を掛けていただき、デレ先生に、「『灌頂意義真実妙明示』を伝授するのであれば、ナーガボーディの『吉祥秘密集会曼荼羅儀軌二十』を基にして、ダライ・ラマ七世ケルサン・ギャムツォ『灌頂意義真実再明示』と併せて読んで伝授せよ」とおっしゃっていただいた。そのため、デレ先生は一回の伝授ごとに大変な時間をかけて予習をして臨んでくださった。このようにチベットの先生方には、約三十年にわたり、大変な学恩を賜った。

また、日本においても、私は素晴らしい師に多大な教えをいただいた。チベット語の基礎を学び、ギュメ寺への御縁を結んで下さった種智院大学名誉教授の北村太道先生、高野山大学大学院において、『初会金剛頂経』を通じて密教の本質は利他であるとご教示いただいた堀内寛仁先生、そしてなによりも、高野山大学元学長松長有慶先生には、ギュメ寺留学や大学院復学に特別のお取り計らいを頂戴し、そしてこの『秘密集会タントラ』の深遠な世界に誘《いざな》っていただいた。先生方にはどれほど感謝しても足りないほどの御恩を受けた。

二〇一五年、東京のダライ・ラマ法王日本代表部事務所のルントク代表を通じて、秘密集会の灌頂を日本で開壇していただくことをお願いしたところ、トランジットで成田に立ち寄られた法王様がご快諾下さったという連絡があった。残念ながら来日直前に、法王のご体調により、チッタマニターラ尊の灌頂に変更ということになったが、日本に無上瑜伽タントラが本格的に伝わる機会となったのではないかと考えている。昼食をご一緒させていただいた折、法王ご自身は七歳の時、このチッタマニターラ尊の灌頂を、当時摂政で教育係でもあったタタ・リンポーチェから受けたとおっしゃっていた。法王によるチッタマニターラ尊の灌頂は、一九八〇年代前半に、ダラムサラの法王のお部屋で、三十人ほどの高僧を対象に開壇されて以降、なかったそうである。

灌頂当日配った『ダライ・ラマ法王　チッタマニターラ尊灌頂』次第の後ろに、成就法を載せさせていただいた。他にもこの成就法を翻訳する方も現れて、チッタマニターラを学ぶ方が百人単位で出てくるようになった。貴重な灌頂が単なるイベントに終わってしまわず、むしろ、法を本格的に実践しようとする方々の始まりになったことは、望外の喜びである。

チベット密教には、日本密教では、年月を経て不明瞭になってしまった点や、本来のその儀礼の意味合いをより深く理解するための様々な要素が、豊富にあると思っている。別の角度から、日本密教をより深く理解するアプローチになると確信している。

しかし、実際、無上瑜伽タントラへの誤解も多い。そのため、本格的な無上瑜伽タントラの概説書があれば、より正しいかたちで伝わるのでないかと考えた。これが、私がこの本の翻訳と解説を書かせていただくこととなった背景である。

この本がきっかけとなり、無上瑜伽タントラの勉強や修行を本格的に始めてみたいと考える人が出てきたら、これ以上の幸せはない。それによって、賜った学恩の万分の一でもお返し出来ることになるのではと考えている。

　遅々として進まない私を一貫して応援して下さった善通寺派宗務総長の菅智潤様、ガンワン先生と私の師弟関係を深く理解し、長年にわたって叱咤激励して下さっている早稲田大学教授の石濱裕美子先生、本書の出版のために奔走していただいたＮＰＯ法人サマヤプロジェクト21副理事長の湯通堂法姫様、時間のない中、惜しみないご助力をいただき、校正をお引き受け下さった松尾寺の松尾象空・佳美ご夫妻、種智院大学准教授のスダン・シャキャ先生、勉強会の三木治子様・六大新報社の橋本江理子様、清風学園の中山類氏に心から感謝申し上げる。また、難解な分野にもかかわらず、本書の出版に大変ご尽力をいただいた法藏館の戸城三千代編集長には、お礼とねぎらいの言葉を贈りたい。

　なお、本書の出版にあたっては、その費用の一部として、善通寺弘法大師御誕生千二百五十年記念出版助成金を賜りました。謹しんでお礼申し上げます。

平成三十年二月

平岡　宏一

平岡宏一（ひらおか　こういち：僧名　寛信）

1961年生まれ。高野山大学博士課程（密教学専攻）単位取得退学。2020年、高野山大学より『秘密集会タントラ概論』で博士（密教学）を授与される。1988～1989年、ギュメ密教学堂留学。外国人として初めて、ギュメ寺よりCERTIFICATE（正式に伝授されたことを示す証明書）を受ける。2019年にツォンカパ遷化600年御遠忌記念として開催されたゲルク派主催の密教問答大会において、外国人としてただひとり指名を受け、日本密教の紹介とチベット密教との違いに関する発表を行う。現在、清風中学校・高等学校校長、種智院大学客員教授。

【主な著書・訳書】
訳書に『ゲルク派版チベット死者の書』（学研M文庫、1994年）、著書に『秘密集会タントラ概論』（法藏館、2018年）、『朝のことば』（ビジネス社、2020年）、『運命を好転させる隠された教え』（幻冬舎、2021年）がある。
共著書に『チベット密教の本』（学研、1994年）、立川武蔵・頼富本宏編『チベット密教』（春秋社、1999年）、沖本克己・福田洋一編『須弥山の仏教世界　チベット』（佼成出版、2010年）、森雅秀編『アジアの灌頂儀礼』（法藏館、2014年）『チッタマニターラ――瑜伽行修道の方法』（法藏館、2021年）、『ゲルク派版チベット死者の書』改訂新版（Gakken、2023年）ほか。

【主な通訳】
「胎蔵・金剛界灌頂」（2005年、宮島大聖院）、「金剛界マンダラ灌頂」「チベット密教　胎蔵マンダラ灌頂」（2011年、高野山大学）、「チッタマニターラ尊灌頂」（2016年、清風学園）等で、ダライ・ラマ14世の通訳を10回以上行う。

秘密集会《ひみつしゅうえ》タントラ概論《がいろん》

二〇一八年　三月二一日　初版第一刷発行
二〇二四年一二月二〇日　初版第二刷発行

著　者　平岡宏一
発行者　西村明高
発行所　株式会社　法藏館
京都市下京区正面通烏丸東入
郵便番号　六〇〇-八一五三
電話　〇七五-三四三-〇〇三〇（編集）
〇七五-三四三-五六五六（営業）

装幀　熊谷博人
印刷・製本　中村印刷株式会社

ISBN 978-4-8318-6370-6 C3015

秘密集会タントラ和訳　松長有慶著　二、二〇〇円

アジアの灌頂儀礼　その成立と伝播　森　雅秀編　四、〇〇〇円

チベット密教　瞑想入門　ソナム・G・ゴンタ著　三、四〇〇円

チベット密教　心の修行　ソナム・G・ゴンタ著／藤田省吾訳　二、八〇〇円

虹と水晶　チベット密教の瞑想修行　N・ノルブ著／永沢　哲訳　二、八〇〇円

チベット密教の瞑想法　N・ノルブ著／永沢　哲訳　二、八〇〇円

密教概論　空海の教えとそのルーツ　越智淳仁著　四、〇〇〇円

展望　河口慧海論　高山龍三著　三、八〇〇円

チベットひとり旅　山本幸子著　一、八〇〇円

チベット　聖地の路地裏　八年のラサ滞在記　村上大輔著　二、四〇〇円

法藏館　価格税別